深圳工会 40行知录

深圳市总工会 深圳报业集团 编著

深圳出版社

图书在版编目（CIP）数据

深圳工会 40 行知录 / 深圳市总工会 , 深圳报业集团
编著 . -- 深圳 : 深圳出版社 , 2024.1
ISBN 978-7-5507-3965-9

Ⅰ . ①深… Ⅱ . ①深… ②深… Ⅲ . ①工会工作－概
况－深圳 Ⅳ . ① D412.865.3

中国国家版本馆 CIP 数据核字 (2023) 第 255501 号

深圳工会40行知录

SHENZHEN GONGHUI 40 XINGZHILU

出 品 人	聂雄前
责任编辑	岑诗楠
责任技编	梁立新
责任校对	熊　星
装帧设计	林国壮
设　　计	深圳晚报创意设计中心

出版发行	深圳出版社
地　　址	深圳市彩田南路海天综合大厦（518033）
网　　址	www.htph.com.cn
订购电话	0755-83460293（邮购、团购）83460397（批发）
印　　刷	深圳市新佳佳彩印刷有限公司
开　　本	740mm×1000mm　1/16
印　　张	16.75
字　　数	350 千
版　　次	2024 年 1 月第 1 版
印　　次	2024 年 1 月第 1 次
定　　价	68.00 元

深圳工会40行知录

编审委员会名单

主　　编	彭海斌					
副 主 编	李映中	叶晓滨				
成　　员	冯艳玲	古　成	李红兵	刘珍春	黄金玲	甘卫斌
总 统 筹	李　莹					
统　　筹	郭　峰	李忠兴	李可心	杜南星	李思蓉	
采编人员	方　舟	郭宇立	李慧淑	李其聪	林咪玲	罗　明	刘夏蓝
	鲁自凡	潘潇雨	唐文隽	王　宇	徐再杰	许娇蛟	叶洋特
	余津津	袁　晔	周　倩	周婉军	张　玮		

序言

以史为鉴 奋进新时代

彭海斌

深圳市人大常委会副主任、市总工会主席

春华秋实四十余载，乘风破浪再谋新篇。

40多年来，深圳以惊人的速度，从南粤边陲的小镇成长为国际化的现代都市，当年在南海边画的"一个圈"，如今成为"中华人民共和国胸前的一枚耀眼的勋章"。深圳经济特区是集中体现和展示我国改革开放取得巨大成就的时代窗口，与深圳一同成长的深圳工会，则提供了中国现代工会创新发展的"深圳经验"，生动书写了先进工会建设的"深圳智慧"和"深圳方案"。

回溯历史，我们不难发现，深圳工会的创新步履始终与经济特区的工业化和现代化建设要求相适应，即通过不断完善工会组织结构和维权服务模式的现代化变革，立足共建、共治、共享社会治理新格局，全面提升了工会的现代治理能力和服务水平，这正是深圳经验最鲜明的特色。

"深圳工会经验"的另一大亮点在于，工会组织秉持以人为本的价值发展观，以前瞻性的视野敏锐洞察并有效解决了社会现代转型期职工面临的现代性文化问题，为中国工运事业的发展提供了宝贵经验。

从1982年12月成立全国第一家外商独资企业工会，到20世纪90年代相继推出的"蛇口模式""宝安模式"，再到进入21世纪后推动沃尔玛等在深世界500强企业组建工会、开展集体协商、探索"源头治理劳资纠纷试验区"；从2008年在全国首创"圆梦计划"，为劳动者提供"文化输血"，并以"聚力计划""欢乐在鹏城""暖工行动"系列特色品牌活动等为载体，积极构建和谐劳动关系；从多年坚持开展工会传统的"金秋助学""送温暖"等困难职工帮扶工作，再到建立具有深圳特色的职工互助保障体系、开发工会特色服务项目……建会40多年来，深圳市总工会积极探索着市场经济条件下中国特色社会主义工会工作发展新路，累计产出10多项在国内有重大影响力的制度性成果，对推动全国工会改革创新发展发挥了重要实践探索和示范引领作用。

40多年来，深圳市总工会一直秉持着锐意进取、创新探索的精神，竭诚服务职工，全力维护职工合法权益，努力构建和谐劳动关系，成为广大职工信得过、靠得住、离不开的"娘家人"，谱写了深圳工会高质量发展的时代新篇章。

为向平凡而不凡的深圳职工致敬，记录深圳市总工会40多年来的不凡历程，总结深圳工会创新发展的"深圳经验"，我们推出了《深圳工会40行知录》一书。《深圳工会40行知录》首次系统梳理了深圳市总工会40多年发展历程中诸多关键大事，深度耙梳了这些关键大事背后的点点滴滴，从中总结深圳工会一路走来的诸多有益经验，同时聚焦与深圳工会共同成长的普通职工，以口述历史的方式，为读者呈现深圳工会和广大深圳职工在这片神奇土地上追梦、圆梦的动人历程。

回顾历史，是为了更好地奋进新征程；总结经验，是为了更好地建功新时代。

2019年8月，中共中央、国务院印发《关于支持深圳建设中国特色社会主义先行示范区的意见》，赋予深圳新的崇高使命，深圳工会改革发展也迎来了前所未有的重大历史性发展机遇。深圳市总工会第一时间开展专题研究，提出要"对标最高最好最优，争做全国工会尖兵，建设中国特色社会主义先行示范工会"的发展目标，主动将工会工作融入深圳先行示范区建设的历史洪流，积极探索中国特色社会主义先行示范工会发展新路径。

建设先行示范工会，是中国特色社会主义工会在深圳的创新实践，也是不断丰富中国特色社会主义工会发展道路的实践特色、理论特色、时代特色的迫切需要。在"十四五"规划开局之年这个关键节点，深圳市总工会发布了《深圳市总工会践行中国特色社会主义工会发展道路建设先行示范工会工作规划（2021—2025年）》，旗帜鲜明地提出了深圳工会要全力谋划建设"中国特色社会主义先行示范工会"，将未来五年先行示范工会的发展蓝图变成一份任务详尽、目标明确的"施工图"。

蓝图已绘就，奋进正当时。希望这本书的出版，能让大家真切感受到深圳工会激情澎湃的40余年发展历程，同时激励大家继续弘扬敢闯敢试、追求卓越的精神品质，团结凝聚广大职工听党话、跟党走，为粤港澳大湾区建设、深圳建设中国特色社会主义先行示范区贡献"工会力量"。

广大职工朋友们，深圳永远不乏激情，永远充满梦想。让我们以史为鉴，以梦为马，乘风破浪奋进新时代、逐梦新征程吧！

目录

四 十 年 斗 转 星 移

四十年岁月如歌

SHENZHEN FEDERATION OF TRADE UNIONS

光

继往开来 勇担使命

深圳工会建设社会主义先行示范工会工作格局已经初具雏形

诞生在改革前沿的深圳热土上，深圳工会继承了这座城市敢闯敢试、敢为人先的精神财富。回首过去四十余载，深圳工会积极探索中国特色社会主义工会工作发展新路径，先后创造出"蛇口模式""宝安模式""理光经验""源头治理劳资纠纷试验区"等具有时代特征和深圳特色的工会工作经验。在继往开来的历史节点上，深圳工会勇担使命，积极投身于深圳建设中国特色社会主义先行示范区的时代洪流之中，在夯实工会基层组织、提升产业工人队伍、探索基层社会治理、推动智慧工会转型、关爱新业态劳动者、培养社会化工作者等六个方面着重发力，取得了令人瞩目的丰硕成果，在深圳不断深化改革的精神图谱上增添了浓墨重彩的一笔。

开拓先行先试之路
建立一套可复制、可推广的深圳工会标准

当前，世界正处于百年未有之大变局，各种变革因素相互交织、相互激荡，深刻影响着劳动关系和其他社会格局。作为中国改革开放的前沿阵地和经济最活跃的地区之一，深圳面临着更为复杂严峻的局面。

深圳商事主体密集，拥有大量中小微企业。据统计，2021年，深圳地区生产总值超3万亿元，商事主体总量超380万户，居全国大中城市首位，其中企业241万户，外商投资企业和民营企业数量占比超过90%。这些蓬勃发展的各类经济主体吸引了来自全国各地的劳动者，全市职工总量超过1200万人，其中异地来深务工人员近千万人，城市人口倒挂特征明显。

同时，作为一座以高新技术和互联网经济为显著特征的新兴城市，近年来深圳数字经

济、共享经济蓬勃发展。除了传统的非全日制用工、劳务派遣用工等灵活就业人员外，大量的网约工、外包服务等新就业形态出现，劳动关系主体多元化、劳动用工形式非标准化、劳动争议类型复杂化日益显现。

此外，技术的革新也带来了人们生活习惯和意识观念的变革。新生代职工以移动终端为信息接收的主要窗口，对服务的多元化、便捷度和透明性都提出了更高的要求，其自身的法律意识和维权能力也进一步增强。这些变化都对工会工作在新时代如何开局破题提出了新挑战。

2019 年 8 月，中共中央、国务院《关于支持深圳建设中国特色社会主义先行示范区的意见》发布。在这一历史背景下，深圳市总工会紧密结合自身改革发展的特殊实践，出台《深圳市总工会践行中国特色社会主义工会发展道路建设先行示范工会工作规划（2021—2025 年）》，提出了"对标最高最好最优，争做全国工会尖兵，建设中国特色社会主义先行示范工会"的奋斗目标。

2021 年 4 月，中华全国总工会正式批复支持深圳市总工会开展工会联合会综合改革，建设中国特色社会主义先行示范工会。这是中央党的群团工作会议以来，首次对地方工会改革做出批复。2021 年 7 月，深圳市总工会在全国工会系统率先发布《深圳市新就业形态劳动者工会工作改革方案》。随后，《深圳市工会联合会综合改革工作方案》（以下简称《方案》）等改革方案陆续出台，标志着深圳工会开始探索建立一套可复制、可推广的深圳工会标准，彰显了为中国工会事业贡献深圳经验、深圳方案的魄力和决心。

夯实工会基层组织
实现基层工联会分类、分级、分层管理

深入基层、扎根群众是群团工作的必然要求，工会联合会（以下简称"工联会"）则是回应这一必然要求的重要支撑。据统计，深圳现有工联会 960 家，覆盖职工 537.34 万人，覆盖工会会员 453.58 万人。如何盘活这一强大资源，使其真正实现从建起来向转起来、活起来、强起来的转变，成了工会亟待研究的重大课题。

因此，在建设深圳中国特色社会主义先行示范工会的过程中，深圳工会牢牢抓住"工联会综合改革"这个"牛鼻子"，在出台《方案》的基础上，配套制定了《深圳市工会联合会分类分级分层工作指引》，改革创新工联会组织体制、管理模式、运行机制和活动方式。

根据《方案》，深圳市总工会将全市工联会划分为社区、园区、街区、楼宇、行业、集团、机关事业单位、工程项目、"三新"领域、其他区域性工会联合会 10 种类型；同时，

根据管理服务的非公企业职工数、企业数等要素，《方案》将全市工联会分为五个等级，实行精细化管理；此外，《方案》还对劳动关系风险不同级别的工联会分三个层次关注：一级工联会由市总、区总（产业）、街道总工会三级工会重点关注，二、三级由区总（产业）和街道总工会共同管理，四、五级由区或街道总工会进行管理。

有了科学规范的顶层设计，还需要支撑力强大的后勤保障。一直以来，工联会承担了大量基层工会的职能与工作，是工会打通联系职工"最后一公里"的重要抓手。但是，工联会却长期处于没有专职工作人员、没有专项工会经费、没有专门办公场地的"三无"尴尬境地，大大限制了其发挥作用的潜力和空间。加强工联会建设的一个重点工作，就是创新人财物资源配置，为工联会赋能，做实做强工联会。

以宝安区福海街道和平社区工联会为例，作为探索深圳基层工会体制机制改革和工作方式方法创新的"试验田"，和平社区工联会源头治理劳资纠纷处置成效显著。这背后，是近10个常驻的社会化工会工作者的日夜奔波和每年百万元运营经费的支持。而对于全市900多家工联会来说，这样的人力物力是难以全面复制的。

不过，《方案》出台后，这一困局得以破冰。在实现基层工联会分类、分级、分层管理的基础上，深圳市总工会能根据每个工联会的精准画像实现资源的精准化投放——把人员、经费、服务项目和其他资源向企业集聚、职工人数多、劳动关系风险高的工联会，特别是蓝领工人、外来务工者、"三新"领域新就业形态群体集中的一、二级工联会倾斜。

此外，在改革过程中，深圳工会还建立了联动机制，市区街道总工会、工联会、企业工会三方在日常工作、信息情报、维权服务等日常业务上相互协同，最大程度地打破了信息壁垒，提高了工作效率。同时，深圳工会还着力推进"三个融合"，即推进工会服务阵地和社区党群服务中心等阵地融合、推进工会组织资源和其他社会资源的共享融合、推进智慧工会与职工之家融合，贯通社会资源充分流动的新通道；建设"三支队伍"，即工会信息员队伍、工会积极分子队伍、工会应急分队，为打造职工满意的服务型工联会提供人才支撑。

提升产业工人技能
促进"人口红利"向"工程师红利"蝶变

从边陲小镇到大型都市，"深圳奇迹"并非一日之功，而是40多年来无数经济特区建设者共同努力的成果。当前深圳有职工1200多万人，其中技能人才近400万人，仅占职工总数的1/3。如何在"双区"建设、改革深化、产业升级的新时代，助力打造一支素质过硬、技能高超的产业工人队伍，是深圳工会的重点工作之一。多年来，深圳工会针对产业工人队伍建设多措并举，加强知识技能培训，提升劳动竞技水平，构建劳模荣誉体系，让技能成才成为一种社会共识，让精益求精成为一种专业传承，努力促进社会由"人口红利"向"工程师红利"蝶变。

技术革新从未如此迅速，时代变迁从未如此剧烈，学习充电必须贯穿劳动者的一生。为了帮助产业工人应对职业挑战，深圳工会发挥下属市职工继续教育学院作用，依托区工会、街道工会、社区工联会和各区大企业设置校外教学点，形成普惠制、广覆盖的校外教学点布局；推动建设了机器人技术、无人机技术、计算机技术应用等 50 个高端实训室，打造出紧跟产业变化的"没有围墙的工会大学校"。除了在线下织密技能教育网，深圳工会还充分发挥"互联网＋职工教育"平台作用，升级深圳市职工教育教学服务平台、暖工学堂，免费为职工提供 3000 余门精品网络课程，年受教育职工达 100 万人次以上。

在助力产业工人技能提升的道路上，由深圳工会于 2008 年首创的教育帮扶品牌"圆梦计划"无疑是一座意义非凡的里程碑。"圆梦计划"诞生 16 年来，累计资助 2 万余名职工圆了"大学梦"，职业技能培训受惠职工近 50 万人次；为 4200 家企业提供了 7230 多场次的送教上门讲座，受惠职工达到 160 万人。从"圆梦计划"中走出的学员，有的当上企业工会主席，有的成为深圳市人大代表，还有的获得"全国五一劳动奖章"的荣誉……参加"圆梦计划"，成为他们扎根深圳、建设深圳、梦圆深圳的重要支撑点。

技能提升可以靠学习充电，也可以靠与高手过招。近年来，深圳工会以"双区"建设中的重大战略、重大工程、重大项目、重点产业为主攻方向，兼顾新业态发展，协调社会力量，构建了层级丰富、纵向贯通、富有深圳特色的竞赛体系，提升项目覆盖面和持续性。从 2021 年起，深圳市职工技术创新运动会由三年一届改为一年一届，共推出 65 个竞赛项目，全市各区开展区级重点劳动竞赛项目 27 个，涵盖"三项"工程、"三新"领域、人工智能等多个层面；同时开展由"小发明、小革新、小改造、小设计、小建议"组成的"五小"创新成果竞赛，以及各区各产业劳动技能竞赛等各类竞赛，每年推动举办各类竞赛百场以上，为千万职工提供宽广的技能竞赛舞台。

对于一场比赛来说，给予胜利者荣誉可能是一个句点；但对于构建技能型社会的目标来说，给予荣誉仅仅是一个起点。深圳工会突破原有各类工匠荣誉单一评选制度，将技能竞赛、荣誉评选与人才培育有机结合，打造具有延续性与生长力的工匠体系。从 2021 年到 2025 年，深圳工会计划用 5 年时间力争打造一支 5000 人的先模职工队伍，建设 2000 个先模集体，创建 5000 个各级劳模和工匠人才创新工作室。同时，深圳工会广泛宣传劳模和工匠先进事迹，组织鹏城工匠、时代楷模、最美职工等进机关、企业、学校和社区开展巡讲活动，进一步提升技能人才的获得感、荣誉感，发挥技能人才的示范性、引领性。

探索基层社会治理
创新构建大城市劳动风险防范化解工作体系

　　诞生在深圳这座劳动要素密集、劳动关系复杂的超大型城市，深圳工会不断探索参与城市基层治理的创新路径，并逐渐构建起一个"以能力建设为中心，以体系建设为抓手，以信息化为支撑"的劳动风险防范化解工作体系；在全面增强各级工会事前防范、事中控制和事后应对劳资矛盾能力的基础上，以"治未病""防未然"为重点，首创"深圳职工诉求响应系统"，搭建"劳资沟通协商平台"，打造"'3+N'工会法律服务体系"和"风险隐患预警处置'211'工作体系"，为激发社会治理活力与维护社会和谐稳定做出工会贡献。

　　及时回应职工诉求是工会工作的要务之一。深圳工会首创"深圳职工诉求响应系统"，整合了深圳工会各应用端、12351工会热线、职工服务窗口等线上线下职工诉求反馈渠道，并形成统一的办理规则和标准。此外，深圳工会还建设了"综合诉求分拨处置平台"，实现受理、分拨、处置、评价等全过程线上流转，职工诉求"一站式"受理响应，第一时间回应职工关切；设立"诉求响应指挥中心"，加强职工诉求数据的统计、分析和应用，为长效解决职工"急难愁盼"问题提供支撑，确保职工群众诉求"件件有回音、事事有着落"。

　　深圳工会还搭建了劳资沟通协商平台，大力推广多形式、多层级的劳资沟通协商机制。深圳市总工会联合市人社局、市工商联共同印发《关于在企业中建立多形式多层级劳资沟通协商机制的工作方案》，推动在职工百人以上非公企业、获得荣誉称号的企业、近年来发生劳资纠纷的企业、面临"关停并转迁"等时间节点可能影响职工权益的四类企业中建立劳资沟通协商机制，当前四类企业集体协商建制率已超70%。

　　近年来，深圳工会着力打造"'3+N'工会法律服务体系"，即以工会法律援助、顾问和集体协商为3个核心，以源头参与、劳动争议调处、劳动法律监督、法治宣传教育等N项内容为抓手，着力构建网络健全、职能清晰、全面覆盖的工会法律服务体系，推动法律服务下沉基层。为了确保服务体系落地落实，深圳工会组建了"千人工会法律服务团"，不断扩大对劳动风险隐患较集中的社区、园区、企业的辐射覆盖面，预计到2025年将建成工会法律服务站（点）200个。

　　结合数字化转型，深圳工会还创建了"风险隐患预警处置'211'工作体系"，建立了劳动关系预警信息员队伍、应急分队2支队伍，以及1个预警信息平台和1套职工群体性事件分级分段处置机制，推动劳资纠纷早发现、早介入、早化解。2022 年，全市预警信息员动态规模达 5000 人，为基层劳资纠纷"监测网格化、预警智能化、处置快速化"提供了系统性保障，为职工权益保障提供全链条服务。预计到 2025 年，该体系将实现百人以上企业、重点企业预警信息员全覆盖，劳动领域风险隐患预警处置平台和工作机制运转顺畅，市、区劳资纠纷预警处置指挥调度中心软硬件建设全面提升。

推动工会数字化转型
打造全天候在岗、便捷高效的"线上工会"

参加丰富多彩的节日活动，领取职工专享的消费折扣，参加提升技能的培训课程，寻找解决问题的法律援助……深圳职工只需动动手指，就能随时随地在网上找到自己的"娘家人"，便捷享受深圳工会提供的各项贴心服务。近年来，深圳工会持续推进"智慧工会"系统建设，依托以"深工惠"小程序为核心的掌上服务平台，组成便捷高效的立体式工会"服务前台"，打开工会工作数字化转型新局面。

为应对日新月异的时代变化和突飞猛进的技术发展，深圳工会打造了一个全天候在岗的线上工会。早在 2018 年，深圳工会就基于互联网和大数据，提出建设"实名制、普惠制、全覆盖"的服务职工工作体系，方便职工随时随地加入工会、找到组织。同时，微信"深工惠"小程序 1.0 版本上线，覆盖各项工会业务，实现实名制、动态化管理，普惠地服务工会会员。

2020 年底，深圳工会以巨大的决心和魄力，携手深圳智慧城市科技发展集团有限公司，合资成立深圳市智工服务有限公司，全面负责智慧工会平台建设及运营工作；同时，不仅成立了智慧工会建设工作小组，还建设了一支拥有超百人的网上工会工作队伍，以"专职专干"的模式为进一步完善网上工会服务平台提供人才支撑。

2021 年 7 月，"深工惠"小程序 2.0 版本正式上线，为深圳职工提供一体化、全方位的工会专属服务。职工会员可在平台上获取互助保障、困难帮扶、法律援助等 8 大类36 项工会普惠服务，享受会员好礼、商家优惠等专属福利，参加形式各样的工会活动、技能培训。

2022 年底，"深工惠"迭代更名为"深 i 工"，并推出智慧组建、智慧维权、智慧宣传、智慧教培、智慧荣誉、智慧阵地、智慧服务、智慧帮扶、智慧支撑九大应用场景，将工会以往和正在开发的各项目集合在统一平台之上，改变了过去不同项目标准不一、各自孤立的局面；同时，为各级工会组织建立一套统一的工作推进和业务办理标准，不断探索工会建设的可持续发展路径。

截至 2023 年 12 月底，深圳工会累计完成会员信息采集总数超 614.8 万人，实名认证工会会员超过 409.4 万人；"深 i 工"小程序上线以来累计访问总人次超 7.58 亿，累计注册用户超 1205 万。同时，深圳工会推出的工会组织和职工会员数据库、职工诉求响应中心、211 劳资纠纷预警系统等一批重点项目也统一集结在新的平台上，深圳工会媒体融合中心运营渐入佳境，智慧工会体系的基本架构已经形成。

关爱新业态劳动者
创新举措增强新业态劳动者权益保障

快递员、外卖骑手、网约车司机、电商主播……近年来，随着平台经济、共享经济蓬勃发展，新就业形态从业人数不断攀升。据统计，截至 2022 年底，广东省新就业形态从业者约 960 万，其中深圳约 160 万，占就业人员的 16.7%，已成为我市经济社会发展的重要力量。新业态职业兼具灵活性强、自由度大、劳动关系松散等特点，如何让这些新业态劳动者更有职业获得感和幸福感，权益得到更好的保障，深圳工会从三个方面着手，突出对新业态劳动者的关爱。

在扩大工会组织覆盖面方面，深圳工会聚焦重点行业重点企业，实施"头部企业建会专项行动"和"集中入会攻坚行动"，不仅推动美团公司深圳总部建会，还围绕货车司机、网约车司机、快递员、外卖配送员等 4 个重点群体，采取社区入会、社会化工会干部走访发动、扫码入会等多项举措，推动新就业形态劳动者加入工会组织。截至 2022 年 6 月底，全市 4 个重点群体会员人数超过 10 万人，全市 9 家主要快递公司已有 8 家单独建立工会组织；在全市 29 家网约车平台企业中，25 家已单独建会或通过工联会覆盖建会，其余 4 家正在推进入会。

在提升工会服务触达率方面，深圳工会推动构建广覆盖、标准化的"1+11+N"职工服务阵地，即重点建设 1 家市级服务阵地，11 家区级服务阵地，在重点区域和重点企业建设 N 个职工之家、服务站点、暖蜂驿站等。特别是针对快递员、外卖配送员、网约车司机、环卫工、建筑工等户外劳动者的暖蜂驿站，可以及时为这些群体提供饮水、就餐、小憩、简单药疗等全面服务，现已在全市范围内建成 171 个；另外还有 319 个暖蜂窗口设立在各类工会大食堂及餐饮场所，有效解决了各区域新就业形态劳动者就餐难的问题。

在加强新业态劳动者权益保障方面，深圳工会还积极参与相关法律法规和政策文件的制定。众所周知，新业态领域劳动关系松散，相对于技术的飞速发展，有关部门对这一群体的法律保障相对滞后。为此，深圳工会不仅推动全市超 16 万新业态从业人员参加工伤保险，更从 2021 年 9 月开始，计划连续三年共投入 9000 万元，创新推出"E 路守护"综合保障服务项目，采取无记名团体险方式，覆盖全市 30 万新就业形态劳动者，为他们提供包含意外伤害、重大疾病、第三者责任、猝死等个人总额高达 149 万元的综合保障。截至 2022 年 6 月底，"E 路守护"综合保障服务项目累计涉及案件 400 件，涉及赔款金额达 363 万元，有效解决了新就业形态劳动者因病致贫、因意外致困等问题。

培养社会化工作者
打破职业瓶颈，让社会化工会工作者有奔头

工会基层组织数量众多，工作内容庞杂，社会化工会工作者是推动基层工会顺利运转的骨干力量。目前，全市社会化工会工作者员额共 1158 名，在岗 883 人，长期以来存在着基层专职干部不足、发展通道不畅、优秀人才流失严重等突出问题。针对这些问题，深圳工会创新举措，以职级制为核心的管理模式，从薪酬待遇、职业发展等方面出实招、硬招，加强社会化工会工作者管理，让社会化工会工作者更有奔头。

有畅通的职业发展通道才能留得住人才。深圳工会创新职级管理和晋升评定制度，实行由高至低一级到五级社会化工会工作者管理方式，制定了分级管理原则、职级数量和晋升条件。许多职工认可、能力突出、经验丰富的社会化工会工作者被推举担任工联会副主席职务，还有很多优秀人员被选拔进入各级总工会工作。

随着工会工作的责任越来越大，要求越来越高，持续的自我提升对社会化工会工作者来说也越来越重要。深圳工会采用理论学习和案例教学、线上和线下教学相结合的方式，已实现社会化工会工作者培训 100% 全覆盖。根据社会化工会工作者的能力和特长，深圳工会还建立了基层工会组建、集体协商、应急处置等业务分队，让人才招得进、稳得住、干得好，全力打造一支政治过硬的专业化、职业化社会化工会工作者队伍。

强化能力体系建设
以提升"四力"为核心推动深圳工会奋勇前行

2023 年是中国工会十八大的召开之年，也是深圳工会深化综合改革、奋力建设先行示范工会的攻坚之年。在 2023 年 3 月召开的深圳市总工会第七届委员会第四次全体会议上，

深圳市人大常委会副主任、市总工会主席彭海斌提出，要全面加强以"感知力、响应力、影响力、凝聚力"（以下简称"四力"）为核心的中国式现代化工会组织能力体系建设。

彭海斌表示，深圳工会接下来将以"四力"为立足点，建立职工需求精准识别机制，全力提升工会组织的感知力；建立高质量维权服务体系，不断提升工会组织的响应力；建立依靠职工服务职工的工作模式，不断扩大工会组织影响力；认真履行工会组织政治责任，不断增强工会组织的凝聚力。

"四力"概念的提出，明确了一条逻辑清晰、圈层递进、循环增强的工会能力体系建设途径，推动形成了一套科学、高效的工会工作组织体系、标准体系，建立上下联动、互联网＋赋能及考核评价工作机制；为高质量完成先行示范工会建设各项工作目标，提供强有力的支撑保障，有助于深圳工会建成职工群众满意、企事业单位满意、党委政府满意的中国特色社会主义先行示范工会，为深圳"双区"建设提供有力有效支撑。

改革，永不止步；创新，永不停歇。诞生在"改革开放的试验田"上，深圳工会注定要成为新时代工人阶级和工会工作的试验场、实践地。经过多年的精心谋划和努力推进，当前，深圳工会建设中国特色社会主义先行示范工会的工作格局已经初具雏形，各项改革举措正有条不紊地落地落实。未来，深圳工会将继续秉持改革创新的理念，为深圳改革创新、高质量发展贡献工会力量，为全国工会工作的探路闯关提供深圳方案。

采写编撰 许娇蛟

以工联会综合改革为突破口
织密基层工会组织网

在深圳这座产业大市和用工大市，超千万的职工分散在各行各业，为深圳经济特区的蓬勃发展做出了自己的贡献。如何紧密团结全市广大职工，打通联系职工的"最后一公里"成为新时代深圳工会面临的重大课题。

在长期的工会实践探索过程中，深圳工会发现，作为基层工会的重要组织形式，工会联合会（以下简称工联会）在基层工会组建、基层治理、职工维权与服务等方面发挥了重要的作用，真正架起了一座联结党委政府、企业工会以及广大职工的桥梁，是解决这一难题的有效抓手。

因此，在建设中国特色社会主义先行示范工会的过程中，深圳工会牢牢抓住"工联会综合改革"这个"牛鼻子"，出台了《深圳市工会联合会综合改革工作方案》（以下简称《方案》），配套制定了《深圳市工会联合会分类分级分层工作指引》，改革创新工联会组织体制、管理模式、运行机制和活动方式，使其真正实现从建起来向转起来、活起来、强起来转变，彻底打通工会竭诚服务职工的"最后一公里"。

工联会改革势在必行

"中小微企业没有成立工会的力量，他们的员工怎么办？最近几年，"三新"（新技术、新业态、新模式）领域业态发展迅猛，催生了大量新就业形态劳动者，比如外卖骑手、网约车司机、快递小哥等，跟平台没有劳动关系，处于政府监管真空地带，工会组建又缺乏法律依据，从业人员极易抱团维权，我们又该怎么服务他们？"深圳市总工会相关负责人认为，解决基层治理问题的途径，就在工联会。

工联会是指由若干个企业、事业单位，在各自成立基层工会组织并民主选举产生本单

▲ 龙岗区吉祥社区工联会举行新就业形态劳动者子女成长关爱夏令营活动。

位工会委员会的基础上，在一定的区域或行业范围内，按联合制、代表制原则，建立的区域或行业性基层工会组织。组织形式包括社区、园区、街区、楼宇等工联会。

近年来，深圳以工联会建设为抓手，在基层工会建设方面取得了长足进展。数据显示，截至 2023 年，深圳有各类工联会 960 家，覆盖职工 537.34 万人，覆盖会员 453.58 万人，初步实现了有组织联结、有阵地服务、有专人干事的局面。

"但我们在实际工作当中发现，虽然工联会的建设基础比较扎实，但有效组织和服务职工的力量远远不足，无法发挥其真正的作用。"市总工会相关负责人说。

体量如此庞大的改革，需要一个契机。

2019 年 8 月，中共中央、国务院印发《关于支持深圳建设中国特色社会主义先行示范区的意见》，赋予深圳新的崇高使命，深圳工会改革发展也迎来了前所未有的重大历史性发展机遇。市总工会领导班子第一时间召开了专题研究会，最终提出要"对标最高最好最优，争做全国工会尖兵，建设中国特色社会主义先行示范工会"的发展目标，积极探索中国特色社会主义先行示范工会发展新路径。

"在研究确定这一发展目标后，我们市总班子成员其实心里也没有底，这个先行示范工会到底长什么样、发展目标怎么定位、要怎么建呢？在国内外也没有可以参考和借鉴的经验，这些都需要我们自己结合实际研究论证，科学系统谋划先行示范工会的发展蓝图。"深圳市人大常委会副主任、市总工会主席彭海斌说。为此，市总工会成立了规划编制领导小组，组织各部室、各产业工会及各区总工会开展先行示范工会大讨论、大调研，最终决定在团结引领职工、基层组织建设、产业工人队伍建设改革、工会维权服务、参与社会治理、智慧工会建设等6个重点领域推进"工会综合改革"，建设中国特色社会主义先行示范工会。

这其中，基层工会离职工最近，联系职工最直接，服务职工最具体，正是工会工作的根基和生命线，而工联会又是基层工会最重要的抓手和阵地，对于破解"三新"领域和中小微企业等非公企业工会工作难题起到了根本性的作用。深圳市总工会决定以"工联会综合改革"为突破口，全面推进工会综合改革各项工作。

于是，深圳市总工会调研室成立专班，深入园区、社区、行业中，详细了解工联会存在的痛点、难点以及发展建议。调研发现，工联会存在法定身份不明、资源配置不足、治理能力不强等体制机制痛点，并且处于没有专职人员、没有专项经费、没有专门办公场地的"三无"尴尬境地。

改革势在必行。2021年4月28日，中华全国总工会就支持深圳市总工会开展工会联合会综合改革，建设中国特色社会主义先行示范工会做出专门批复。

"这是2015年中央党的群团工作会议以来，中华全国总工会第一次就地方工会改革做出批复，是深圳工会发展史上具有里程碑意义的大事，充分体现了全总对深圳工联会改革和基层组织建设的重视与支持、对深圳工会改革发展的殷切期望。"彭海斌说。

2021年7月，深圳市总工会正式发布了《方案》，正式对工联会进行改革。

创新探索"分类分级分层管理"

加强工联会建设的一个重点工作，就是创新人财物资源配置，为工联会赋能，做实做强工联会。

以宝安区福海街道和平社区工联会为例，作为探索深圳基层工会体制机制改革和工作方式方法创新的"试验田"，和平社区工联会源头治理劳资纠纷处置成效显著。这背后，是近10个常驻的社会化工会工作者的日夜奔波和工会组织体系的支持。

"对深圳市其他的工联会来说，这样的人力物力是难以复制的，那么我们就要设定几个核心指标作为工会资源分配的依据。比如考虑到急迫性和重要性，首先要解决的就是深圳大部分中小微企业职工的建会入会问题和目前不断蓬勃壮大的新就业形态劳动者的建会入会问题，那么中小微企业数量和劳动关系风险就是我们的核心指标之一。"深圳市总工会相关负责人说。

针对这一现状，在《方案》中，深圳工会创新探索了工联会分类分级分层管理工作制度。

根据《方案》，分类分级分层管理将全市工联会分为社区、园区、街区、楼宇、行业、集团、机关事业单位、工程项目、"三新"领域、其他区域性工会联合会等10种类型，根据不同类型工联会的特点，确定不同的工作重点；根据劳动关系风险、职工人数、企业数量、建会入会情况、"三新"领域情况等，将全市工会联合会分为一至五个等级，实行精细化管理；同时发挥市总工会、区总（产业）工会、街道总工会三级工会统筹协调、力量叠加等作用，对不同级别的工会联合会分三个层次进行重点关注，联合指导、管理和建设，劳动关系风险高的一级工联会由市总、区总（产业）、街道总工会三级工会共同重点关注，二级至五级工联会由区总（产业）、街道总工会分两个层次予以关注。

通过分类分级分层，能够实现每个工联会的表现形式、需求特征、风险等级等情况一目了然，为工联会精准画像，真正实现改革资源的精准化投放、精细化配置。比如把人员、经费、服务项目和其他资源向企业集聚、职工人数多、劳动关系风险最吃紧的工联会投放。

顶层设计 基层创新

2022年8月4日，南山区首个新就业形态行业工联会成立，为新就业形态劳动者建会入会、素质提升、维权服务等工作搭建了新平台。在成立仪式现场，新入会的快递小哥领到了一张代表深圳市工会会员身份的深圳市工会会员服务卡，完成实名认证的工会会员可享受教育培训、法律维权、消费优惠、互助保障等众多工会服务项目。

南山区不仅是经济大区、科技强区、创新高地，还拥有以顺丰、丰巢、滴滴、饿了么、盒马等为代表的众多新就业形态企业，产业工人队伍日渐壮大。面对如此复杂的业态，南山区总工会以"12345工作法"（即"围绕1个核心，坚持2个原则，落实3个保障，实现4个目标，达到5个成效"），创新开展精品社区工联会创建工作，为全市工联会综合改革工作蹚出一条新路。

"各街道、社区特点不同，在完成'规定动作'的基础上，区总工会让街道、社区根据自身情况策划活动、打造品牌，大大激发了他们的热情和动力。"南山区总工会有关负责人表示，参与创建的社区工联会因地制宜，探索形成了具有区域性、针对性、实效性的特色服务品牌。

在龙岗区坂田街道的天安云谷，入驻有华为等高新企业300多家，员工达3万多名。在这里，职工入会只需要10分钟。"通过手机'CC+智慧园区'App服务平台填写信息，提交资料就可以了，省时省力，还能在线上进行投诉维权、申请困难帮扶救助、参加培训活动的报名、预约法律咨询，很方便。"园区内职工表示。

▲ 罗湖区嘉北社区党委、嘉北社区工联会共同举办"深港一'嘉'亲，卡拉永远 OK"活动。

据天安云谷工联会工作人员介绍："'智慧工建'信息平台的使用大大提高了园区企业的建会率、职工参与工会活动的积极性，有效推动线上平台和线下服务阵地深度对接和融合。"

"工联会综合改革工作是一项长期任务，针对难点、痛点、堵点问题，需要我们因地制宜，超前谋划，主动作为，深入开展创新改革试点。"龙岗区总工会相关负责人说。

宝安区福海街道是深圳西部工业重镇，面积约 31.8 平方公里，人口近 51 万，辖区企业有 4000 余家，产业职工群体近 30 万人。福海街道按照市总工会分类分级分层建设工联会的要求，先后建成了和平、塘尾和立新湖共 3 个一级工联会。建设过程中，福海街道主动向上级工会要任务、要项目、要资源，上级工会在人、财、物等方面全力支持，解决了 3 个一级工联会共计近 2500 平方米阵地建设问题。此外，福海街道充分整合党建资源，通过有效促进工联会和党群服务中心的阵地联用、队伍联动、活动联办，拓展职工服务活动空间近 13000 平方米、各类功能库室 95 个，每月服务职工人数近 5 万人次。"目前，我们正根据'分片辐射、区域联动、源头预警、先期治理'建设思路，有序推进工联会全覆盖。"福海街道总工会负责人说。

"我们的改革思路就是市总工会加强顶层设计、推进工联会规范化建设，各区街总工会切实履行各自属地责任，积极为工联会建设争取地方党政的资源支持，形成全市'一盘棋'

联动推进工联会建设的生动局面。"深圳市总工会相关负责人说。

深圳市总工会相关负责人表示，短期来看，好像是这里成立了一个行业工联会，那里出现了一个工联会。但工联会的建设不是一蹴而就，它是一个慢工出细活的工作。"我们始终秉持着一个理念，那就是'功成不必在我'。我们相信，只要持续加强各类工联会建设'筑基工程'，沿着这条路径坚持走下去，总有一天，深圳将建设完成覆盖全市广大职工，有组织、有阵地、有人员、有经费、有维权服务项目、有标准、无死角的基层组织网络体系，显现出它强大的作用。"

采写撰稿：周婉军

厚植产业工人成长成才沃土
打造产业工人由"工"变"匠"全通道

2022 年 5 月，经深圳市建设工会授牌，深圳市特区建工职业技能培训学校成立"雷铁正劳模和工匠人才创新工作室"——意味着雷铁正，这个 1969 年出生于湖北一个农村家庭、仅有初中学历、完全在工地成长起来的瓦工，通过一系列劳动和技能竞赛，凭借着精湛的手艺，在获得"广东省技术能手""深圳市五一劳动奖章"等诸多嘉奖后，开启了劳模工匠"师带徒"的全新职业发展道路。

这是深圳市总工会不断探索推动的"外来务工者—产业工人—工匠人才—反哺回馈社会"的产业工人转型蝶变培养体系的缩影。

2017 年，中共中央、国务院印发了《新时期产业工人队伍建设改革方案》后，深圳市委市政府及相关部门出台《深圳市促进技能人才发展实施办法》等涉及技术工人待遇、职业发展等制度文件 30 余个，把产业工人队伍建设纳入党管人才总盘子。2021 年，深圳工会以建设先行示范工会为目标率先响应，制定出台《关于深化新时期深圳产业工人队伍建设改革的实施方案》（以下简称《方案》），提出 5 个方面工作任务、18 项具体举措，推进落实产业工人思想引领、建功立业、素质提升、地位提高、队伍壮大等改革措施，打开了努力造就一支有理想守信念、懂技术会创新、敢担当讲奉献的宏大产业工人队伍这一课题的新篇章。

政策领航 改革走深走实

深圳建市 40 多年的历史是一部波澜壮阔的产业发展史，也是一部由前后几代、数量庞大的产业工人书写的奋斗史。从最早的"打工仔""打工妹"到"来了就是深圳人"，从流行话语和观念变化，背后反映的是产业工人主体、市场经济环境、政府发展观念和

▲ 深圳市第九届职工技术创新运动会港口领域叉车司机技能竞赛现场。

治理方式等多方面的变迁。尤其在经济发展层面，深圳从早期依托外来资本和低成本劳动力的要素驱动发展模式，转型为注重科技研发的创新驱动发展模式。因此，深圳也越来越注重和强调高层次人才、学历人才、科技研发人才及其他类型人才对于经济社会发展的作用。

时至今日，深圳的产业工人达到了约 631 万人，约占就业人数的 48.9%，是深圳改革发展的中坚力量。"在推进产业工人队伍建设改革方面，我们有着迫切的现实需要。深圳的产业工人主要集中在第二产业。从行业分布看，制造业的产业工人最多，约 420 万人。作为制造业大市，也是产业工人集聚的城市，实现产业强市既需要尖端技术和先进设备，更急需一大批具有专业素质、专业精神的能工巧匠，这是我们打造高质量发展高地的重点所在、支撑所在、希望所在。要想更好地团结引领职工，提高职工技能素质，就必须对现有的工作进行总结提升、探索实践，通过聚焦思想、立足宣传、繁荣文化、强化素质、构建机制，探索产业工人思想政治引领与技能提升的深圳模式，引领全市职工群众感党恩、听党话、跟党走，投身中国特色社会主义先行示范区建设。"深圳市总工会相关负责人说。

2019 年，深圳市总工会与中国社会科学院社会发展战略研究院的专家团队合作，共同开展"深圳市产业工人队伍建设改革专项调研"，旨在摸清深圳市产业工人队伍总体状况，找准产业工人队伍建设的核心问题和痛点，并立足深圳市经济社会发展大局和未来规划，制定有针对性的、可操作的产业工人队伍建设改革实施方案。调研结果显示，深圳市产业工人队伍存在"薪资待遇不高、入户比例低、城市公共服务供求矛盾突出、城市融入程度低、技能培训与认证比例低、生产型技能型人才短缺、技能价值得不到彰显、工匠精神缺失"等方面的问题。

基于此，2021年，深圳印发了《方案》，勾勒出新时期推进产业工人队伍建设改革的"路线图"。在《方案》的指引下，深圳全市各区、各成员单位、各试点单位，发挥各自职能优势，整合资源，大胆探索，创造性地开展工作，共同推动产业工人队伍建设改革工作走深走实。

"培训 + 竞赛" 激励 工匠人才破土冒尖

人才兴则产业兴，技能强则产业强。《方案》首次提出了构建产业工人技能形成体系，旨在培养一支懂技术会创新的产业工人队伍。

2022年11月，深圳市举办了2022年深圳技能大赛——大数据技术应用职业技能竞赛。在技能竞赛中获奖的选手说："竞赛不仅为我们提供了自我展示的平台，在这个过程中，也提升了专业技能，让我们真正做到理论与实践相结合，也为我们今后的职业生涯发展奠定了良好的基础。"

以赛促教、以赛促学，深圳将技能大赛融入推动产业工人队伍建设改革的进程中。从2017年开始，市总工会和市人力资源保障局聚焦提升产业工人技能水平和推动经济社会发展，有机整合三年一届的深圳市职工技术创新运动会和每年举办的深圳技能大赛，打造深圳市职工技术创新运动会暨深圳技能大赛品牌，形成"五位一体"劳动技能竞赛和"一核四级"职业技能竞赛两个体系。2021年，深圳市职工技术创新运动会暨深圳技能大赛优化调整为一年一届，建立了劳动比武、技能竞赛齐头并进的长效机制，使更多优秀的技能劳动者通过竞赛脱颖而出，树立了"深圳工匠"等荣誉品牌。30多年来，该赛事已开展竞赛项目（工种）达374项，累计参赛职工近千万人次。

劳动比武和技能竞赛是工会的传统品牌，是工会围绕中心、服务大局的重要抓手，也是我们推进产业工人队伍建设改革、提升产业工人素质的重要举措。深圳工会通过竞赛发现、选拔和培养了一大批高技能人才，为推动深圳经济社会高质量发展做出了积极贡献。

"融合 + 创新" 赋能 职工提档升 "技"

2006年，高中毕业的赖美霞进入深圳村田科技有限公司，成为一名普通的流水线工人。

2018年，通过工会的宣传，她接触到了深圳工会"圆梦计划"，头脑敏锐的她立刻意识到，这可能是改变人生的重要机会。通过"圆梦计划"提升为专科学历后，她回到公司成功升任制造二部主管辅佐。"3年的学习，让我在工会这所大学校深刻感受到了党和政府对年轻职工的关怀和关爱，感受到深圳为助力产业转型升级培养知识型、技能型、创新型人才的力度。"

职工在哪里，职工教育就办到哪里——深圳市总工会打造"没有围墙的工会大学校"，在全市设立产业工人技能实训基地、教学网点和基层工会培训室，形成以"点线面"相结合的辐射体系。同时升级推出职工教育教学服务平台，为广大职工及企业提供包括学历教育、技能培训、素质教育讲座、工会干部培训、企业班组长培训等课程。

在推进产业工人教育培训体系建设方面，深圳市总工会、市人社局探索推进产教融合企业试点，确定腾讯等50家企业为首批培育的产教融合型企业。比如，宝安区欣旺达电子股份有限公司成立培训基地，通过"柔性定制技能人才"培养模式，分批次分阶段提升外来务工者技能水平；坪山区比亚迪股份有限公司开展"双师＋学徒"培养两步走，"技能＋职级"晋升双驱动，全面拓宽外来务工者成长渠道；光明区TCL华星光电技术有限公司不断探索打造技能提升平台、畅通职位晋升渠道、建立工资保障体系，实现了外来务工者"进厂—培养—留下"一条龙服务。

在开展多样化教育培训的同时，深圳以劳模精神、劳动精神、工匠精神引领产业工人奋力向前，成立劳模和工匠人才创新工作室，不断激励产业工人创新创造。

在深圳鼓励用人单位推进产业工人队伍建设改革的浪潮下，中建二局深圳分公司全力搭建职工创新平台，成立劳模创新工作室，以市局级以上劳动模范为核心，发挥劳动模范的示范引领、骨干带头和"传帮带"作用。王永好劳模创新工作室就是其中一个。该工作室获得了多项市级、省级和国家级的施工工法及多项国家专利，并于2014年获评为首批"全国示范性劳模创新工作室"。"工作室在激励劳模再立新功、实现进步的同时，也最大限度地发挥劳模的示范引领作用，影响和带动着身边的职工以饱满的热情、高昂的斗志投身到创新大潮当中。"该公司工会主席介绍。

截至2023年底，深圳共创建了3054个劳模创新工作室。

此外，深圳还深入实施"粤菜师傅""广东技工""南粤家政"3项工程，提升相关人员的就业技能，帮助他们实现更高质量更充分就业。截至2022年，设立了12家省级、40家市级"粤菜师傅"培训基地和大师工作室，累计评选38名"鹏城工匠"，133名"技能菁英"，打造"广东技工"人才成长激励品牌，更是高质量建成"南粤家政"综合服务示范基地，"南粤家政"基层服务站建设实现街道全覆盖。

▲ 深圳职工音乐节·深圳职工唱作大赛音乐盛典现场，著名男高音歌唱家石倚洁与深圳市总工会职工合唱团共同献唱《不忘初心》。

"民生 + 权益"并举 激发产业工人内生动力

仅仅构建和完善外在的技能培训与提升体系只是一部分，真正激励各行各业的产业工人争做新时代的奋斗者，还需要努力激发产业工人队伍的内生动力，对此，深圳积极解决好产业工人最关心、最直接、最现实的利益问题。

提高待遇是产业工人的共同诉求。深圳选择40家企业开展技能人才薪酬分配指引试点，结合调查数据分行业、职业、技能等级专项制定技能人才工资指导价位，促进提高技能人才收入水平。

当产业工人的切身利益受到侵害时，工会是他们可靠的"娘家人"。深圳建立健全四级劳动争议调解网络，设立 15 个劳动争议多元化解工作室，77 个纠纷化解巡回服务点。从 2017 年至 2023 年，深圳市劳动争议调解仲裁结案 41.93 万件，其中调解成功 28.83 万件。成立根治拖欠外来务工者工资工作领导小组，推动工程建设领域用工实名制、分账制管理和工资保证金等制度全面落实。

同时，深圳市总工会持续加大对职工群众的关爱力度。创新打造"一体两翼"职工帮扶体系，在全国率先推出新就业形态劳动者专属意外商业险，惠及 30 多万新就业形态劳动者。

此外,深圳市总工会坚持面向基层、面向一线、面向普通劳动者,主动适应新时代产业工人的差异化、多元化精神文化需求,进一步探索新时代职工文化建设的新模式。2021年11月20日,由深圳市总工会主办的首届深圳职工体育节暨2021年全市职工羽毛球比赛总决赛开幕式在深圳市工人文化宫体育馆举行。"比赛的形式能够最大程度地激发职工们的运动热情,作为广大深圳职工的一员,很感谢市总工会能够如此关注职工们的文化体育生活。"南方科技大学体育中心副教授孙瑜说。

从2021年开始,深圳着力打造深圳职工"音乐节""文化节""体育节"三大全市性职工文体活动,每年开展系列文体活动赛事,组建了"深工合唱团""深工摄影团"等队伍。其中,2021年参赛的基层工会近2000家,引领了全市各级工会开展形式多样的职工文体活动,打造职工文化新名片。

"我们坚持把先进性建设作为工会工作的重要着力点,围绕建设一支规模宏大的高素质产业工人队伍,做好维权服务,筑牢职工'生存权',积极争取和维护职工'发展权',打造职工技能的培养、提升、考核、展示、传承全链条服务体系。为深圳在新一轮科技革命和产业变革中抢占先机、赢得主动提供强大的人才支撑。"深圳市总工会相关负责人介绍。目前深圳的产业工人队伍建设改革已取得了阶段性成效,接下来,将对标党中央要求、省委市委部署,聚焦问题短板,进一步加大改革推进力度,推动全市产业工人队伍建设改革取得更大成效,为深圳高质量发展贡献智慧和力量。

采写编撰:周婉军

走出创新路径 打开服务触角

深圳工会撑起新就业形态劳动者"权益保护伞"

近年来，伴随着平台经济蓬勃发展，外卖骑手、网约车司机等新就业形态劳动者数量大幅增加，这一群体的劳动关系认定难、社会保障欠缺、组织程度偏低、权利救济困难等问题也日益凸显。

在全新的挑战面前，深圳市总工会勇于破题、主动改革，于2021年7月制定了《深圳市新就业形态劳动者工会工作改革方案》（以下简称《改革方案》），提出30项具体改革举措，推进新就业形态劳动者的劳动权益维护工作，此后又发布了"一体两翼"五重帮扶保障工作体系，开发了"E路守护"综合保障服务。通过搭平台、创服务、保权益等多种方式，实现工会组织和服务从"有形覆盖"到"有效覆盖"的提升，让广大新就业形态劳动者在奋斗的城市有了坚实的"保护伞"。

立足调研 找准新就业形态劳动者痛点

每天穿梭于大街小巷，为市民带去便利的快递小哥、外卖骑手，早出晚归、四处奔波的货车司机、网约车司机，用心服务、吃苦耐劳的家政服务人员、护工护理员……在深圳，登记注册的货运、快递、网约车、外卖配送、电子商务等新就业形态劳动者有约170万人，占到全市职工总数的15%，已然成为深圳市劳动力大军的重要组成部分。他们分布在各行各业，隐于城市的每个角落。

新就业形态劳动者有就业分散化、灵活化、高流动性的特点。怎么建工会？如何进行服务？又该怎么保障权益？一系列难题摆在深圳工会面前。

"为了把问题找准找实，提出切实可行的意见建议，制定能解决实际问题的措施，在《改革方案》正式出台前，深圳工会做了大量的前期调研工作。"深圳市总工会相关负责人说。

从 2020 年 7 月开始，深圳市总工会组织各区总工会对货运、快递、护工护理、家政服务、商场导购、网约配送、房产中介、保安、网约车、电子商务、网络直播、劳务派遣等 12 类群体的情况进行了摸查，有针对性地倾听新就业形态劳动者的心声诉求，掌握了鲜活的第一手材料。

"调研之后发现，我市'三新'领域的情况远比我们想象中更复杂，新就业形态劳动者就是'三无人员'：无固定工作时间、无固定工作场所、无固定工资性收入，而且根本性问题突出。"深圳市总工会相关负责人说，"在劳动经济权益方面，他们存在劳动时间长、劳动收入低，社保参保且难覆盖面低，劳动权益保障隐患大，职业技能培训缺失、职业发展受限，劳动缺乏安全保障、职业风险较大等问题，而在劳动关系状况方面，又有平台用工形式灵活多样导致雇佣关系错综复杂，劳动关系认定困难，造成劳动者权益保障遭遇法律制度瓶颈，同时，行业主管部门的日常监管也存在缺失，比如外卖送餐没有明确的行业主管部门，也未建立相关行业协会组织。"

但随着根本问题的清晰，曾经的"真空地带"出现了治理的突破点。

整整 2 个月的调研结束后，市总工会以全总、省总相关工作部署和文件精神为基础，结合调研成果，认真听取采纳了市总领导班子成员和市总机关各部室、市各产业工会的意见建议，经过大半年的反复研究讨论，最终形成了《改革方案》，涉及新就业形态劳动者的建会入会、权益保护、服务方式、思想引领和素质提升、创新举措等多个方面。

2021 年 7 月 22 日，深圳新就业形态劳动者劳动权益维护工作推进会在工会大厦召开，《改革方案》正式发布。市人大常委会副主任、深圳市总工会主席彭海斌在会上郑重发言："全市各级工会要主动适应新技术新业态新模式的蓬勃发展，顺应劳动关系和职工队伍的新发展新变化，加强新就业形态劳动者劳动权益保障问题研究，推动解决新就业形态劳动者最关心最直接最现实的利益问题、最困难最忧虑最急迫的实际问题，为推动新就业形态持续健康发展创造良好条件。"

改革之路，正式起航。

创新机制 解决新就业形态领域建会入会难

在新就业形态劳动者所有的问题当中，"劳动关系难以确认"是该群体权益难保障的根本原因，要啃下这块最难啃的骨头，必须建会，将该群体纳入工会体系。

但新的问题随之而来。在新就业形态下，劳动者与工作岗位的关系不再像传统产业模式下那样紧密，一个劳动者甚至可能跟多家企业发生关系。"比如，很多网约车平台就是由第三方公司与司机签订劳动合同，平台再与第三方公司签订劳务派遣协议。而一些公司则将自身定位为撮合平台，仅与劳动者签订服务合同，因此并未与劳动者确定劳动关系。"深圳市总工会相关负责人表示。这造成类似网约车司机的新就业形态劳动者入会在法律法规上存在一定的障碍。

破除障碍，需要创新。对此，深圳市总工会充分发挥工会联合会的作用：一是依托平台头部企业及其下属企业、关联企业成立工会联合会，吸收新就业形态劳动者入会。以网约车平台为例，2018 年 8 月，深圳工会指导推动滴滴公司及其两家合作公司（深圳市迪滴新能源汽车科技有限公司、深圳市申瑞汽车租赁服务有限公司）分别成立工会，吸纳与其有劳动关系的职工入会，再由三家公司工会滴瑞工会联合会，吸纳滴滴平台司机入会。二是依托区域性工会联合会，如社区等工会联合会直接吸收新就业形态劳动者入会，让新就业形态劳动者会员可以就近找到工会组织。三是依托行业性工会联合会吸收新就业形态劳动者入会，如吸收货车司机入会的盐田港口汽车运输行业工会联合会。

就在滴瑞工会联合会成立后不久，深圳市总工会一马当先，推动货拉拉公司成立了福田分公司工会，实现平台司机入会的新的尝试。"有了工会，我们的各种诉求能够被及时传达，还能够参加司机大学的培训，一下子就有了背靠组织的归属感。"司机张师傅说。

此后，深圳市总工会乘胜追击，于 2021 年开展集中建会攻坚行动，创新和简化建会流程，进一步推动平台企业特别是头部企业及其下属企业、关联企业积极履行社会责任，依法普遍建立工会组织，广泛吸收新就业形态劳动者加入工会。

同年 5 月，美团旗下深圳象鲜科技有限公司启动建会程序，建立 7 个美团专送站点工会小组。截至当年 7 月 14 日，龙华区专送骑手总人数为 1536 名，发展骑手为工会会员 929 人，整体入会率达 60.5%。

2021 年 12 月 24 日，第十三届全国人大常委会第三十二次会议通过了《关于修改〈中华人民共和国工会法〉的决定》，修改后的工会法的第三条增加一款规定：工会适应企业组织形式、职工队伍结构、劳动关系、就业形态等方面的发展变化，依法维护劳动者参加和组织工会的权利。在此前成功建会的经验下，依托法律保障，深圳在新就业形态领域推动建会势如破竹。

"深圳市总工会积极探索适应货车司机、网约车司机、快递员、外卖配送员等不同职业特点的建会入会方式。做到哪里有职工，哪里就有工会组织，最大限度地把新就业形态劳动者吸收到工会中来。"深圳市总工会相关负责人说。

多措并举 切实解决新就业形态劳动者"急难愁盼"的问题

把劳动者组织起来后,怎么把他们"粘在"工会这个大家庭?这就需要有效的服务手段,多举措解决他们的"急难愁盼"问题。

什么是新就业形态劳动者的"急难愁盼"?"根据我们的统计,在社会保障方面,快递员群体工伤保险参保率为38.1%,送餐员为11%,网约工中反映'治疗职业病或工伤''为治病欠下很多债'的达33.3%,远高于全国平均水平9.2%。在生存状态方面,大多数新就业形态劳动者在户外工作,劳动时间长、劳动强度高,大量从事快递、送餐工作的劳动者被算法精准掌控,为完成定额任务承受着巨大身体负担和精神压力。"深圳市总工会相关负责人直言。

为此,深圳市总工会推出了"一体两翼"帮扶保障工作体系。从保险保障、医疗救助、健康关爱、生活支持等多方面为职工提供全方位、多层次、广覆盖的帮扶保障。其中,"一体"是指工会生活救助、大病帮扶、子女助学等常态化帮扶工作,"两翼"是指工会通过充分发挥市职工保障互助会和市职工解困济难基金会的作用,为职工提供更多社会化、精准化的帮扶保障,包括工会帮扶救助、职工互助保障、职工专属保险、专项关爱行动项目基金等帮扶保障项目,提供分级分类分层的帮扶保障服务,充分实现职工差异化、精准化帮扶,累计最高保障额度可达300多万元,能够有效解决职工因病致贫、因意外致困的问题。

"在'一体两翼'体系的作用下,深圳市总工会及其所属的深圳市职工解困济难基金会成立了'暖工基金',通过市总工会投入引导基金、深圳市解困济难基金会募集社会资金,计划自2021年起连续三年每年投入3000万资金用于开展新就业形态劳动者关爱行动。"深圳市总工会相关负责人说。

"我自愿加入中华全国总工会,遵守工会章程,执行工会决议,积极参加工会活动,为全面建成小康社会、把我国建设成富强民主文明和谐美丽的社会主义现代化强国、实现中华民族伟大复兴的中国梦而奋斗。"2021年9月28日上午,深圳市总工会举行了深圳市新就业形态劳动者集中入会仪式暨"一体两翼"帮扶保障工作体系发布会,现场60名新就业形态劳动者代表庄严宣誓,加入工会组织,成为工会会员。

与此同时,在"一体两翼"帮扶保障工作体系下,市总工会推出"E路守护"综合保障服务,保障内容涵盖重大疾病保障、意外伤害保障、突发疾病身故(猝死)和第三者责任4大类12小项的综合权益保障,覆盖新就业形态劳动者30万人,极大地增加了其抵御风险的能力。

▲ 深圳滴瑞工联会第一届会员代表大会第一次全体会议。

"在路上发生意外，即便没住院，在门诊急诊也可以报销，包括住院在内最高可报销5.5万元左右，很有保障，也很温暖。"快递小哥张伟（化名）说。

暖心的措施还有很多。在服务阵地建设方面，深圳市总工会提出打造"1+11+N"阵地服务体系，重点建设1家市级服务阵地，11家区级服务阵地，在新就业形态劳动者集中的重点区域和重点企业建设N个职工之家和服务站点，统筹规划建设一批"暖工驿站"，为户外劳动者提供饮水、就餐、小憩、如厕、简单药疗等小微服务。在权益保障方面，建立健全互联网平台企业、快递物流企业"律师驻点""律师入企"、劳动争议律师代理等法律服务工作机制。

谋划不可谓不深、措施不可谓不多、成效不可谓不实。提到这些年的成果，深圳市总工会用一组数据说明了情况：截至2022年6月底，深圳新就业形态劳动者会员人数超过10.2万，是2021年6月底的3倍；截至2022年9月底，"E路守护"综合保障服务项目累计受理案件372件，涉及赔款金额共计760.31万元。其中通过审核案件263件，已赔付金额439万元；109件案件审核中，涉及赔款金额321.31万元。建成各类职工服务阵地3420个，暖蜂驿站171个，各类工会大食堂及餐饮点设立暖蜂窗口319个。

　　"工会为广大职工，特别是为我们骑手做了很多实事、好事。处处温暖着我们，让我们在这个忙碌的城市里，真正体会到'来了就是深圳人'。""深圳市五一劳动奖章"获得者、美团骑手刘亚飞激动地说。

采写编撰：周婉军

深圳智慧工会建设书写新篇章

九大应用场景让贴心服务从"指尖"到"心间"

参加丰富多彩的节日活动，领取职工专享的消费折扣，参加提升技能的培训课程，寻找解决问题的法律援助……深圳职工只需动动手指，就能随时随地在网上找到自己的"娘家"，便捷享受深圳工会提供的各项贴心服务。

近年来，深圳工会持续推进智慧工会系统建设，依托以"深 i 工"小程序为核心的掌上服务平台，组成便捷高效的立体式工会"服务前台"。2022 年 12 月"深 i 工"小程序迎来 3.0 版本升级，正式更名为"深 i 工"，创新推出九大应用场景，进一步优化和完善网上工会的服务体系和工作模式，促进工会工作决策更加科学合理，服务职工更加精准有效，参与社会治理更加创新有为，为建设中国特色社会主义先行示范工会贡献深圳力量。

通过智慧工会建设打造 24 小时"线上工会"

信息数字革命对社会的生产发展和人们的行为习惯产生了巨大的影响。当前，在职工队伍不断扩大的同时，职工结构也在发生深刻变化——新业态从业者数量迅速增加，且具有劳动关系、组织结构松散的特性。同时，手机作为移动终端，也成了职工获取信息的主要载体。

面对日新月异的时代变化和突飞猛进的技术发展，工会应当如何提高工会组织的覆盖面和职工的触达率？如何在为职工提供更精准的优质服务、更有效的思想引领的同时，更好地参与到超大城市的基层治理中去？面对这样的时代之问，工会迎来了数字化转型的全新挑战和机遇。

2015 年，《中共中央关于加强和改进党的群团工作的意见》下发，要求打造线上线

▲ 2020 年，合作建设智慧工会签约仪式现场。

下相互促进、有机融合的群团工作新格局；2018 年，中国工会十七大报告强调，要积极建设智慧工会，强化互联网思维，运用大数据、云计算、物联网、人工智能等手段推进工会工作，促进互联网和工会工作融合发展，构建网上工作平台，打造工会工作升级版。

从国家到省级层面，清晰明确了建设智慧工会的重要性、必要性、迫切性。在成长于改革开放热土的深圳工会身上，开拓创新的精神基因生生不息。2020 年底，深圳市工会第七次代表大会举行，对未来五年如何建设中国特色社会主义先行示范工会做出部署，提出六大发展目标。建设智慧工会作为目标之一，为推进工会数字化转型、智慧化发展，打造一个全天候在岗的线上工会，探索"互联网 +"工会工作标准指明了前行的方向。

成立公司、组建专职队伍为智慧工会强力赋能

2020 年底，深圳工会携手深圳智慧城市科技发展集团有限公司，合资成立深圳市智工服务有限公司，全面负责智慧工会平台建设及运营工作；同时，深圳工会还成立智慧工会建设工作小组，建设了一支拥有超百人的网上工会工作队伍，以"专职专干"的模式为进一步完善网上工会服务平台提供人才支撑。

李海荣就是这支工作队伍中的一员。作为运营服务部的一名产品服务经理，他入职时是深圳市智工服务有限公司的第 63 号员工，如今这支工作队伍已经发展到百余人，平均年龄不到 30 岁，多数人拥有在互联网企业工作的经历。随着员工数量的增加，公司的职

能架构也日臻完备，包括技术开发部、运营服务部、项目管理小组等多个部门。"从运营网上工会的人才队伍的规模和质量上可以看出，深圳工会有巨大的决心和魄力，这方面的工作也是走在全国前列的。"李海荣说。

从"深i工"1.0版本到"深i工"3.0版本，技术迭代的核心就是服务升级。为了做到这一点，工会认真倾听广大职工的声音，并反馈在系统升级的每个细节当中。"虽然我是技术出身，但我进入公司的第一件事并不是做技术研发，而是扎扎实实地接听了一个多月的客服电话，记录职工会员的困扰和建议，转化为我们优化升级网上工会的养料和动力。"李海荣说。

有职工反映旧版本的首页功能键指向性不明确，部分常用功能不易找到，改版小程序就在首页底部增加了5个常用功能导航栏，与用户的交互性得到有效提升。有的职工反映找不到工会关爱职工的线下设施，小程序改版后就增加了智慧阵地板块，提供便捷地图服务。

"我们未来还计划将相关设施的活动信息同步更新在智慧阵地板块，方便职工随时查阅、随时参加，让职工更有真实的获得感。"李海荣说。

"深i工"2.0版本为千万职工提供8大类36项普惠服务

早在2018年，深圳工会就在微信端推出了"深i工"服务平台，方便职工随时随地加入工会，找到组织。2021年7月，"深i工"小程序2.0版本正式上线，为深圳职工提供一体化、全方位的工会专属服务。职工会员可在平台上获取互助保障、困难帮扶、法律援助等8大类36项工会普惠服务，享受会员好礼、商家优惠等专属福利，参加形式各样的工会活动、技能培训。

深圳职工张萍是"深i工"的老用户了。2019年，她通过"深i工"小程序完成实名认证，经常参与工会在线上线下举办的各类活动。她记忆最深的一次，是2021年春节前工会发起的"欢乐在鹏城·在深过牛年"活动。

"工会号召深圳市民通过拍照、录制小视频等方式晒出深圳的年味。在小程序的分享区，我看到大家晒出来的全家福、年夜饭、才艺秀、居家健身、年味街景，感觉很温暖。当时工会还举办了'线上庙会'，抽到的优惠券可以在小程序的'圳扶贫'商城里购买年货，在享受优惠的同时还为社会贡献了公益力量，我觉得特别有意义。"张萍说。

在深圳滴瑞工会联合会副主席杨小记看来，除了得到实实在在的优惠，"深i工"还是一个职工会员可以信赖的"解忧所"。深圳滴瑞工会联合会是深圳首个以网约车司机为主体成员的工会组织，杨小记既是一名基层工会的管理人员，也是一名新业态从业者。他说："职工会员与网约车平台发生纠纷后，大家的第一反应就是找工会解决问题。通过线上线下相结合的方式，我们可以随时随地协助职工进行答疑解惑、法律咨询。这些年我也在不断学习，通过'深i工'平台有针对性地研究相关政策，为会员提供更好的服务。"杨小记说。去年他还在"深i工"平台报名参加了为期3个月的心理咨询免费技能培训，并顺利拿到了结业证，显著提升了他在与职工沟通时的共情能力和情绪疏导技巧。

截至2023年12月底，"深i工——深圳工会职工服务平台"累计访问量达7.58亿次，累计独立访客数超1205.1万人，深圳市总工会会员总数614.8万人，其中实名认证会员409.4万人，连续三年荣获中华全国总工会、中央网信办"网聚职工正能量 争做中国好网民"主题评选活动"市级十佳"平台。同时，深圳工会还推出了工会组织和职工会员数据库、职工诉求响应中心、"211"劳资纠纷预警系统等一批重点项目，落地了深圳工会媒体融合中心，智慧工会体系搭建已初具雏形。

"深i工"小程序开拓创新与升级迭代"两手抓"

2022年12月，"深i工"小程序实现3.0版本升级，更名为"深i工"正式上线，并推出智慧组建、智慧权益、智慧宣传、智慧教培、智慧荣誉、智慧阵地、智慧服务、智慧帮扶、智慧支撑九大应用场景，将工会以往和正在开发的各项目集合在同一平台之上，改变了过去不同项目标准不一、各自孤立的局面；同时，为各级工会组织建立一套统一的工作推进和业务办理标准，不断探索工会建设的可持续发展路径。

九大应用场景之一的"智慧组建"作为工作基础系统板块被全新重构。在原有工会信息化系统平台的基础上，针对组织建设、会员管理、干部管理等重点板块，完成系统架构重构和基础数据无感迁移，打造稳定、易用、高效的智慧组建系统。

"智慧权益"和"智慧阵地"板块为新增的两大会员服务功能。其中，"智慧权益"主要由"211"劳资纠纷预警系统和职工诉求响应系统组成，为全市职工提供"咨询""投诉""建议""求助"四大类诉求服务。各级工会干部、劳资纠纷预警信息员可以通过该系统，实现诉求受理、分拨、处置、督办、评价、考核等全流程数字化；同时，通过大量的数据积累形成综合数据统计分析，进一步完善信息预警和决策指挥机制。

"智慧阵地"是用户移动端、系统管理的"大后方"。通过移动端，会员可以随时随地找到阵地、享受阵地服务、参与阵地活动，"一站式"享受N个场景服务；通过管理后台，工会可对人员、设备、空间、资源、活动、服务等进行全方位管理。此外，针对为职工提供会员服务的入驻商家，该板块还建设了统一的项目评估、管理、审核、跟踪系统，透明科学地保障会员服务项目的高品质。

此外，"智慧帮扶""智慧荣誉""智慧宣传""智慧服务""智慧支撑""智慧教培"六大板块在原有内容上也进一步做了升级。除了具体功能和使用场景的迭代，"深 i 工"小程序还在整体页面上进行了优化，技术支撑力量也得到大幅提升，智慧工会平台运行水平更加稳定高效。

奋斗新征程，建功新时代。智慧工会建设工作的稳步推进和不断迭代创新，正不断增强工会网上工作的传播力、引导力、影响力，提升职工群众的获得感、幸福感、安全感，让深圳工会的贴心服务流淌在指尖、浸润到心间，助力深圳工会书写中国特色社会主义先行示范工会的美好新篇！

采写编撰：许娇蛟

四 十 年 斗 转 星 移

四 十 年 岁 月 如 歌

SHENZHEN FEDERATION OF TRADE UNIONS

开创港资企业工会新局面

深圳新南新染厂建立全国首家港商独资企业工会

深圳经济特区兴办以来，社会主义市场经济迅猛发展，"三资"企业（中外合资、中外合作、外商独资）的数量日益增加，逐渐成为我国经济建设的一大生力军。与此同时，成千上万的职工从祖国四面八方加入经济特区建设行列，在"三资"企业里建立了"社会主义工人"与"资本主义老板"的奇特关系，与之相伴而生的是劳资矛盾和劳资纠纷。

在"三资"企业组建工会，通过工会来保护职工合法权益，协调劳资双方关系，是深圳市总工会当时迫在眉睫的任务。但如何在企业劳资关系特殊的"三资"企业里开展工会工作？对于当时的深圳乃至全国工会，都是一个全新且艰巨的课题。

深圳市总工会以艰苦卓绝的精神迎难而上，从经济特区的实际出发，于1982年12月成立了全国第一家港商独资企业工会——深圳新南新染厂工会，引起了极大关注。它像一个风向标，为独资厂如何开展工会工作指明了方向，并引领着全市"三资"企业工会组建工作的全面铺开。

三顾茅庐迎来建工会契机

20世纪80年代初，在毗邻深圳的香港，一批商人嗅到了改革开放带来的巨大商机。1980年8月，由香港罗氏美光集团投资4000万港元兴办的工业企业"新南新染厂有限公司"（现为中冠印染有限公司）在市工商行政管理局正式注册成立，这是当时深圳第一家由港商独资经营的染布工厂。

注册成立后，新南新染厂派代表王先生与当时的深圳市经济贸易委员会洽谈建厂事宜，当时的宝安县总工会也应邀参与了洽谈并提出建厂半年内组建工会的要求，但王先生不置可否。

▲ 1981 年，新南新染厂投产。何煌友 / 摄（深圳市档案馆供图）

1980 年 9 月，新南新染厂在深圳东郊葵涌镇白石岗破土动工。一年后，工厂建成，并开始了紧张的投产前准备工作。眼看着企业投产在即，深圳市总工会再次派人与王先生协调建立工会事宜。这次他不再含糊，直言道："我们来深圳是办厂的，不管工会。"深圳市总工会回应说："你在内地建厂，就要依法经营，《工会法》规定，工厂要建立工会。""如果有法，我们就遵守。"王先生回答得掷地有声，但对接下来如何建立工会，根本不与深圳市总工会商谈。

1981 年 12 月，新南新染厂正式投产，300 余名葵涌本地农民"洗脚上田"成为工人。

秉持着"哪里有工人，就把工会建在哪里，就在哪里发挥作用"的工作方针，深圳市总工会再次要求新南新染厂建立工会。这回，王先生直接找到当时的市领导，表明他们不愿建立工会。当时的市领导对他说："你不要怕，工会一定会成为企业发展的帮手的！"但王先生仍不愿意松口。

1982 年 6 月，深圳市总工会第三次找到王先生，在工会的耐心劝说下，他终于说出了心里话："我最怕工会'搅搅震'（找麻烦）。"对此，市总工会领导郑重表态："在企业建立工会，是为了落实国家的对外开放政策，协助企业做好各项工作，促进企业发展。"这时，王先生才勉强表态："那就试一试吧！"

市总工会三顾茅庐，终于用真诚换来了一个"试一试"的机会。

一蹲4个月 成功筹建首家港商独资企业工会

1982年8月，市总工会派出一位副主席和几名干部，住到工厂旁边的一家招待所里，天天进厂了解企业职工及企业运作情况，曾任深圳市总工会主席的张汉明用"开展活动像地下党一样"形容这段时间的摸底工作。摸清情况后，同年11月中旬，市总工会正式派出劳保部部长王锦贤等5名干部组成工作组进驻企业，与工人吃住在一起。

当时，工作组面临两方面的问题：一是大部分职工对工会不了解，怕加入工会后会被老板炒鱿鱼；二是工厂老板担心工会把工人组织起来和他们对着干。

工作组一个一个地找职工谈心，市领导更亲自下到企业参加工会活动，通过一系列思想工作，终于让职工认识到工会是职工自己的组织。见时机成熟，工作组趁热打铁建立了工会筹备组，并立马干了三件事：一是在全厂400多名工人当中，建立起了一支50多人的骨干队伍，为开展工会筹备工作打基础；二是教育引导工人，组织工人加入工会，仅1个月就组织了137名工人加入工会；三是扩大工会在港籍员工中的影响。当时港籍员工有近40人，车间主任以上管理人员都由港籍员工担任，取得他们的理解，对建立工会以及建立起来之后发挥作用，至关重要。

经过工作组坚持不懈地努力，1982年12月17日，全国第一家港商独资企业工会——新南新染厂工会正式成立，由市总工会劳保部部长兼任第一任主席，并召开了第一次工会代表大会，选举产生了工会委员会。

由于当时厂里工人大部分来自农村，思想波动大，市总工会决定派一个专职干部到厂里接任工会主席、开展工会工作。这个人选，就是当时正在湛江农垦南光农场当工会主席的黄运芳。

全心全意为职工说话办事

在独资厂怎样才能搞好工会工作？这是新南新染厂工会自建立之初就经常考虑的一个问题。

建会初期，由于工会组织尚未健全，工会只是收收工会费，搞搞活动，没有很好地发挥作用，因此导致有些职工对工会在独资厂中的作用和地位存在一些看法，有人认为人事、财务权在资方，工会起不了多大作用，可有可无。针对这些情况，工会认识到，要提高工会的地位和作用，必须切实地考虑职工的利益和需要，尽力为职工多办实事。

当时，新南新染厂的普工每个月工资是120元，但通过葵涌劳动管理站招工进厂的工人，每个月都要向葵涌劳动管理站缴纳 40 元劳务介绍费，尽管工人们都觉得这项收费不合理，但在势单力薄又没有组织的情况下，让他们难以维护自身权利。

黄运芳了解了这个情况，二话不说，立马以工会的名义到葵涌镇政府商讨这件事情，几轮协商下来，镇政府决定不再收取劳务介绍费。经此一事，工会不仅解决了工人们最牵肠挂肚的收入问题，也一下子奠定了工会在工人心目中的地位。

1983 年，工会还根据工厂的实际情况，连续为职工办了多件好事：一是和资方多次协商谈判，促使资方改善了劳动环境，废除原来的 12 小时工作制，并实行 8 小时工作制。二是开办图书室、筹办业余英语夜校、开展业余文体活动，使职工的生活更加充实愉快。三是建立"三访"制度，即对工伤重病号及时访，对临时病号随时发现随时访，对困难户主动上门访，还从其他地方商调医生办起了工厂医疗室，解决了职工看病难的问题。四是到深圳市的湖北屠宰场联系供应瘦猪肉，解决工人长期吃肥猪肉的问题。五是办起免费理发服务组，解决了职工理发难的问题。六是顶着酷暑实地调研工人在高温下的工作环境，并带头拿出 577 元为高温作业的工人购买清凉饮料。在工会影响下，厂方给高温作业工人每人每月 5 元高温补助费，并耗资 20 多万港币购置了一批降温和通风设备。

工会全心全意为职工做好事，真正提高了工会的威信，那时，连港籍职工都忍不住由衷感叹："内地工会真的好！"

"斗争"不是办法 双赢才是出路

工会赢得了职工们的信任，但职工和厂方的矛盾、厂方对工会的疑虑依旧重重。

工会建立初期，厂方高层人员并未全心全意支持工会开展活动，而是冷眼旁观。但新南新染厂工会丝毫不计较，反而主动与厂方协调各项工作，竭尽所能为企业生产排忧解难。

"国家吸引外商来投资，外商是要挣钱的，'斗争'不是办法，双赢才是出路。"黄运芳一上任，就明确了这个理念。

1983 年初到年中，由于工厂主要水源——葵涌河水位下降，加上工厂每天用水量达 4000 多吨，影响了葵涌电站的发电，因此电站致函工厂，要求工厂减少用水，否则就拆掉工厂的水泵房。眼看用水矛盾将影响生产，厂方着急万分但又无计可施。工会知道后，主动与厂方高管一起到电站协调，向电站解释工厂依法注册，生产用水又是经过政府有关部门批准的，应予保护。电站的同志见是工会的同志来沟通，又讲得有理，就与厂方高管一起研究了错峰用水的方案。

一场纠纷就在工会的介入下避免了，同时还保证了工厂用水，厂方一再表示感谢，承诺以后一定大力支持工会工作。

在团结资方人员的同时，工会积极调解职工与厂方的矛盾，以达到合作共赢的局面。

过去，工人们最担心的问题就是被厂方随意解雇，那时只要厂方有领导不满意，任何一个工人都可能被炒鱿鱼，工人对此也大为不满，产生了极强的对立情绪。

工会建立后，多次与厂方交涉，双方最终达成协议，共同确认开除工人的条件：1.窃取工厂物资；2.打群架；3.扰乱社会治安；4.搞不正当男女关系；5.严重违反劳动纪律。并明确，如工人确实违反上述条件中任何一条，厂方有权予以开除，但事先须征得工会的同意。

在《中华人民共和国劳动法》尚未出台的当时，这一协议的签订，实属不易，该协议大大减少了因开除问题而产生的劳资冲突，同时，职工的流失率也下降了，劳资关系有了较大的改善。

成为"三资"企业建立工会的典型

除了全心全意为职工说话办事，为厂方排忧解难，工会还积极开展提高职工素质教育，策划"两教育一培训"。

"两教育"是抓主人翁意识教育和组织纪律教育。

当时，有一些工人认为工厂是资本家的，对厂里的公物随意损坏，让厂方头痛不已。工会对此进行积极引导，宣传国家的改革开放政策，让工人认识爱国与爱厂敬业的关系，认识在港商投资企业工作也是为国家创造财富。工人们明白此理后，随意损害公物的现象没有了，自觉工作的人越来越多。与此同时，工会协助厂方建立各种规章制度，教育工人遵章守纪，做到"五不一服从"，即不迟到早退、不旷工、不擅离岗位、不在上班时睡觉、不出责任事故，服从管理。

厂方行政管理人员看到工人的变化，叹服不已："有了工会，工人做事主动了，负责了！"

"一培训"是指在提高工人工作意识的同时，工会大力抓好文化技术培训，提升工人技能水平，提高工厂产品竞争力，为工厂谋取更多的效益。在工会的努力下，工人在生产中的技术差错减少到最低限度，产品合格率更是提高到98.7%，这是当时许多工厂都达不到的水平。

从一开始建会的艰难重重，到建会后一步一个脚印，新南新染厂工会始终坚持以生产为中心，以维护工人和资方的合法利益为重点，创造真正的工人之家、职工之友。

新南新染厂工会起到了良好的示范作用，在全国独树一帜，成为"三资"企业建立工会的典型。1985 年 1 月，中华全国总工会在深圳召开首次全国经济特区沿海开放城市工会工作座谈会，新南新染厂工会在会上做了经验介绍。时任中华全国总工会副主席的陈秉权在会上赞扬道："新南新染厂的工会工作具有开创性、探索性，建议进一步总结推广。"

1985 年 9 月，在深圳市委、市政府港澳员工"国庆中秋"座谈会上，新南新染厂的厂长受邀发言，他感慨道："我真的没想到内地工会为促进企业发展做了那么多那么好的工作，工厂能有今天，工会功不可没。"

之后，在市委市政府的高度重视支持下，全市"三资"企业工会工作顺利铺开，并由此开创了我国外资企业工会工作新局面。

◎ 亲历者说

我 1995 年正式担任厂里的工会主席，从 1982 年的一名普通工人逐渐成长为工会主席，我既是工会的受益者，也是参与者。

没成立工会之前，我们大都是"洗脚上田"的农民，学历不高，对人生的发展更是没有方向，有了工会以后，我们有了学习技能、提升学历的机会。以我自己为例，1990 年，我通过工会继续深造，三年的学习之后，我获得了真材实料的大专文凭，这是过去我想都不敢想的事情。诸如此类的事情，不一而足。

从衣食住行到学乐康安，不管是为职工办好事、谋利益，还是为工厂做工作、促发展，方方面面都离不开工会的身影。

到我担任工会主席时，经过前十几年多位前辈的探索，工厂工会已经形成了成熟的组织模式，这让我在任时，始终心怀感恩，坚持工会方针，做我力所能及的事情，将工会精神传递下去。

——中冠印染有限公司原事务部主任、工会原主席 潘伟朝

采写撰稿：周婉军

织密三级组织网络 闯出特色工会道路

深圳工会"宝安模式"从艰难探索到走向全国

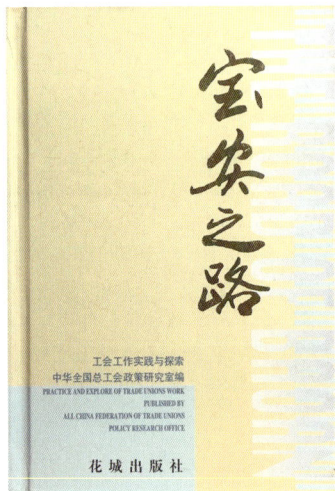

▲《宝安之路》一书。

翻开深圳工会壮丽多彩的历史画卷，"宝安工会工作模式"以其璀璨的光芒跃然纸上。

20世纪90年代初期，新经济组织如雨后春笋般涌现，吸引一拨又一拨的劳动者大军如潮水般涌向宝安。雄厚的资本市场与充裕的劳动力资源相互碰撞，迸发出宝安经济跨越式发展的火花，亦形成了一个充满矛盾和过渡色彩的社会生态。如何在维护职工合法权益和企业经营者正当利益的同时，解决好企业、职工的管理和服务等问题，成为处于改革开放前沿的宝安工会所面临的前所未有的历史课题。

面对挑战，宝安区总工会以前瞻性的目光和务实的作风闯出了一条既适应中国特色社会主义市场经济要求，又具有宝安特色的新经济组织工会工作新路子——"宝安工会工作模式"。这种由区、镇、村组成的三级工会工作新模式，在协调劳动关系、维护职工权益、促进宝安经济发展和社会进步等方面发挥了重要作用，受到中华全国总工会赞誉，并在全国推广，成为深圳工会事业发展史上的一座里程碑。

▲ 1998年7月，温介平（左二）一行在公司食堂检查员工伙食。

呼应时代 工会工作亟须新变革

1993年1月，宝安正式撤县建区，标志着宝安由传统农业县向以工商业和制造业为主的城市工业区发展。

那时，地处深圳西大门的宝安，在历经了十几年改革开放春风的吹拂后，早已发生了翻天覆地的变化。"三资"、"三来一补"、私营企业等新经济组织迅猛发展，让职工队伍不断壮大，除了本地农民"洗脚上田"，更有几十万打工者从全国各地云集宝安，成为推动宝安经济腾飞的主力军。

经济的飞速发展和社会经济关系的急剧变化，带来了劳动关系的深刻转变。

在现实的需求下，宝安开始筹建区一级工会。1993年6月，48岁的温介平调到宝安区任总工会主席、党支部书记。

当时宝安除了区、镇、村所属企业之外，还有2000多家外商企业和私营企业，劳务工和外来人员已经达到46万，但基层工会只有533家。由于投资者和劳动者有着不同的利益需求，由此引发的劳动争议和纠纷也不断增多。

面对企业劳动关系多样化、复杂化的现实，温介平甫一上任，立即带着工会为数不多的工作人员，到各镇、街道、企业等调研，广泛征求工会干部意见，以求改变现状。

"待遇低、工时长、生活条件差"，在基层走访调研的大半年，工人艰辛的生产生活条件给温介平和同事们留下了难以磨灭的印象。工会今后的路怎么走，温介平心里也逐渐有了方向。

1994年6月，宝安区召开第一届工会代表大会。会上，温介平和宝安工会的干部们确定把"建立区、镇、村三级工会网络体系"作为工作重心，并大胆提出"一年打基础，两年建网络，三年出成果"的工作思路。

迎难而上 建成三级工会网络体系

村村建工会，在当时是史无前例的事情。不但没有任何经验可以借鉴，更有很多亟待解决的困难。

当时，宝安只有基层工会533家，只占到当时基层数的13.6%。此外，全区5000多家企业分布在733平方千米的土地上，工作量可想而知。但工会工作最大的障碍，来自思想观念的滞后。

那时，对于组建工会，不仅个别外商和投资者有抵触情绪，甚至连部分党政干部也不理解。有部分外商坚决反对，甚至扬言撤资搬厂，这让一些村子生怕工会会吓跑投资商，让经济蒙受损失。

"如果劳资矛盾得不到解决，甚至激化，不但劳动者的合法权益受损，投资者的正当利益也难以实现，既会挫伤劳动者的积极性，也会冷却投资者的热情，最终阻碍经济的发展和社会的稳定。"温介平和同事们"磨破嘴皮，走破脚皮"，下大力气向企业家和干部们详细解释，最终让大家明白工会的组建是"助力"而非"阻力"。

为了打开工作局面，在工会组建之初，宝安工会首先与宝安区委组织部联合发文，要求镇（街道）工会主席，由当地负责党群工作的副书记来担任，这些党群书记大都是建设宝安的老功臣，已有一定的威信，更容易开展镇一级工会的工作。

此外，宝安工会还通过树立典型的方式进行示范和引路。镇一级工会以工会组建率高的观澜镇为典型，创建"达标工会"，村一级工会主抓福永镇的和平村、白石厦村，区属企业以宝恒集团有限公司、沙井的黄埔工业联合总公司为榜样，做到级级有典型经验。

各级工会建立后，通过开展劳动竞赛、技能培训等一系列活动，大大提高了企业的生

▲ 1997年6月，温介平（右一）听取企业工会汇报劳动关系处理情况。

产效率。与此同时，工会根据企业的特点建议企业推出各类奖励制度，也极大地鼓舞了职工的积极性，促进了企业发展，宝安区基层工会很快获得了企业家们的普遍欢迎。

当时，一位做日用品的台商老板不但积极在企业组建工会，更在台商中现身说法，宣传成立工会的好处，有力促进了工会组建。一位曾在日本当过工会主席的日本企业家，对宝安工会更是赞不绝口，他说："我在中国的企业，从员工宿舍到食堂，再到车间，工会都管理得井井有条。而且中国的工会确实是为企业着想，又受工人欢迎的工会。"

1995年12月20日，随着沙井街道最后一个村级工会成立，全宝安区8个镇1个街道，118个行政村全部建立起了工会。至此，区管镇、镇管村、村管下属企业的三级工会组织网络建立起来。

这一年，深圳仍在波涛起伏的时代浪潮中，孜孜不倦地寻找着自己的经济命题。宝安在几年的探索中，让无数的打工者找到了他们自己的家——工会。

不断探索 走出基层工会特色道路

1995年1月23日，时任中华全国总工会书记处书记李永海到蛇口视察工作，听说宝安工会有新举动，于是来到宝安，让宝安工会汇报工会工作。在听完三级工会组织网络模式后，李永海当即题词："希望宝安工会成为全国的一面旗帜。"当时，温介平心有忐忑："能做到吗？"李永海随后说了一句话："在村镇私营企业、外资企业都建立工会，是一个突破，你们只管齐步走，不断探索。"

在企业组建工会的过程中，宝安工会提出了"三个一"组建工程，即"成熟一个，发展一个，巩固提高发挥作用一个"，做到不仅成立工会，也使工会真正运作起来，而不只是挂个牌子、做个样子。

1996 年这一年，宝安组建企业工会 1600 多家，当时，这个数字在全国都是惊人的。宝安工会的迅猛发展引起了中华全国总工会的重视。1996 年，中华全国总工会、广东省总工会、深圳市总工会成立联合调查组到宝安调研。调查组亲自到工厂，详细询问职工、老板关于工会的运作情况。

1996 年 8 月，一篇名为《全新的区、镇、村经济发展公司三级工会网络体系——关于深圳宝安区新经济组织工会工作模式的调查报告》上报到了全国总工会书记处，报告中写道："这一带有方向性、前瞻性的创新和突破，展示出旺盛的生命力，对全国蓬勃发展的 2200 多万家乡镇企业和新经济组织发达地区有较强的典型示范作用。"

时任中华全国总工会主席的尉健行看到报告后，在上面批示："宝安的经验很好。他们在创建新经济组织工会的领导体制和开展工会其他工作的经验都值得研究和借鉴。"

之后报告被报送给时任中共中央政治局常委、书记处书记胡锦涛，他批示："深圳市宝安区工会工作的经验很好。赞成认真加以总结，组织探讨，以推动在新经济组织中，尤其是在中外合资企业中组建工会的步伐，促进工会在维护职工合法权益和搞好企业生产经营中发挥不可替代的作用。"

1997 年 4 月，中华全国总工会在宝安区召开"宝安工会工作模式"研讨会，全国省一级工会、地市级工会 250 多人参与，"宝安工会工作模式"像一把种子，撒向全国。

1998 年，"宝安工会工作模式"被写入中国工会第十三次全国代表大会的工作报告，在政治局会议上被讨论。同年 10 月 24 日，宝安区总工会荣获"全国模范区工会"的称号。

2000 年，为修改《工会法》，全国人大特意派了队伍到宝安征求意见。原有的《工会法》要求工会建立到区一级就可以了，但宝安的工作模式证明，工会建立到镇一级非常有必要。最后全国人大认为工会建立到镇一级需要写进《工会法》，这一变化正是来自宝安总工会的实践经验。

几年的时间之于人类的历史只是须臾之间，但一代人却能用它完成一番伟大的事业。在宝安这片创业的热土之上，宝安工会人用辛勤汗水和集体智慧孕育了促进全区经济发展、社会稳定的"宝安工会工作模式"，为改革开放提供了有力的工会力量。

◎ 亲历者说

我刚到宝安工会的时候，头发已经有点白了，10 年后从工会岗位上离开时，就全白了，但我很感恩这段经历，觉得非常值得。

记得一开始到村里、企业调研，那时来自全国各地的工人吃不好住不好，我们看着直掉泪。当时我就想，如果工会不去维护劳务工的合法权益，就是亏待这些来自全国的兄弟姐妹，后来也因此诞生了"宝安工会工作模式"。

宝安三级工会网络的建立，是宝安工会迈得最艰难也最宝贵的一大步，为此后工会工作的开展打下了非常坚实的基础。

宝安工会精神有五句话："自找苦吃、知难而进、锲而不舍、敢为人先、有为有位。"正是秉持着这样的工作精神，宝安工会不断突破、有所作为，才有工会今天的地位。

现在不管我走到哪里，大家依旧亲切地喊我老主席，这正说明宝安工会尽到了应尽的职责，服务了很多在深圳奋斗的兄弟姐妹！

——宝安区总工会原主席、党支部原书记 温介平

◎ 数说工会

1993 年，宝安全区只有基层工会 533 家；

1994 年，镇一级工会建立，宝安基层工会发展到 732 家；

1995 年，村一级工会建立，宝安基层工会飞跃发展到 1082 家；

1995 年底，宝安区下辖的 8 镇 1 街道和 118 个行政村及区属企业、镇（街道）属企业均建立工会，组建率实现了三个 100%。

1996 年，宝安区基层工会迅猛发展到 2679 家。

1997 年，宝安区外资企业建工会达 2800 多家，占全区应建工会外资企业数的 89%。

采写撰稿：周婉军

创新"上代下"维权机制

深圳工会"蛇口模式"打造全国工会一面旗帜

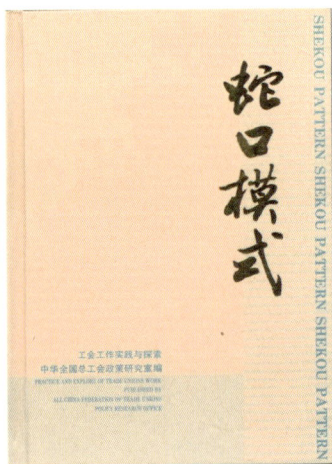

▲《蛇口模式》一书。

位于中国东南一隅的深圳蛇口工业区，是我国改革开放后第一个外向型经济开发区，也是大量外资企业最早涌入之地。改革开放第一炮的打响，冲破了计划经济的枷锁，但也形成了复杂的劳动关系。伴随着要求工会维护职工合法权益的呼声，蛇口工业区工会应运而生。

面对所处客观环境、工作对象、自身承担责任都有很大不同的现实，蛇口工业区工会从实际出发，不断创新，高举维护职工合法权益的旗帜，探索出一套具有特色、行之有效的工作模式，被中华全国总工会命名为"蛇口工业区工会工作模式"，简称为工会"蛇口模式"。

工会"蛇口模式"的精髓就是维护职工合法权利，简称"维权"。"维权"的机制就是"上代下"，即上级工会代替基层工会维护职工合法权利。这个"上代下"维权机制成了众多工会的借鉴样本。

工会"蛇口模式"的诞生，不仅为探索发展中国特色社会主义市场经济过程中全国工会工作提供了生动的教材和有益的启示，更成为全国工会的一道标杆，在全国工会发展史上留下了浓墨重彩的一笔。

▲ 香港独资企业凯达玩具厂。

明确防线 蛇口工业区工会诞生

1978 年，以中共十一届三中全会为标志，中国开启了改革开放历史征程。

如果说深圳是改革开放前沿阵地，那蛇口工业区就是深圳改革开放的先锋区域。1979 年 7 月 8 日，招商局自筹资金，在深圳南头半岛一块不到 10 平方公里的土地上，开创起新中国第一个对外开放的工业区——蛇口工业区，打响了改革开放的第一炮。

作为改革开放第一炮炸响之地，蛇口工业区是海外资本最早集中登陆的桥头堡。改革开放初期，大量"三资"企业入驻于此，在为蛇口工业区发展注入了强大动力的同时，也带来劳资关系这个日后越来越凸显的问题。

1983 年 6 月 3 日晚班，香港独资企业凯达玩具厂 100 多名女工因抵制厂方每天强制性加班，引发蛇口工业区第一次集体停工。1983 年 7 月 26 日，在凯达停工事件经 56 天调处成功之后，1983 年 7 月 30 日，蛇口工业区工会正式召开了第一届工会代表大会，选举产生了 13 名工会委员，其中外资企业的工会委员占近 40%，有 1 名是在蛇口工作、在蛇口加入工会的香港员工代表王志民。工会委员的结构，既体现了工会的代表性，又有利于协调劳资关系、开展"三资"企业工会工作。

拉近距离 在企业里逐渐建立工会

蛇口工业区工会是劳资矛盾寻找有效调节途径的必然产物，也是广大劳动者一直渴望依靠的"家"。

　　然而，对于当时的"三资"企业而言，工会更像是拦路虎。外资企业老板普遍对在其企业建立工会持怀疑和抵制态度。蛇口工业区工会成立后的第一年（1984年），区内153家企业仅有37家建立了工会，工会组建率仅为24.2%。

　　工会主席谢冠雄下定决心，一定要把组建工会的工作抓上去，为工会开展工作打基础、搭平台。他亲自带着一个小组，骑着自行车，带着《工会章程》，天天跑"三资"企业抓组建工会，大半年下来，成效不佳，难度很大。"有的企业只打发一名小职员来接待，企业高管避而不见；有的企业老总却说《工会章程》不是法律，我们企业遵守的是中国法律；更有的企业把我们挡在大门口。不少企业一听到我们是工会的，连门都不让我们进，更别说和我们沟通了。"李亚罗说。

　　为了尽快打开局面，蛇口工业区工会准备春节期间宴请外商，以增进双方的了解和信任。有人对此表示反对，认为此举有讨好外商之嫌，和外商坐在一条板凳上吃饭是立场问题。时任工会主席谢冠雄找到蛇口工业区原管委会主任袁庚。袁庚说："我参加。"1985年春节前夕的1月18日，蛇口华苑海鲜酒家高朋满座，"三资"企业老板纷纷应邀前来参加由蛇口工业区工会主办的"三资企业经理厂长迎春酒会"。借助酒会宣传工会的性质和作用，并请两名外商总经理"现场说法"。酒会效果很好。袁庚没有在酒会上讲话，但他站起来高举酒杯，向经理厂长们祝酒致意，又一个个地向工会干部碰杯，不少经理厂长轮番向袁庚等领导敬酒。酒会气氛活跃、真诚，与会人员都深受鼓舞。谢主席每到一桌祝酒时，大多数经理厂长都主动给谢主席递了名片，外商经理厂长说得最多的一句话就是："谢谢你，今后请多多联系。"酒会第二天，就有1家独资、6家合资企业主动来工会商谈组建工会事宜。

　　在李亚罗看来，那场宴席也反映了蛇口工业区工会的工作思想：为改革开放服务、为办好企业服务、为职工群众服务。秉承着这样的理念，工会不仅帮助职工解决了许多困难，还为区内企业铺平了道路。

　　蛇口工业区刚成立之时，许多外来务工者慕名而来，却因为环境陌生一时无所适从。李亚罗说："当时工业区的工作环境、生活环境和社会环境，和内地完全不一样，部分商店甚至只能用港币交易。所以我们工会将新员工组织起来，对他们进行为期三天的免费入区教育。"工会主动为企业员工培训，帮助新入驻企业办理有关手续等，这些行为逐渐融化了横亘在企业与工会之间的冰山，也拉近了彼此的距离，推动了工会的组建步伐。

　　1986年，蛇口工业区共有企业218家，建立工会的有120家，组建率为55%。1989年12月，工业区共有企业258家，建立工会的有182家，组建率为70.5%；工业区有职工32809人，会员23137人，入会率为70.5%。从1990年组建率突破90%以后，年年

▲ 蛇口工业区工会在蛇口华苑海鲜酒家举行迎春酒会，宣传工会工作。

都在 95% 左右，职工入会率都在 85% 左右。

创新机制 造就"上代下"维权机制

蛇口工业区工会全新的工作思路、独特的工作模式与显著的工作成效，不仅受到区内广大职工的由衷赞许和深圳市党政领导的充分肯定，更引起中华全国总工会和国家领导人的高度关注。

1994 年 11 月 7 日至 9 日，时任中共中央政治局委员、书记处书记、中华全国总工会主席尉健行首次来到深圳蛇口工业区考察工会工作。

3 天时间里，尉健行了解了在新的经济关系与劳动关系下，蛇口工业区工会开展的工作重点：工业区 70% 以上是外资企业，许多企业工会主席都是"端着企业的饭碗"，受到企业行政制约，无法真正替职工维权。在这样的情况下，蛇口工业区工会确立了"协调劳动关系，维护职工合法权益"的工作重点，要求下级工会负责将损害职工利益的信息上报，上级工会出面协调，代替基层工会开展维权工作。

李亚罗回忆，尉健行对当时蛇口工业区的工会工作有着深刻分析。

"在他看来，要求企业工会很有活力、维护职工合法权益很有胆识、很有水平，对许多企业工会来说，还做不到。因为企业工会主席都是兼职的，受到企业行政的制约。他们从人员、时间、能力等各方面都没办法把维护职工合法权益做好，这一点要理解。如果我们一定要求他们做到位，这是对他们的苛求。但是基层做不好并不意味着工会不维权，而是应该要求上级工会来代替基层工会做好维权工作。这就要求上级工会要强大，有能力，有担当。"

后来蛇口工业区工会的这种维权机制被概括为"上代下"维权机制，亦在《鲜明的职工利益代表者的身份和作用——关于蛇口工业区工会工作模式的调查报告》（以下简称《调查报告》）中首次被总结为工会"蛇口模式"的维权机制。

中华全国总工会于同年5月4日将这份《调查报告》分别送呈中共中央办公厅和时任中共中央政治局常委、书记处书记胡锦涛。

1994年5月21日，胡锦涛对《调查报告》做出批示："蛇口工业区工会工作的思路和成效都是好的，组建率和入会率都达到了较高水平，对目前各地正蓬勃发展的三资企业和特区、开发区的工会组建工作尤其有借鉴意义。"

同年6月20日，全总办公厅发出《关于印发蛇口工业区工会工作模式调查报告的通知》，为全国各地工会提供参考和借鉴。在此后的几年间，全国总工会领导乃至中央领导都频频到蛇口工业区工会调研、考察，深圳工会"蛇口模式"为全国工会提供了生动的教材和有益的启示。

先行先试 探索多条工会新路

蛇口工业区工会在改革中诞生，在发展中创新。除了"上代下"维权机制之外，蛇口工业区工会一直在创新路上探索。

不久，蛇口在全国率先探索实践工会主席直选。1986年，蛇口工业区工会首次进行民主直选。1986年底，蛇口工业区工会选择10家较大的、有代表性的企业，作为企业工会民主直选工会委员会的试点。1989年初，民主直选全面推开。除了"成立第一届工会委员会的""换届选举时当年职工流动量占40%以上的""职工队伍明显形成地方派别现象的""民主直选受到严重人为干预的"等4种情况下工会不进行民主直选之外，基层工会民主直选率一直都达到100%。2018年6月15日《南方工报》报道："1988年7月，蛇口工业区工会试行'民主直选基层工会委员会'，超前全国20年。"

同时，为了全面贯彻执行《中华人民共和国劳动法》对集体劳动合同制度的一些原则性规定，1995年2月19日，蛇口工业区出台了全国第一份较为规范的集体合同——《蛇口工业区集体合同》（范本），选定10家"三资"企业作为试点签订集体合同。全国著名劳动法学专家关怀教授说它是一部"小劳动法",不仅与国家《劳动法》相一致,而且在保护职工合法权益方面规定得更翔实、更具体。

创新之余,蛇口工业区工会相对独立、精干的组织体制,科学有效、灵活统一的运行机制,业余自愿的活动方式,都紧紧围绕蛇口的实际和特点,想实招、使实劲、干实事、求实效。其根据实际情况独创的"先建工会、后交经费"的做法,也变成了全国各地组建新的工会组织的一项可行措施。

正如尉健行所言:"蛇口的经验,非常重要的一点在哪里?他们不唯上,不唯书,只唯实。蛇口的需要,就是他们决定自己的任务、方针、思路、政策的最基本的依据。"的确,蛇口工业区工会始终高举为劳动者维权的大旗,全心全意维护职工的合法权益。

维权是蛇口工业区工会的种子,创新是呵护其成长的养分,蛇口工业区工会用创新和勇气为蛇口工业区所有职工种出一片关爱的森林。在这块中国最早的市场经济试验田里,蛇口工业区工会审时度势,探索出一套具有蛇口特色、行之有效的工作模式,走出一条中国特色社会主义工会工作的新路子。

◎ 亲历者说

从蛇口工业区工会筹备成立开始,我便经历了工会的成长。

在蛇口工业区工会工作17年,我没有休过年假。尽管辛苦,内心却充满快乐。因为我感觉自己是真的在为职工做事。实话说,我没有什么大志向,也没有什么大梦想,我是一名党员,党叫我干啥,我就干好啥,为职工尽心尽力,为工会尽职尽责,我就心满意足了。

蛇口工业区工会得到了职工的认可,很多工人碰到了难事,就想起了工会,很欣慰。我虽然退休20年了,但工会情结犹存。行在路上,不时会碰到我不认识的人叫我"主席",我就很开心。说明他们没有忘记蛇口工业区工会为大家所做的事情。我是少壮无悔入蛇口,终生情系工会魂。

——蛇口工业区工会原主席 李亚罗

采写撰稿:周婉军

从零开始

社会化工会工作者队伍建设助力打通服务职工"最后一公里"

从南海之滨的一座边陲小城发展至今，深圳经济发展日新月异的背后，是凝聚了超级工业区过千万产业工人的付出与贡献。然而随着经济社会改革不断深入、产业结构调整升级，劳资矛盾逐渐成为影响社会和谐的重要因素，企业众多、工人数量庞大、劳资问题繁复、事务冗杂，也成为深圳工会开展工作的掣肘。

虽然从2006年以来，深圳工会组建日益完善，工会组织覆盖率不断提高，但是基层工会力量薄弱的问题日渐凸显。为夯实工会组织基础，2009年，深圳市总工会决定在龙岗区开展基层社会化工会工作者试点工作。

从零开始，深圳工会逐渐探索出一条适合本土发展的基层工会干部发展之路。截至2021年底，全市已汇集了845位社会化工会工作者，他们在自己的岗位上兢兢业业，为打通服务职工的"最后一公里"挥洒汗水、奉献青春。

试点先行 龙岗区率先探索建设

改革开放的春风，吹动了深圳的经济发展，城市的快速更迭离不开大批产业工人的贡献。城市腾飞为深圳带来了源源不断的劳动力，新生代的产业工人逐渐成为这些超级工业区的主体力量，随之而来的工会组织建设、职工维权服务新要求，也为深圳工会带来了变革的契机。2006年以来，基层工会组建工作迅猛发展，然而与其不匹配的是：市、区、街道不到200人的专职工会干部队伍力量却相当薄弱，特别是作为工会四级组织网络中，最接近基层组织的社区工会联合会更是始终处于"无人干事"的局面。为此，2009年，市总工会决定在龙岗区开展社会化工会工作者试点工作。

彼时，龙岗区下辖 11 个街道，区内有各类企业近 4 万家，来自全国各地的一线职工 300 多万人，职工数占总人口数 40% 以上，占全市职工数 20% 以上，是深圳市重要的行政大区、人口大区和产业大区。

与之不相适的是社区内没有专职工会干部，大多社区工会干部身兼数职。在试点社会化工会工作者之前，龙岗区总工会也曾通过工会组织员、工会社工等方式充实工会干部队伍，一定程度缓解了基层人手不足的压力。

社区、企业等基层工会基础薄弱，"无人干工作、干工作不在行"等问题严重制约了基层工会的工作开展，组建一支社会化工会工作者队伍，势在必行。也因此，龙岗区成了社会化工会工作者队伍探索的天然试验场。社会化工会工作者队伍的建设，也为龙岗工会的基层建设打开了新的局面。

2009 年 12 月，龙岗区总工会开始按照"专业化要求、制度化保障、社会化招聘、契约化管理、职业化运作"模式，面向社会统一招聘社会化工会工作者。

"推行社会化工会工作者的目的在于建立一支热爱工会工作、切实发挥作用的高素质基层工会干部队伍。"时任龙岗区总工会副主席柯雅琼表示。为此，在招聘条件上，区总工会设置了较高门槛：应聘人员需为中共党员且年龄在 45 周岁以下，学历为大学本科及以上，并具有两年以上工作经验等。

"最初，我们设置的名额是 80 人。"本着宁缺毋滥的原则，区总工会最终只录取了 50 人。经历了笔试、面试、资格审查、体检、公示等层层关口，龙岗区第一支社会化工会工作者队伍初具雏形。

多措并举 锤炼能打实战的社会化队伍

上岗前夕，龙岗区总工会对这支队伍开展了一次集中封闭式的岗前培训，这次培训包括理论知识、工会业务以及拓展训练、团队建设等。通过培训尾声的现场考核后，社会化工会工作者们将被派驻至各街道、社区。在这些工厂、企业云集的社区内，遍布的厂房、低矮宿舍和低端娱乐场所，是产业工人们日常生活的照面。

"工会工作需要有工人情怀和草根情怀。"柯雅琼认为，这些产业工人汇聚之地，也是最能深入了解职工生活的一线。

然而开展工作之初，这支年轻的队伍就遇到不小的挑战，面对辖区内时有发生的群体性劳资纠纷事件，如何走入企业大门打开工作局面，成了他们面临的最大难题。为此，龙岗区总工会决定强化培训力度：在试用期间，每周开展"以会代训"的常态化培训，以解决实际工作中遇到的问题。

除此之外，区总工会还采取每月不定期培训的方式，并每年组织一次集中培训，除了讲授理论知识，还将社会化工会工作者分成小组，在交流中碰撞出思想的火花。为改善社会化工会工作者在工作中的被动局面，工会前辈们也在培训中加入自身的工作经历与心得分享。

同时，区总工会结合实际工作需求，不定期组织职业技能大赛，采取"以赛代训"的训练模式。技能大赛涵盖基础业务、法律常识、工会组建流程等笔试题，区总工会还别出心裁地设计了实操比赛，针对企业建会、集体协商、职工维权等工会工作的方方面面，进行现场演练，以增强社会化工会工作者的实战技能。

高效、精准的培训，很快收到成效，社会化工会工作者所在的社区工会纷纷完善了工作档案与工作设施，辖区内的摸底工作开始如火如荼地开展。在龙城街道爱联社区的办公楼前，竖起了一块30平方米左右的工会宣传牌，自这里的社会化工会工作者上岗后，工会不仅扩大了职工之家的活动场所，还设立了职工阅览室、健身室等办公设施。

"他们开始融入工会工作，有种豁然开朗的感觉。"不少社会化工会工作者向柯雅琼反馈，他们不再畏惧工会的专项工作。打开工作局面后，他们又为自己定下了更高目标：实现辖区内企业工会的全覆盖。

职业化工会工作者们决定全力以赴，对辖区内的组建死角进行彻底排查。在面对龙腾工业区这一难啃的硬骨头时，龙城街道11名社会化工会工作者更是突破辖区界线，轮番上阵，最终在该工业区内建立工会联合会。

除了整合资源，推动企业建会也需要足够的耐心。在龙城街道回龙埔社区内，社会化工会工作者们就遇到了极为抗拒建立工会的上海枧厂。社会化工会工作者们多次走访该企业，不厌其烦地阐明利弊，最终在连续工作5个多月后，消解了该企业的抵触情绪，成功组建工会。

在理论培训与实践工作的反复锤炼下，龙岗区总工会组建起一支素质过硬、能打实战的社会化工会工作者队伍，也为在全市推广这一模式提供了可行经验。

2011年，市总工会决定在全市全面铺开社会化工会工作者队伍建设工作。

"社会化工会工作者队伍的组建，缓解了基层工会人手不足的问题，能够将基层情况返送至上级工会。"深圳市总工会相关负责人表示。这支队伍，也将在企业建会、解决劳资纠纷等问题中发挥巨大的能量。

临危受命 一星期解决 2000 多名职工问题

行远自迩，踔厉奋发。龙岗这支职业化工会工作者队伍，也迎来了组建以来极为艰难的一次考验。

20 世纪 90 年代初，"三来一补"等劳动密集型产业云集深圳，龙岗区南湾街道南岭社区深圳南岭玩具制品有限公司就是其中之一。2018 年 8 月 27 日，该企业由于资金短缺、经营困难等原因突然宣布停产结业，一夜之间，大量工人失去收入来源。当天企业贴出结业清算公告后，全厂员工停工聚集，矛盾一触即发。

接到消息后，龙岗区总工会立即派人奔赴现场，并迅速从各街道抽调 30 名社会化工会工作者组成工会应急分队。

在现场，职工提出要求支付 7 至 8 月工资、补缴社保、支付经济补偿金等多项诉求，但出于种种原因，职工情绪异常激动，并不愿按照政府有关部门的引导到厂区内办理相关手续。

应急分队临危受命，组成 20 个工作组，一边安抚员工情绪，引导职工理性维权，一边宣讲法规政策，劝导职工依法维权。时任龙岗区总工会副主席的王金乐多次深入职工队伍中，亮明工会员工身份，并用扩音器直接向职工喊话，表明工会组织立场。

在此期间，工作组深入一线，与职工面对面交流，每日与近千人交流沟通，让不少社会化工会工作者哑了嗓子，王金乐每日携带大量润喉糖，"后来都不够用了。"

为广泛收集各方利益诉求，工作组通过汇总各部门工作数据，在分析全厂职工的年龄、工龄、性别结构等基础上，格外关注暑期工、离职职工、患病受伤职工等特殊群体，有针对性地开展个性化利益诉求收集工作。

在这批企业职工中，不乏有工作 20 多年的老员工，他们将青春奉献给工厂，却在一夜之间失去了工作和收入来源，这让在场的工作组成员深受触动。工作组决定竭尽全力，帮助他们渡过难关。为了及时回应职工咨询，工作组成员建立了专供职工咨询的微信群，每日从早到晚，群内消息从未间断。一日夜晚 12 时，有职工在群内询问赔偿金相关问题，另一名职工在群内提出："这么晚不要问了，忙了一天让人家回家休息吧。"但很快，群内就有社会化工会工作者回复了该问题。

凌晨的及时回复，让群内职工感动不已，"白天你们一直在现场，晚上 12 点多回去，还及时回复我们，太辛苦了。"职工们的感谢，也让社会化工会工作者们找到了工作动力。有人告诉柯雅琼，"没想到自己的工作能得到如此肯定，只有尽自己最大努力多帮助他们，自己才会感到踏实。"

社会化工会工作者们的付出，很快获得了回报。不到一星期，2000多名职工的问题已基本解决。除此之外，工会还持续为需要返乡的职工办理免费车票申领手续。从8月31日至9月5日，累计为758名职工提供免费车票。同时，区总工会协同部分用人企业，进厂开展现场招聘活动，促进职工再就业。

南岭玩具厂事件的快速解决，让龙岗区社会化工会工作者队伍成为工会工作中独当一面的坚实盾牌和骨干力量。从零开始，龙岗工会在社会化工会工作者队伍的建设中走出了龙岗特色，时至今日，仍有不少第一批社会化工会工作者在岗位深耕，并将经验孜孜不倦地传授给下一代。

上下求索 从龙岗走向深圳各区

社会化工会工作者队伍的建设，壮大了工会基层力量，一改以往工会边缘化的态势。截至2023年底，全市已有社会化工会工作者935人，作为打通服务职工"最后一公里"的中坚力量，他们在基层发挥着不可或缺的作用。

2019年，市总工会在推进"三新"，即新经济、新业态、新模式领域企业建会时，由于从业者劳动关系难以认定，建会进度一时停滞不前。为此，社会化工会工作者们总结自身工作经验，纷纷提出"通过社区工联会直接覆盖""龙头企业带动建会"等建议。在各方合力下，最终打开"三新"领域从业人员建会入会新局面。

同年8月，深圳滴瑞工会联合会依法成立。深圳滴瑞工会联合会的会员入会方式活、组织形式新，是全国首家依托平台企业并吸收网约车司机入会的工会组织。滴瑞的建会，离不开社会化工会工作者队伍的努力，从组织宣讲到征集意见，再到发展会员，每一层工作里都有社会化工会工作者们忙碌的身影。

然而社会化工会工作者队伍的组建，却并非一帆风顺。工资待遇有待提高、晋升机制有待进一步明确、身份有待社会广泛认同等，仍然需要各级工会进一步破题。为此，市总工会适时上调职业化工会干部工资待遇，各区总工会也结合实际修订社会化工会工作者管理办法，满足社会化工会工作者的晋升需求。

"我们还有很多需要继续探索的地方，社会化工会工作者队伍的可持续健康发展，是未来需要我们更加重视的方面。"市总工会相关业务部门仍在前行的道路上不断摸索，力求在创新中寻变，将工会真正打造为广大职工的"娘家人"。

从龙岗走向各区，深圳工会在不断摸索中走出一条适合本土的社会化工会工作者队伍建设之路。在深圳这片热土，这一支支年轻的队伍，也如星星之火，点亮了广大职工心中的希望之原。

◎ 亲历者说

我从龙岗区的街道党工委员到街道工会主席，再到龙岗区总工会副主席，也算一路见证了社会化工会工作者队伍的建设历程。我始终认为做好工会工作，首先要具备工会情怀、职工情怀和草根情怀。我们接触的职工大多属于弱势群体，需要被社会关爱与照顾。如果我们不能做到真正把职工需求放在心上，那工会的工作也将流于形式，成为花架子。

如今的工会，已经从福利型工会转变为维权型与服务型工会，这也对我们的工作提出了更高要求。我们需要在关注职工维权之外，重视职工更高层次的需求与权利。因此，工会工作仍需不断探索、创新，创新求变是我们每年工作总结时都会延续的口号。时至今日，我们仍在践行这一口号。

——龙岗区总工会原副主席 柯雅琼

采写撰稿：潘潇雨

送温暖入万家

深圳工会走出特色职工服务之路

溯源深圳工会 40 余年的历程，会发现这是一部有温度的历史，以"送温暖工程"为代表的困难职工帮扶工作更是贯穿始终的点睛之笔。

从 1992 年到如今，送温暖工程已经走过了 30 多个年头，深圳工会也将困难帮扶走向了常态化、制度化，走出了一条具有深圳特色的职工服务之路。

21 世纪初，移动互联网在国内逐渐盛行。互联网时代的到来，带来了职工服务的新需求，也带来了工会变革与发展的时代契机。在这场互联网的浪潮中，身处我国改革开放先行地的深圳工会，肩负着工会组织改革创新的使命。深圳工会在机遇与挑战中锐意进取、力求变革，紧跟时代步伐。

从送温暖、金秋助学等传统服务项目，再到"互联网+"普惠模式的搭建，深圳工会在时代的大浪中形成了独树一帜的服务模式，也让工会真正成为职工信得过、靠得住、离不开的"娘家人"。

送温暖入万家 用温暖抵御下岗寒潮

20 世纪 90 年代初，改革开放的春风吹来了"三来一补""贴牌加工"等新经济组织，劳动密集型产业迅速抢占市场，吸引了一批又一批逐梦的务工人员奔赴深圳。与此同时，全国范围内大批国有企业却在市场经济体制改革中首当其冲：效率低下、三角债频发，作为国民经济的命脉，国企改革势在必行，而裁员成了立竿见影的减负手段。

1992 年，中华全国总工会的机关大楼里，时任全总党组和书记处领导决定兵分八路，奔赴全国 18 个省、自治区和直辖市，走访慰问受灾地区和"双停"、亏损企业的困难职工与离退休职工。自此，工会送温暖活动拉开大幕，深圳工会积极投身其中。

▲ "送温暖入万家"市总工会领导慰问深圳职工。

1992 年元旦和春节期间，深圳工会响应中华全国总工会号召，"进万家门，知万家情，解万家难，暖万家心"，走进困难职工家庭，送入温暖助其渡过难关。此后每年，深圳工会孜孜不倦地践行送温暖活动。

1994 年 4 月 19 日，中华全国总工会在总结送温暖活动经验时，发出《关于实施"送温暖工程"的通知》，推进送温暖工作走上"经常化、制度化、社会化"轨道。为落实全总要求，1995 年 6 月 20 日，深圳工会向中国人民银行深圳经济特区分行提出关于成立"深圳市职工解困济难基金会"的申请。次年，深圳市职工解困济难基金会诞生。

彼时，随着大批新经济组织落地深圳，社会经济关系发生巨大转变，为转变经济增长方式，不少企业开始提产、改组。下岗、失业职工人数逐年上涨，大批下岗职工一时成为社会痛点，如何让他们度过下岗寒冬，牵动了整个社会的痛觉神经。能否妥善安置失业职工，也成为工会必须直面的问题。

为此，深圳工会于 1997 年将促进就业、参与"再就业工程"纳入工会工作的总体思路。此后，各级工会深入各地开展调查研究，在分析下岗、失业职工数量、原因、承受能力、生活状况和再就业等情况后，制订了职工再就业工作计划、各类企业破产预案，以及制定有关再就业和职工解困政策法规等。

为促进下岗、失业职工再就业，深圳工会别出心裁，设立了集信息、咨询、培训、中介为一体的工会职业介绍机构，实现供需信息及时、准确地传递。同时，还开展了"定向培训""定点培训"等职业技能培训。根据职工和企业需求，因地制宜开展多层次、多形式的职业技能培训和转业转岗培训。

劳动力的供需矛盾，在那个经济飞速变化的年代尤为凸显，下岗失业人员的再就业，也成为一个带有全局性影响的重大经济和社会问题。深圳工会用温暖织就了一道为下岗、失业职工抵御风险的屏障，为职工提供及时温馨的服务。

顺应时代浪潮 搭建"互联网+"普惠模式

自深圳市总工会成立以来，职工服务始终被列为核心工作。但在工会前行的道路上，开展职工服务工作的掣肘也日渐显现：基层工会基础薄弱，"无人、无钱、无工作阵地"问题显著，信息化建设严重滞后，部分工会服务和工会维权仅能惠及少数群体……这些问题严重制约着工会服务工作的开展。

深圳的创新与包容，吸引了一批又一批务工人员涌入，职工队伍迅速壮大的同时，工会的服务人手却捉襟见肘。随着信息化时代的迅速更迭，职工对服务的需求也在不断变化，传统的"面对面"服务手段已然不能满足。

21世纪初，移动互联网在国内逐渐盛行。互联网时代的到来，带来了职工服务的新需求，也带来了工会变革与发展的时代契机。在这场互联网的浪潮中，身处我国改革开放先行地的深圳工会，肩负着工会组织改革创新的使命。

2015年初，中共中央印发了《关于加强和改进党的群团工作的意见》（以下简称《意见》）要求，包括工会在内的群团组织要进一步提高网上工作水平，打造线上线下相互促进、有机融合的群团工作新格局。

在此背景下，深圳市总工会决心顺应时代发展、寻求变革，于2016年提出建设"实名制、全覆盖、普惠制、信息化、项目化"服务职工工作体系的改革思路和工作理念，力求通过信息化建设，形成线上线下深度融合、互联互动的服务职工新格局。

在服务与被服务人员严重不对等的情况下，利用互联网实现四两拨千斤的服务方式，成为工会职工服务的新出路。

"互联网+"模式对深圳市总工会来说是一个全新的命题。"不同于传统的线下组织服务模式，如何运用互联网思维转变工作理念和工作方式是我们面临的首要难题。"深圳市总工会相关负责人表示，"体制机制的建设迫在眉睫，其核心命题是用项目化、平台化的设计来推动服务项目，形成上下联动的工作格局。"

作为上通下达的桥梁，信息化平台的搭建，是"互联网+"服务模式的关键一环。为此，深圳市总工会提出"四大门户""三个平台""两大数据""一个系统"的建设思路："四大门户"即12351热线、微信、App、网站四个门户端；"三个平台"即会员服务平台、基层工会工作平台、各级工会机关业务工作平台；"两大数据"即工会组织数据库和会员数据库；"一个系统"即围绕会员需求运转的整个工作和服务体系的闭环。

明确工作方向后，深圳工会的"互联网+职工服务"革新开启，力求实现工会业务一站式网上办理、工会服务一键式网上体验，真正做到"管理扁平化、服务点对点"。对比之前的人工服务，不少工会干部明显感受到："互联网的运用，不仅营造了'网上工会'的场景服务体验，还极大地简化了各级工会的办事流程。"

随着新一代信息技术加速应用，工会组织也面临着数字经济和零工经济大规模兴起所带来的新就业形态挑战。为进一步满足职工日益增长的多样化需求，2020年12月，深圳市总工会与市属国有企业深圳智慧城市科技发展集团有限公司合资成立市场化公司，专门负责智慧工会平台建设及运营工作，以通过信息化手段赋能各级工会，全面提升工会服务能力和水平，加快实现工会数字化转型，运用新思维、新手段、新技术推动工会改革创新。

智慧工会建设自2020年12月投入运行以来，为深圳市总工会相关活动提供技术及运营支撑，顺利完成"欢乐在鹏城·在深过牛年""三八国际妇女节""五一国际劳动节"及工会会员日等多期活动的运营保障。

打造特色职工服务 递出工会特色名牌

信息化平台的搭建，便利了工会会员的实名制管理，也让精准的会员服务成为可能。

借此契机，深圳工会打出了自己的特色名牌——工会会员服务卡，以满足深圳广大职工多样化、差异化的需求。2017年8月，工会成立职工服务中心筹备小组，前往北京、天津、武汉等地，实地考察当地工会服务卡实施情况。

不同于北京、上海等地，彼时的深圳无论是产业结构还是职工构成都极具特殊性。没有北京坐拥众多"中字头"国企，没有上海的外资汇聚，也没有中部地区的较低成本劳动力和富余土地，但是深圳却以其敢闯敢拼的创新特色打造了一批如华为、腾讯、中兴等高科技企业。

所有制结构活力足、民营企业占比大、现代服务业高速发展、年轻的劳动力主体，意味着深圳工会将面临着新兴的、更具差异化的职工服务需求。

历经4个多月的调研、访谈，深圳工会决定在已有的教育培训、困难帮扶基础上，新增 19 个会员服务项目，共分为医疗互助保障、健康休闲优惠、职工疗休养服务、生活服务优惠、电影演出门票补贴和公园景点门票补贴 6 大类，分别采用纯工会补贴、纯商家让利和工会补贴与商家让利相结合的 3 种补贴形式。

2017 年 11 月 23 日，深圳市工会会员服务卡正式发行，这是广东省首次发行实名制工会会员服务卡，也是深圳工会实施会员实名制管理和普惠性服务职工的重要载体。

会员卡的发行为深圳工会主动作为、关口前移进行了有效尝试，也让深圳工会距离打通服务职工的"最后一公里"更进一步。小小一张会员卡，既是工会会员的"身份证"，也是深圳工会为职工会员量身定制的暖心卡，其背后凝聚着深圳工会两年来的努力与心血。

深圳工会会员服务卡的诞生，标志着深圳工会在自身改革上迈出了重要的一步，也为推进深圳工会基层组织建设提供了一个重要抓手，为满足深圳职工群众日益增长的美好生活需求提供了一个重要的载体。

时至今日，深圳工会已发出百万余张工会会员服务卡。

2020 年 9 月 20 日，深圳工会酝酿已久的"深工有爱 温暖救助"关爱行动启动，此次活动的主要救助对象是 2020 年 7 月 31 日前在工会帮扶系统中区级及以上的困难职工。为尽快启动相关帮扶和救助工作，市总工会从基金会历年结余资金中拿出 300 万元作为项目启动资金。

深圳市总工会表示，"深工有爱 温暖救助"关爱行动是市总工会帮扶救助工作的一次创新尝试，不仅提升了帮扶力度，如职工医疗救助金最高救助标准可达 12 万元，还丰富了帮扶内容，如新增应急救助，为首次确诊重疾、罕见病的职工每人提供一次性救助金 2 万元，还开通了"线下＋线上"等多种募集资金渠道。

在该行动方案的最后，有这样一句话："全面小康路上，一个不能少，一个不能掉队，是我们党和国家向人民群众做出的庄严承诺。"这也是市总工会向职工会员做出的承诺。大家共同参与"深工有爱 温暖救助"关爱行动，携起手来，守望相助，为困难职工筑起一条温暖幸福的康庄大道，共享新时代小康社会的美好生活。

面向快递小哥、外卖骑手和网约车司机等新就业形态劳动者会员，2021 年 9 月，深圳市总工会通过"暖工基金"专门设计了了"E 路守护"综合保障服务项目，以团体投保方式为他们赠送一年保障期的互助保障计划和专属意外保险，合计保障额度高达 149 万元，保障内容涵盖重大疾病保障、意外伤害保障、突发疾病身故和第三者责任 4 大类 12 小项的综合权益保障，覆盖新就业形态劳动者 30 万人。

"目前大部分新就业形态劳动者是购买二、三档医保，市总工会'一体两翼'体系以及'E

路守护'项目能为他们提供更全面的综合保障服务作为医保的补充，其中，'E路守护'包含的医疗保障，急门诊即可报销，报销额度最高可达5.5万元。只要快递小哥、外卖骑手和网约车司机等新就业形态劳动者加入工会，这些保障都是由工会免费提供的。"深圳市总工会有关负责人说道。

如今，随着"金秋助学""平安返乡专列""圆梦计划"等创新活动在社会叫响，送温暖帮扶工作也更为深入人心，成为一张深圳工会的特色名牌。

▲ 深圳市新就业形态劳动者集中入会仪式暨"一体两翼"帮扶保障工作体系发布会。

"五心"服务品牌 让温暖深入人心

如果将整个工会系统比作一条高速公路，那么各级工会组织就是高速公路上的服务站点，服务项目就是高速公路上行进的交通工具，而工会会员就是交通工具上的乘客。修好高速公路后，最关键的就是让各级工会提供的交通工具即服务项目，在高速公路上跑起来。

为此，深圳工会别出心裁，在沿革传统服务项目后，推出了"五心"服务品牌：权益维护"贴心"品牌、帮扶保障"暖心"品牌、素质提升"强心"品牌、普惠优惠"用心"品牌、主题活动"欢心"服务。

"五心"服务品牌深入职工生活的方方面面：衣、食、住、行、游、娱、购……借助信息化平台的搭建，深圳工会的服务方式从工会"定菜单"向职工"点菜单"转变，服务手段也从线下为主向线上线下互动融合转变。

线上的报名隔绝了工会服务人员与一线职工的会面，但是线下的交流活动，却让彼此有了更进一步的了解。

2019 年的一个清晨，一位来深打工者早早等在了景区门口。他告诉前来发放门票的市总工会职工服务部工作人员姚玮，这是他来深 20 多年第一次进到深圳的景区。"他很开心，那种喜悦就好像是我们小时候过年的感觉。"回忆起那天的经历，姚玮触动很深，"对我们来说，到景区玩可能是一件很普通的事，但对那些一线工人来说，却具有很高的价值。"

对于姚玮来说，线下的门票发放是一件极为烦琐的事情，除了要与景区对账，还要组织近千人的队伍入园，但是当她看到职工们牵着伴侣、孩子满足地走入景区时，她感到"一切都值了"。

在用工大市深圳，每逢春节，返乡一度成为来深务工人员面临的最大难题。

2020 年 1 月，在与铁路公司进行多番调度协商下，深圳工会投入经费约 49 万元，推出"工会平安返乡号"专列，开通了从深圳北至长沙南、福州南的返乡专列。

在此期间，姚玮也接到了职工们数不清的咨询电话，其中一条令她记忆犹新。在咨询完领票的相关事宜后，来电的工人反复向姚玮道谢，并向她分享了自己在深圳的生活。"他说很少有人这么仔细地解答他的问题。虽然我们是陌生人，但是能够在工会的服务中给予他温暖，我觉得很有意义。"姚玮说。

1 月 16 日下午，1000 多名在深务工人员搭乘"工会平安返乡号"D2298 和 G6020 次免费返乡专列，带着来自工会的暖意，从深圳北站出发，返乡过年。

新的一年，深圳工会也将带着独具特色的创新意识与职工服务品牌，向前方开进。

在日新月异的社会，如何让一项工作靓丽长青，能否扣准时代主题是切入的关键。回眸深圳工会的帮扶历程，不难发现，这是职工群众的需求，也是顺应历史的选择。温暖，是一个扣人心扉的词，带着人文情怀的温度，在经济腾飞时，为每一位劳动人民带去温情与守护。

◎ 亲历者说

"互联网+"普惠模式的搭建，在便捷我们工作的同时，也对我们提出了新要求。时代在快速更迭，我们的平台建设也需要跟上时代的步伐。很多时候我们刚确定了一套模式，2.0时代就已经来临，我们就需要马上升级换代。如何踩准时代发展的节点，是我们面临的一大考验。

互联网将我们与世界的联系无限拉近，也扩充了我们的服务人群，所以"互联网+"模式对于我们人员队伍的建设也提出了更高要求。我们的工作人员不仅需要具备更高的服务素质，也需要掌握运用互联网手段服务职工的技能。专业人员的队伍建设，是我们目前的短板，也是我们未来需要强化的地方。

——深圳市总工会职工服务部相关负责人

采写撰稿：潘潇雨

职工温暖的所在 城市宝贵的记忆

深圳市工人文化宫七十载发展成为职工心灵归宿

在那段还没有车水马龙和都市喧嚣的岁月里，作为深圳最早的公共文化设施，深圳市工人文化宫承载了几代深圳人难忘美好的生活记忆。这个离深圳墟不远的地方，曾带给老深圳人太多的第一次：第一次溜冰、第一次游泳、第一次跳交谊舞、第一次看电影……它见证了这座城市的飞速发展与巨大变迁，成为无数深圳人最质朴和最踏实的心灵归宿。如今，深圳市工人文化宫整体改造工程项目正在进行。我们期待，在不久的将来，它将以全新的面貌为深圳市民带来更多美好与惊喜。

建立深圳首个符合国际标准的游泳场

深圳市工人文化宫的前身是原宝安县工人文化宫，始建于 1953 年，后成为深圳市总工会下属的公益性事业单位。文化宫占地面积约 5.8 万平方米，直到改革开放初期，依然是深圳人文化休闲娱乐的主要阵地。文化宫内假山耸立，湖泊宁静，竹林环绕，曾经是很多深圳职工的恋爱圣地，促成了无数美好姻缘。一到下班时间，许多年轻情侣携手漫步湖边，成为当时文化宫一道青春靓丽的风景线。

也正是因为环境优美，不少老深圳人把文化宫称为公园。人们在这里聊天社交，下棋打牌，娱乐生活因此丰富。特别值得一提的是，1983 年 8 月 28 日，深圳第一个符合国际标准的游泳场在文化宫建成，最多可容纳近千人。场内既有供成人使用的比赛池和练习池，还有给孩子们嬉戏的娃娃池。池壁上镶嵌着柔和的白色瓷片，池内注满清澈的泳池水，池边还有笔直的椰子树。它的建成，标志着深圳市内从此有了干净卫生的游泳场所。

如今担任深圳市工人文化宫职工服务一部副部长的谢伟洪，曾任游泳场的第一位副场

▲ 深圳市工人文化宫旧貌。

▲ 深圳市工人文化宫建立了深圳首个符合国际标准的游泳场。

长。他回忆，当时很多深圳人是在这里学会了游泳的，这里也曾是深圳市内唯一可以举行正式游泳比赛的场馆。

"我们的游泳场坐北朝南，四面环树，鸟语花香。虽然是露天场馆，但是卫生和安全工作一直做得很好，而且门票只要5分到1角。每到寒暑假，来游泳的职工和家属络绎不绝。"谢伟洪说。

除了游泳场，文化宫的溜冰场也很受欢迎。深圳是一座年轻的城市，来自五湖四海的年轻人来这里寻梦，他们追求新鲜有趣的生活方式，而滑旱冰在当时就是一种特别新潮的娱乐方式。深圳市工人文化宫党总支副书记罗忠东回忆："我们的溜冰场也是露天的，还有几个可以上下坡的'大波浪'，边上放着大音响，播放那个年代的热歌劲曲。周围绿荫环绕，那些身手矫健的年轻人就滑着双排轮在场上来回穿梭，充满了年轻的活力和张力。"

灯光球场见证了许多篮球名人的璀璨星光

在物质生活贫瘠的年代，深圳市工人文化宫填补了人们休闲娱乐的生活空缺。到了90年代，文化宫的功能进一步增加，服务进一步丰富，比如新建了老百姓的露天大舞台——百花台。

"以前我们就有一个室内的联谊厅，但是面积比较小。新建百花台后，每天都特别热闹。一到晚上，我们工作人员就把音响搬上舞台，中青年职工带着自己的舞伴排队上台，好些人就是在这里第一次接触到交谊舞，也在跳交谊舞的过程中结识了自己的另一半。"罗忠东说。

跳舞既是一种娱乐方式、社交方式，又是一种生活方式，代表着那个年代的深圳人对于新生事物的热情追求和对美好生活的热切期待。随着香港电视剧的风靡，紧邻文化宫大门的百花台周围出现了很多装着鱼骨天线、可以收看香港电视台的小店。人们三三两两结伴跳舞，大汗淋漓后就在这些小店点一碗糖水，来一碟花生，有滋有味地开始追剧，有的小店还装了卡拉OK机，更加受到大家的欢迎。

逢年过节，文化宫又成了深圳人的节日派对场。文化宫专门组织游园会、庙会，踩高跷、猜灯谜、扭秧歌等丰富多彩的活动轮番上演，展现了移民城市文化融合的别样风采。虽然入园费仅收每人五角，但那时候单一天的门票收入最高能达到近万元。

文化宫原有一个露天球场，进入90年代后，球场四角安装了四个高杆灯，在夜里也可以把球场照得灯火通明，因此获得了一个洋气的新名字——灯光球场。这是深圳市内第一个夜间可以正常运转的标准球场。正式比赛的时候还有专门的人工翻拍计分机制，当时

▲ 2006 年深圳市工人文化宫全貌。

也属于深圳首创。

"这个球场当时很有名，好多职工和家属都来这里打球。易建联小时候，我就是看着他在这里打球的。长大以后他还回来过，再见到儿时练习打篮球的地方也颇多感慨。"谢伟洪回忆道。在文化宫，灯光球场是一个如同明星般的存在，由于经常举办省内外各级比赛，它也因此孕育了很多璀璨星光。"当年'亚洲第一中锋'穆铁柱也在这里参加过一场篮球表演赛，好多深圳职工跑来观赛，把赛场围得水泄不通，进不来的人就爬到赛场边的围墙上，探着脑袋往里看，那场景真是热闹极了。" 谢伟洪说。

文化宫回归以服务职工为中心的职能定位

进入千禧年后，对于有孩子的职工来说，深圳市工人文化宫最大的变化当属新建了一个颇具规模的游乐场。从此，这里成为孩子们心目中的欢乐天地。每到周末，来这里玩电动游戏机、喝台式奶茶的年轻人摩肩接踵，孩子们则被旋转木马、过山车、云霄飞车、碰碰车等设施深深吸引，只要几十元钱就能玩到尽兴，在当时受到广大职工家庭的欢迎。

此外，由于原有的一些设施已略显陈旧，2000 年前后，文化宫进行了一场较大规模的改造工程。其中，灯光球场、溜冰场都加盖了屋顶，成为室内场馆；游泳场也对地板、泳道以及其他设施进行了翻新。改造后的灯光球场更名为体育馆，馆内设有羽毛球场、乒乓球场、篮球场、排球场，内有 1200 个座位，1500 平方米的比赛大厅，可同时容纳观众 3000 人，并长期开办舞蹈、瑜伽、柔道、击剑、跆拳道、羽毛球、乒乓球等培训项目，成立了羽毛球、篮球等俱乐部，可以满足职工日益增加的健身运动需求。

体育馆的变化是文化宫升级的一个典型缩影。伴随着硬件设施的改造提升，软件服务的重要性也日益凸显。文化宫的运营重点逐渐回归到职工服务上来，开始增加各类培训课程，也欢迎各类俱乐部、协会等社会组织加入到提供服务的队伍中来。于是，唱歌、跳舞、画画、武术、器乐演奏等各类形式丰富的活动如雨后春笋般涌现出来，为进一步丰富职工业余生活和精神世界做出贡献。

2016 年，深圳市工人文化宫加挂"深圳市职工服务中心"牌子，内设 6 个部门，除了举办宣传、教育、培训等综合性职工活动，还组织开展职工文化娱乐及各项体育活动，对职工进行文化技能培训。此外，面向基层工会和职工会员，文化宫还开展职工医疗互助、就业指导、心理咨询、公益招聘等服务。

"有些服务我们是基于文化宫这块阵地在做，有些服务我们是主动为单位、企业送上门的。"罗忠东告诉记者，仅 2019 年一年，文化宫就组织了大约 600 场各类兴趣课程，有些在文化宫内部授课，有些则由文化宫组织专业师资团队送到职工身边。此外，文化宫还举办了唱歌、舞蹈、器乐演奏等多个领域的职工才艺比赛，每场比赛都得到了职工的踊跃报名和积极参与。

如今，已经走过 70 载风雨征程的深圳市工人文化宫又迎来了全新的蝶变契机。未来，工人文化宫将承载文体中心、文化展示中心、职工服务中心、全媒体中心、创新实验中心和地下交通枢纽中心六大中心功能。我们相信，改造后的文化宫必将成为一个高品质的文化综合体，也将成为深圳这座活力都市崭新的文化名片，为新一代深圳职工的精神世界增添一抹亮丽的色彩。

◎ 亲历者说

20 世纪 90 年代，工人文化宫还有一个很受欢迎的地方就是棋台，棋台上方还悬挂着一面棋盘旗，对弈的两个人每走一步，裁判员就把同样的棋子挂在棋盘旗相应的位置，相当于一个手动的电视转播屏，所以围观的群众特别多。

我记得在 1992 年 "荔枝节" 期间，中国象棋国际特级大师胡荣华在工人文化宫的棋台上进行了一场表演赛，轰动了整个东南亚。当时好多人都不远万里来看这场表演赛，还有好多外国人，现场简直是人山人海。

可以说，20 世纪 90 年代工人文化宫的影响力不仅覆盖全市，还在某种程度上覆盖了更广阔的世界。

——深圳市工人文化宫职工服务一部副部长 谢伟洪

采写撰稿：许娇蛟

"圆梦计划"改变鹏城万千职工命运

深圳市总工会首创公益性职工学历提升教育

深圳经济腾飞四十余载，辉煌的发展历程背后倾注了无数外来务工者的心血。他们为鹏城的发展辛劳付出，却曾经因学历低、收入低，难以获得更好的上升通道。2008年，深圳市总工会启动的"圆梦计划"正是在此背景下诞生，助力一线职工突破上升瓶颈，让"来了就是深圳人"不只是一句口号。

据统计，2008年至今，十余年间"圆梦计划"共帮扶2万余名职工实现了学历提升和职业晋升。从"圆梦计划"中走出的学员，有的当上企业工会主席，有的成为深圳市人大代表，还有的获得"全国五一劳动奖章"……无数人通过"圆梦计划"成长为不同岗位上不可或缺的优秀人才，在城市的各个角落继续发光发热。

"圆梦计划"发轫：在深圳 在工会

作为改革开放的前沿地区，深圳是全国外来务工者最多最集中的城市之一。当大批"洗脚上田"的农民、外来务工青年站在现代化的电子生产流水线前，面对复杂的机械化作业时，许多人都显露出一脸生涩和茫然。

如何让来深建设的外来务工者能够留下来，共享深圳发展的成果，提高他们的学历和职业技能成为破题的关键。深圳市委、市政府及深圳工会高度重视对劳务工的教育培训，使得深圳早于全国形成了帮助外来务工者接受教育培训的良好社会氛围。

历经了改革开放春风的吹拂，来深务工人员的诉求也发生了根本改变——从糊口谋生到寻觅更好的发展机会。当时，深圳宝恒大洋公司一位来自海南农场的女工，为了让妹妹继续上学，自己高中毕业便选择来深打工，但她心中的大学之梦未泯，在流水线上打工两

▲ 首届"圆梦计划"开学典礼。

年积攒了 2000 元钱，想参加成人高考辅导班。她正准备去报名时，家里来电说父亲摔伤了，她只好将手中的学费寄回老家为父亲治疗，大学梦想再次成了泡影。类似的故事几乎每天都在发生。

　　作为职工利益代表者的工会组织，深圳市总工会当时便意识到，应当建立一种长效机制，通过工会搭台、社会支持、企业参与的形式，为追求上进但又无力支付学费的外来务工者提供公益教育机会。深圳市总工会曾经调查，深圳近 700 万劳务工中，80% 的劳务工从事着技术含量低的简单劳动，80% 的劳资纠纷涉及劳务工，安全事故的受害者 80% 也是劳务工。这些数据让工会深刻认识到，为外来务工者维权，不仅要维护他们的经济权利，更要维护他们的学习权、发展权。在此背景下，2008 年春夏之交，以帮扶外来务工者为目标的"圆梦计划"首先在深圳、在工会萌芽了。

　　"'圆梦计划'的成形并不是拍脑袋决定的，而是长期酝酿的结果，是在深圳工会教育帮扶基础上提升发展的。那时候全国也没什么经验可以借鉴，都是在摸着石头过河。"深圳市职工继续教育学院院长郑光永回忆道。

一分钟的新闻成为万千职工命运的拐点

2008 年夏天，深圳电视台《第一现场》栏目播出了一则不到 1 分钟的新闻。而那短短 1 分钟，却改变了无数人的命运——深圳万千职工第一次了解到"圆梦计划"。

市总工会没想到，新闻播出当晚就接到上千位职工的咨询电话。市总工会相关工作人员回忆："办公室两部电话一直响个不停，还有很多电话打不进来，这种情况一直持续了一周！"

首期"圆梦计划"为 100 名经济困难的在深优秀外来务工者免费提供大专学位，还有 300 个免费业余中专学位和 300 个免费职业技能培训学位。其中最受追捧的是 100 个大专学位，学制两年半，工会为每个学位提供全部学费 8000 元的资助。在全国开创了高等教育公开资助吸纳外来务工者入学的先例，也为外来务工者向上流动搭建了一道阶梯。

有了启动资金，"圆梦计划"很快便步入了实施阶段。但鲜为人知的是，首期"圆梦计划"原定 100 个资助名额，实际上招收的学员却是 104 名。曾飞就是那超额的 4 名学员之一，当时她在大族激光担任采购员。

"圆梦计划"在《第一现场》播出的那个晚上，曾飞正在家里客厅跟家人看电视。报道播出时，她留意到下面的那一串报名电话号码，兴奋得立刻打电话过去，"之前一直想提升学历，'圆梦计划'让求学的心愿有了实现的可能，因此我内心对这个机会非常向往。"

报名成功后，距离入学考试只有一个月左右的时间，已经毕业五年的曾飞抓紧重拾高中知识。她买来语数英教材，利用上班的空隙偷偷复习。最后成绩出来，她与另外几位同学分数相同，并列第 100 名。评估之下，市总工会觉得这几位同学确实值得资助，便决定同时为他们提供资助。如今，曾飞已在深圳安家，是某家房地产公司的置业顾问，生活质量有了质的飞跃。

作为全国首创的面向外来务工者群体的公益性学历提升教育，"圆梦计划"在社会上引起了极大反响。一时间，全世界媒体的眼光都聚焦在"圆梦计划"上。中央电视台、英国每日电讯报、日本朝日新闻、华尔街日报等几十家国内外知名媒体前来采访的记者几乎踏破了市总工会的门槛。市总工会开始意识到，"圆梦计划"的影响力已不仅仅局限于深圳，而是在全国职工继续教育领域开启了一个全新模式。

面对热烈的社会反响，2009 年 5 月，第二届"圆梦计划"启动。为应对全球金融危机造成的大量外来务工者失业，市总工会决定连续 3 年每年筹集 5000 万元工会经费，共投入 1.5 亿元实施"职工素质提升工程"，与企业同舟共济共渡难关。这一年"圆梦计划"为困难外来务工者提供上大学名额增加到 200 人，同时免费的技能培训、班组长培训、员工素质教育讲座蓬勃开展，街道、社区和企业的职工"学习中心""职工书屋"和学习网站纷纷建立，向全市外来务工者免费发放《深圳市外来务工者素质教育读本》达 10 万册。由工会将收缴的会费如此大规模地直接投放企业开展职工培训，此举在全国尚属首创。

2010 年 8 月推出的第三届"圆梦计划"，大专学历帮扶人数扩展到 300 人。"圆梦计划"也着重于加强对新生代外来务工者的知识、技能和心理健康培训，帮助他们尽快成为知识型、技能型职工，保持阳光心态，更好地融入深圳城市生活。

2011 年第四届"圆梦计划"有 300 名优秀外来务工者的代表圆了大学梦，1000 名外来务工者参加了由市总工会资助的免费职业技能培训。300 人的招生计划持续两年后，市总工会果断决定，"社会需求量那么大，我们的招生人数要达到 1000 人！"

从 2012 年开始，"圆梦计划"的招生人数稳定在 1000 人以上。到了 2017 年，招生人数达到了 2000 人。目前，"圆梦计划"每期招收学员 3000 人。不仅如此，在市总工会"圆梦计划"的影响下，全市各级工会积极响应，模式相似的助学项目遍地开花，每年预计辐射超过万名深圳职工。从 100 人到 3000 人，30 倍的增长背后是深圳一线产业工人对改变自己命运的强烈渴望，也是深圳市总工会多年来对"圆梦计划"初心的坚守。

"圆梦"模式：深圳首创 全国开花

曾飞还记得，2008 年的时候她住在白石洲，而全市唯一的授课地点在八卦岭深圳职工继续教育学院。每个周末早上她都得坐上一个半小时的公交车到学校，等到下午的课程全部结束，再坐一个半小时的公交车回家。

职工在哪里，职工教育就应该办到哪里。为了给基层员工提供更便捷的学习场所和师资教资支持，自 2010 年起，以打造"没有围墙的工会大学校"为目标，除坪山及福田八卦岭两大主校区外，学院还开拓了众多校外学习点，遍布全市各个区，数年下来，市总工会覆盖全市的"天地一体"职工教育服务体系逐渐成形。

不仅如此，工会还在富士康、顺丰、创维等企业设点，开启校企合作双元育人模式。学校负责理论课程，企业负责技术实操课程，探索师带徒教学模式，以生产现场技术应用、技术改进、生产操作技能等内容作为考核目标，改变传统的"你听我讲"的授课形式，将理论与实践相结合。

近年来，借助数字化迭代的技术，"圆梦计划"更进一步提升了远程教育的质量。职工教育教学服务平台上提供的课程多达 1200 门，范围涵盖时事政治、素质提升、管理技能等诸多门类。平台甚至有专门为各个岗位职工量身定制不同学习路径的课程，学员可以

▲ 第十三届"圆梦计划"开学典礼现场。

在平台上完成课前测试、课程学习、课程评估、课后测试等整个课程环节的内容，并实时查看自己的学习进度。管理员则可以通过后台数据了解、评估学员学习的详细情况。

作为全国首创的职工教育帮扶模式，深圳市总工会"圆梦计划"在全国起到了示范引领作用。2012年以后，"圆梦计划"被全国许多城市包括北京、天津、上海、南京、杭州的工会纷纷效仿。在总结深圳市总工会"圆梦计划"实践经验基础上，2016年，中华全国总工会和教育部联合在全国实施"外来务工者学历与能力提升行动计划——'求学圆梦行动'"。

这也意味着，"圆梦计划"的理念已在全国范围内开花结果。

严要求高标准造就"圆梦"金字招牌

"圆梦计划"一炮打响后，每年在新闻发布会上，深圳市总工会都会被问及相同的问题：如何保证职工教育的效果？

对于教学质量和成果的保证，实际上也一直是工会施行"圆梦计划"时非常重视的要点。市总工会根据与产业工人多年打交道的经验深知，一线产业工人工作忙、流动性强、文化基础弱，如果没有严格要求，学员们对学习的热情和坚持难以延续。因此，"圆梦计划"一开始就树立了严要求、高标准的原则——每期学员入学时，都需要与深圳市职工继续教育学院签订一份非常严格的承诺书并缴纳 1000 元的押金。

这份承诺书一开始是一页纸，后来逐渐增加到两页纸、三页纸。上面尤其对考试纪律有细致的规定。违反规定的学员轻则会被取消成绩，重则没收押金，永久列入"圆梦计划"黑名单。而对于高质量完成学业的员工，工会会在其获得学历之后退回押金，作为对学员的支持。

不仅如此，"圆梦计划"的考试纪律也十分严格。曾经有一场考试，监考老师在考试前已经严令声明：在走出教室之前，同学之间都不允许交谈，否则一律当作弊处理。有两个同学就因为在走向讲台交试卷的过程中低声说了几句话，被监考员取消考试资格，并且没收入学前缴纳的押金。

这种严苛的考试纪律曾一度引起想浑水摸鱼的学员的不满。有些学员作弊被发现后，恼羞成怒甚至当场拿椅子砸老师并扬言要报复。面对肢体和言语的威胁，学院老师丝毫不让步，坚持纪律是铁的原则。也正是在这种严格要求下，考试舞弊的人越来越少。

"圆梦计划"不仅仅圆了外来务工者的大学梦，也促进了他们职业能力的提升。第一届"圆梦计划"大专班 104 名学员通过三年的学习，首次毕业率达 94%。大部分学员从工厂一线员工转岗至销售、文员、管理等知识水平要求较高、发展前途较好的工作岗位，工作转换率达 87%。正是在这样严格的教学要求下，"圆梦计划"很快便成功地树立起了自己的金字招牌。

"圆梦计划"其实有着双重意义——不只圆了职工的成长之梦，也圆了深圳市总工会的初心之梦。维护职工的学习权、发展权，他们当初勾勒的"让职工共享深圳发展成果"的图景正在一步步成为现实。据统计，2008 年至 2022 年，十余年间"圆梦计划"共资助20556 名职工圆了大学梦。"招生时，我们看到那些职工的眼神很迷茫，因为他们不知道将来是否能留在深圳，"在"圆梦计划"担任了 12 年讲师的夏荣贵感慨道，"但是三年之后，你看毕业照，他们拿着毕业证书、学位证书，甩学士帽，神情非常自信、阳光，因为对他们来说，人生上升的通道已经打通了！"

◎ 亲历者说

发现"圆梦计划"纯属偶然。那时候我在家里看深圳电视台的《第一现场》，留意到下面有"圆梦计划"的招生电话，就立刻想要报名。我记得当时入学考试是要考语数外三门科目，于是就去买了高中课本，上班空隙时间偷偷复习，准备了一两个月。第一届本来是只招收 100 个学员的，不过后来考试成绩出来，我跟其他几位同学都是同样的分数，并列第 100 名，学院最终破格录取了 104 个人，我非常幸运地拿到了最后一个录取名额。

首届"圆梦计划"开设的专业还比较少，一个是财务一个是物流工程。我就选了物流工程。在八卦岭那边的学校上课，每周授课一天。我当时住在白石洲附近，每周跟同学约着坐一个半小时公交车去上课，等到下午上完全部课再回来。重新回到课堂真令人激动。虽然大家都工作了，但是还能保持那种上进心。回想起那时，觉得非常美好。我还记得期末考试结束了大家聚在一起讨论试题的画面。"圆梦计划"对我最大的改变是，自己更有自信了。因为学历的提升，从此我去面试便有了一块敲门砖。

——"圆梦计划"首期学员 曾飞

采写撰稿：方舟 袁晔

市职工保障互助会

为深圳职工撑起一把保护伞

2016 年 12 月 12 日，在深圳市总工会指导下，深圳市职工保障互助会（以下简称"市互助会"）正式成立。成立后的市互助会深入调查研究职工互助保障需求，秉承"花钱少、保障多、聚小钱、办大事"的原则，为广大职工筑起一道坚实的抵御因病致困、因病致贫的防护堤。这也成为工会实现维护广大职工群众权益的一条重要途径，是新形势下工会工作的创新发展。

成立市互助会加大保障力度

早在 1999 年，深圳市总工会便开展了广东省女职工安康互助保障活动。2007 年，在广东省总工会的指导下，正式成立了广东省职工保障互助会深圳代办处，为深圳市职工互助保障工作创造了有利条件。

深圳代办处推出的广东省在职职工医疗互助保障计划，拓展了职工重大疾病救助。2014 年推出的广东省在职职工住院医疗综合互助保障计划及住院津贴互助保障计划等服务项目，以"低费低廉、赔付及时、手续简便、非营利性"等特点，受到职工群众的欢迎和基层工会的肯定。

2014 年，深圳市工会第六次代表大会举行，会上，时任深圳市委书记王荣对各级工会组织提出了"四新"要求：在推动发展上要有新作为、在深化改革上要有新突破、在服务职工上要有新举措、在自身建设上要有新提升。

无本之木难繁荫，服务职工是工会之根本。在服务职工上要有新举措，职工互助保障工作是其重要一环。为此，市总工会决定精耕细作职工互助保障工作，走专职化道路，互助保障工作转由职工保障与女工权益部接手管理。也正是在此时，有着丰富社工和心理学

▲ 深圳市职工保障互助会第一次会员大会。

经验的马玉峰被招聘了进来，与其他两名同事专门负责职工互助保障工作。

2015年，深圳市总工会大力开展职工互助保障工作，筹措2100万元，为全市25万名职工赠送广东省在职职工医疗保障计划，同时还为2万名女职工赠送广东省在职职工女性安康互助保障计划。全市有300余患病职工申请了300多万元互助金。这次大规模赠送互助保障活动不仅惠及职工，也起到良好的宣传作用，促进了我市各级工会职工互助保障工作。

2015年7月6日，中央首次召开党的群团工作会议，会议明确提出要加强工、青、妇等群众组织的工作。群团组织要强化服务意识，提升服务能力，挖掘服务资源，坚持从群众需要出发开展工作，更多地把注意力放在困难群众身上，努力为群众排忧解难，成为群众信得过、靠得住、离不开的知心人、贴心人。结合党中央的要求和地方工作特点，深圳市总工会为进一步强化工会四大职能中的维护职能，加大力度维护职工权益，决定成立市互助会。经过深入调研，精心筹备，市互助会于2016年12月12日正式成立，并于2017年1月1日起正式开展工作。

市互助会成立之后，深圳市职工互助保障工作力度再次加强。到2021年底，职工参保已达到134万人次，接近过去22年参保职工人数的总和，共有17080人次职工申请了5965万元互助金，有效缓解了患病职工的医疗负担。

互助保障计划解决职工后顾之忧

广东省职工保障互助会深圳代办处曾陆续推出四项在职职工的互助保障计划。市互助会成立以后，对省互助保障计划进行了两个方面的优化。一是基于工作实际，在原来的基础上重大疾病提高了30%的保障力度；二是将申请互助金的时限由一年延长到两年。此外，本着性别平等的原则，又创新性地增添了"男性安康"互助保障计划，进一步增强职工互助保障力度，为职工建立起更高水平的互助保障体系。

2018年，市总工会推出了工会会员卡服务，激活的会员卡包含了"母婴爱心津贴"和"住院津贴"两项保障计划。依照规定，职工在保障期内申请母婴爱心津贴可获得一胎1000元的补助，住院津贴保障计划则可为住院职工提供一天60元到120元不等的住院津贴。职工可通过所在基层工会集体办理，企业无工会的职工则可通过所在社区的工联会进行申请办卡，申请互助金由市互助会办理。随着工会会员卡服务项目的持续开展，这项服务的覆盖范围持续延伸，受惠职工也越来越多。截至2021年底，通过会员卡领取母婴爱心津贴的职工就达到了14065人，累计发放母婴爱心津贴1425.5万元。

2021年，市互助会将原来的五项保障计划合并升级为三项互助保障计划，6月15日正式推出2021版深圳市在职职工重大疾病、住院医疗综合、意外伤害三项互助保障计划，新保障计划覆盖面更广、保障金额更高（最高可达112.23万元）、更符合职工当前需求。同时开展新就业形态劳动者关爱行动，面向快递小哥、外卖骑手和网约车司机等新就业形态劳动者会员，专门设计了"E路守护"综合保障服务，以团体投保方式为他们赠送一年保障期的互助保障计划，保障内容涵盖重大疾病保障、意外伤害保障、突发疾病身故（猝死）等综合权益保障，覆盖新就业形态劳动者近30万人。

转型升级，打造"一体两翼"帮扶保障体系

2021年，市总工会创新推出"一体两翼"帮扶保障体系，市互助会作为其中"一翼"，开启转型升级的发展之路。紧扣组织发展和业务优化两条主线，加快推进转型升级、提质增效。2021年通过社会化招聘，市互助会引进一批专业人才，截至2021年12月，在岗人员已达14人。其内设运营管理部、综合管理部、风控与财务管理部3个部门，形成相对完善的组织架构，面向市场化、职业化、专业化迈出了一大步，为未来发展打下坚实基础。

完善系统促效率 连通社保实现"六同"

踏入新时代，面对建设粤港澳大湾区和中国特色社会主义先行示范区"双区驱动"的历史机遇，深圳再出发打造全球标杆城市。在此新形势下，市互助会也正向广度和深度探索，使工会服务职工工作更有基础、更有平台、更有成效，努力打造工会先行典范。

为解决过去人工登记所带来的效率低、容易出错等问题，2017年，市互助会开始采用线上登记系统。为了在短时间内快速上线，市互助会的登记系统沿用了省互助会的基本模式，并在原有的基础上不断完善。马玉峰表示，系统升级的最终目标是能实现职工、基层工会与市总工会之间的实时互通与信息共享。

除此之外，为充分发挥职工医疗互助保障工作在社会医疗保障体系中的积极作用，市总工会主动争取政府资源，期望在不久的将来实现职工医疗互助保障与政府医保平台联网运行，突破工会现有的工作平台，创新实现同享信息、同用数据、同程监控、同步结算、同票显示、同力推进等目标。

一旦实现这些目标，将节省市互助会与医院和职工个人核实资料的时间与减少手续，大大提高对职工医疗报销的效率，对于大量的小额医疗互助金申请能够实现实时给付。与医保政策无缝对接，从根本上解决了制约职工医疗互助金申请时间的问题。

目前由于医保系统对数据的安全性要求很高，市互助会正通过市总工会积极推进系统对接工作。在此之前，市互助会可以定期从政府数据平台获取数据，目前国内还没有省市工会直接实现与医保系统联网对接的先例。"尽管困难重重，深圳一定能走在前面。目前市总工会领导已经与医保部门领导协商，争取早日实现联网，实时给付。" 马玉峰介绍。

◎ 亲历者说

我从2014年开始从事工会职工互助保障工作。最初只有三名员工，平日工作繁忙，加班成为常态，但想到所做工作是为职工服务，减轻职工医疗负担，就对此充满激情，疲惫也一扫而光。我非常荣幸自己能见证深圳市职工互助保障事业的高速发展，亲历市互助会的诞生和发展。

作为市互助会的一名老员工，看着新来的"90后""00后"同事，我常常鼓励他们要有高度的责任感和满腔的工作热情，积极帮助遭遇疾病困扰的职工及时领到互助金，解决他们的实际困难，让职工感受到工会大家庭的温暖。

深圳作为改革开放的前沿阵地，深圳市总工会抓住建设先行示范工会的历史机遇，市总工会做出职工服务"一体两翼"的战略部署，使市互助会得到高速发展，如及时升级优化保障计划、建立完善各项制度、加强互助会队伍建设，促进了深圳市职工互助保障事业腾飞！

——深圳市职工保障互助会运营管理部负责人 马玉峰

采写撰稿：潘潇雨

40年创新探索 致力脱贫攻坚

深圳工会走出特色扶贫之路

深圳40多年来的发展，让许多观念和精神融入到这座城市血液之中，除了"创新""敢闯"这些耳熟能详的关键词外，"大爱"也是印刻在这座城市骨子里的文化基因，扶贫济困是这座城市上上下下的责任担当和温暖情怀。

1996年，中华全国总工会下发的一份《关于做好困难企业职工扶贫解困工作的指示通知》在深圳市总工会内广泛传阅，创新的扶贫意识如同星星之火，自此展开燎原之势。作为深圳广大职工的"娘家人"，深圳市总工会40多年来多措并举、积极探索，以创新的形式和内容闯出一条极具特色的扶贫之路。从"一体两翼"帮扶体系的构筑，到"规划到户、责任到人"的"双到"扶贫政策完善，再到精准扶贫、消费扶贫等特色举措实施，市总工会充分发挥职工在扶贫济困中的重要作用，也为深圳助力脱贫攻坚贡献着工会智慧和力量。

"一体两翼" 播洒温暖

2003年7月11日，随着"送温暖工程"深入，市总工会决定由基金会拨出20万元作为启动资金，成立"深圳市总工会职工帮扶中心"。随后，深圳市7个行政区内，相继成立帮扶中心。帮扶中心是以往送温暖活动的拾遗补阙，在工会自身力量难以应对庞大的帮扶群体时，整合社会资源，构筑了集职工困难帮扶、再就业平台、法律援助和劳动争议调解于一体的长效机制。

以帮扶中心为依托，深圳工会的帮扶工作涉及职工生活的方方面面：生活困难帮扶、困难职工子女助学帮扶、就业培训帮扶、素质教育帮扶、再就业帮扶、转业创业帮扶、技能入户帮扶、法律援助帮扶等。工会多管齐下，在全市搭建了上下联动、通力合作的帮扶网络。

2016 年，深圳工会将困难帮扶对象由深圳户籍职工扩大至深圳户籍职工及持有效深圳市经济特区居住证的非深户籍职工，帮扶救助项目也由特定时间专项项目发展至全年常态化形式开展，帮扶标准也有相应提高。

2017 年，深圳工会互助会成立，自此，深圳工会"一体两翼"帮扶体系搭建完成。深圳市职工解困济难基金会秘书长刘宇星形容："互助会是通过互助互济形式来减轻职工因疾病和意外伤害带来的医疗负担而实施的一项医疗互助保障活动，基金会就是帮扶体系的补充，是困难职工帮扶的托底设计。"

"一体两翼"帮扶保障工作体系的构筑，让深圳工会于更高处起飞，将点滴温暖洒入万家。受深圳工会帮助的困难职工也在传递温暖火炬，来自坪山区星星精密科技有限公司的女工阙伏华就是其中之一。

1997 年，阙伏华与爱人在深圳相识，婚后育有两个孩子。然而阙伏华的人生却因丈夫离世跌入了谷底。看着两个嗷嗷待哺的孩子和家中日益年迈的父母，家庭的重担压在了她的双肩上，而欠下的医疗费用，成了压垮阙伏华的最后一根稻草："我当时觉得生活失去了所有意义。"

2014 年，了解到阙伏华的情况后，坪山区江岭社区工联会给予了她最大的帮助，不仅为她申请了工会困难帮扶救助，还鼓励她积极参与工会组织的志愿服务和技能培训。"工会的帮扶解决了我的燃眉之急，让我结识了一批热心朋友，不再孤独。"工会送来的温暖，让阙伏华备受鼓舞的同时，也感染了她决心由受助者成为助人者。

第二年，通过公司内部的民主选举，阙伏华成功当选为公司的工会委员，送温暖的星星之火，在她手中扩散开来。甫一上任，她就积极推动困难帮扶工作：主动帮助困难职工申请工会帮扶项目，积极组织员工捐款，鼓励困难职工参加技能培训等，在阙伏华的帮助下，企业内的困难职工得以缓解生活困难。

"慈善是传递温暖和爱的行为，我在大家的爱心中成长，所以我也想传递这份爱心。"回忆往昔，阙伏华感慨良多。

帮扶范围逐渐扩大、帮扶项目不断增加、生活救助日益常态化，也让深圳工会距离帮扶工作制度化与规范化的百尺竿头更进一步。

"双到"帮扶成效显著

2009 年，广东省委省政府提出"规划到户、责任到人"的"双到"扶贫政策，在深圳市委的统一部署之下，深圳市总工会开展了对挂点村——雷州市臧家村的帮扶工作。

那一年，雷州还只是粤西地区一个欠发达的县级市，人均年收入不到1500元。为了保证扶贫工作的切实有效、扎实推进，市总工会成立了"双到"帮扶领导小组，抽调了5位干部派驻臧家村开展"双到"帮扶工作，其中1名为驻村干部。同时，工会将臧家村439名贫困户分配给机关全体工作人员进行对口帮扶，并且在深入调查摸底的基础上，制定了详细的帮扶方案。

2010年春节，一副"扶贫解困好政策，资助建房暖民心"的对联醒目地贴在了臧家村村民林三妹家的大门口。那是深圳市总工会"双到"帮扶小组为解决村民及贫困户住房问题而进行的茅草房改造工作，在短短数月里他们完成了包括林三妹在内的12户贫困户的茅草房改造，让臧家村的村民都得以在温暖的新房里过大年。

"双到"帮扶工作开展3年多来，扶贫工作队员带着"人到、心到、措施到、资金到"的工作理念，进村庄、入农家、解难题，足迹踏遍臧家村的每一个角落。他们全力推进臧家村基础设施建设、提高集体收入、提高村贫困户收入、开展智力扶贫、制定基层党组织共建制度等方方面面的扶贫工作。经过3年多的努力，深圳市总工会共筹措资金818.8万元投入对口帮扶村，使贫困户脱贫率达到了100%。

十年援疆援藏 既扶"质"也扶"智"

2010年，中华全国总工会召开对口援疆工作座谈会。随后，深圳市总工会迅速成立援疆领导小组，研究制定了创新的援疆工作方案，在"人才援疆、科技援疆、民生援疆、设施援疆"的工作思路的指导下，积极推进对口支援喀什市和塔什库尔干县（以下简称"塔县"）工作。

2010至2021年间，市总工会援助塔县的各项资金达到465.92万元，主要用于资助贫困大学生，支持建设职工服务阵地，改善基层工会组织的办公条件，以及帮扶困难职工等方面。

除此之外，市总工会先后派出10批102人次到喀什市进行实地调研、指导、培训，帮助喀什市发展基层工会组织，援助资金累计760.11万元。在民生援助方面，市总工会的"金秋助学"项目援助累计帮扶1350人，耗资315万元。此外，还完成大病救助60人，援助30万元，并建成15家职工书屋。

此外，援藏工作也如火如荼地进行着。

2021年，深圳市总工会通过设施援助、民生援助、人才援助、消费援助这四大援助项目，积极推进对口支援林芝市察隅县工作。其中"圳心藏情"援助行动，更是一项主动融入组团式教育援藏工作大局的重要举措。这种创新援助方式有别于过去单一资金或"引出来"的培训援助，是工会的一次全新尝试，也是全省乃至全国工会系统援疆援藏工作的一个新亮点。

纲举而后目张，行稳方能致远。援藏工作还需要长期坚持并不断完善。2021年6月，市人大常委会副主任、市总工会主席彭海斌带队赴西藏自治区林芝市察隅县考察，制定了《深圳市总工会2021—2025年对口援藏工作方案》，将在五年内通过设施、民生、消费、人才四大援助项目援助西藏察隅共2000万元。

雨露润泽，春笋破土。

深圳市总工会接连实施的三轮援疆援藏工作，既要保证扶贫质量，更要着力提升人民的受教育水平。十年援疆援藏，不仅在推动喀什市、塔县和林芝市察隅县地区经济社会发展中取得较好成绩，也为边疆地区稳定发展发挥了重要作用。

干部引领精准脱贫

2016年，广东省委省政府下发《关于新时期精准扶贫精准脱贫三年攻坚实施意见》，同年5月，深圳市总工会扶贫工作队进驻河源蓝口镇角塘村，开启对口帮扶工作。

精准扶贫精准脱贫，离不开驻点扶贫干部的智慧与力量。在三年攻坚里，工会干部发扬特别能吃苦、特别能战斗的精神，在帮扶贫困群众脱贫致富中，发挥了重要的作用。

麦惠文是市总工会派驻角塘村的第二任扶贫干部，同时也担任角塘村第一书记兼驻村扶贫工作队队长。在一年多的扶贫工作里，他每天都到贫困户家走访，坚持每周走完一遍。"哪怕只有一小会儿的时间，也要到村民家门口跟他们聊几句，这样心里才踏实。"麦惠文说。

数年间，工作队以党建引领、民生项目、产业帮扶、消费扶贫为重点，开展了20多个帮扶项目，累计投入扶贫资金500多万元。而随着脱贫工作的推进，麦惠文也开始思考如何才能因地制宜巩固脱贫成果。2020年初，角塘村设立了保洁员等公益性岗位。"这不仅给村里提供了一批工作机会，还有效改善了村庄的人居环境。"麦惠文说道。

经过几年的努力，角塘村原有的贫困人口如今已达到"八有"指标标准，贫困村出列达到了10项指标要求，蓝口镇政府批复角塘村32户贫困人口脱贫。2020年2月18日，东源县扶贫开发领导小组批复，县50个相对贫困村全部达到退出标准，"角塘村"三字赫然在列。

▲ 角塘村义诊活动。

全民行动消费扶贫

消费扶贫，一头连着城市居民的"菜篮子"，一头连着贫困群众的"钱袋子"。它是深圳市助力贫困地区拓宽增收的创新渠道，也是巩固脱贫攻坚成果的一项有力措施。

推进消费扶贫，各级工会是领头羊，广大职工是主力军。

2020年6月，深圳市总工会启动"消费助扶贫·工会圳行动——深圳市百万职工消费扶贫采购节"。为最大限度激发职工消费潜力，市总工会第一期投入1000万元专项资金，通过线上线下两个渠道向全市工会会员发放工会扶贫满减消费券，包括"满500元减300元"和"满200元减100元"券，撬动广大职工会员参与消费扶贫的购买力，引导大家购买贫困地区农副产品。这项举措有效拉动了职工个人消费，带动全市职工购买贵州牛肉、菜籽油、蜂蜜等各地扶贫产品超3000万元。

除了发放1000万元消费券外，市总工会还与市扶贫办于2020—2021连续两年联合发文，要求全市各级工会把本年度未支出的工会会员节日慰问金全部用于采购扶贫农产品，作为本单位职工会员节日慰问品。同时，鼓励有条件的基层工会在年度原有节日慰问金额度基础上，增加人均不超过 2000 元的工会经费专项额度，购买广西百色市、河池市及对口帮扶地区深度贫困县的"扶贫套餐"，用于职工福利发放。两年来全市各级工会集体采购扶贫农产品累计金额已达到 7.1 亿元。

为最大限度用足基层工会消费能力，市总工会还倡导有职工食堂的基层工会要主动协同企业行政采购深圳市对口地区扶贫农产品，让贫困地区农特产品走上单位食堂餐桌。同时，广泛动员全市餐饮企业、零售商超响应消费扶贫号召，积极采购贫困地区产品，建立购销渠道，形成长效扶贫机制。

现有 54 个内部职工食堂的深圳巴士集团股份有限公司就积极响应号召，使用工会经费采购扶贫产品共 260 万元，同时，集团及下属公司食堂分别与"832 平台"、深圳市海吉星消费扶贫中心共签订了 300 万元的农副产品采购协议；而南山区、福田区工会大食堂承办企业鑫辉餐饮集团，则与广西百色田阳县、德保县以及广东河源连平县等对口扶贫地区签订了 2000 万元农副产品采购协议，采购的扶贫产品包括油、米、肉、菜、水果等 10 多个单品。

高质量、实惠的扶贫产品源源不断进入企事业单位食堂，不仅解决了贫困地区的创收问题，也提高了职工对食堂的满意度。一名深圳巴士集团的职工表示，企业采购了扶贫产品后，食堂品种更多，也更好吃了。

对于企业而言，积极参与消费扶贫，助力脱贫攻坚，也是履行企业使命、承担社会职责、积极回报社会的最好体现之一。鑫辉餐饮集团相关负责人直言："通过直接与对口扶贫基地签订采购协议，实现从农田到餐桌，从源头上保障了用餐职工的饭桌安全，让职工吃得健康、吃得放心，同时也丰富了企业食品来源，降低了经营成本，是一项一举多得的事情。"

近年来，深圳市总工会主动服务脱贫攻坚中心大局，切实发挥工会独特优势和作用，累计投入各类帮扶资金超过 6000 万元，发动全市各级工会采购扶贫产品金额超 20 亿元，为全市决战脱贫攻坚、决胜全面小康做出了工会组织的积极贡献。2021 年 2 月，市总工会脱贫攻坚工作组被党中央、国务院授予"全国脱贫攻坚先进集体"光荣称号。

努力未有穷期。对于深圳市总工会而言，这是巨大的荣誉，同时也是巨大的责任。面对未来，市总工会以巩固拓展脱贫攻坚成果同乡村振兴战略有效衔接为统领，不断丰富和完善工会组织参与帮扶工作的方式方法。2022 年，市总工会继续出台工会消费帮扶政策，专项支持采买消费帮扶产品。同时，继续投入 1000 万元专项资金，创新通过数字人民币等形式发放消费帮扶优惠券，进一步撬动消费帮扶，进而形成消费帮扶新金融方向的改革与探索。此外，市总工会也加强与受援助地区工会组织的对接联络，于 2022 年出台深圳市职工疗休养措施，以职工疗休养为抓手，为工会助力乡村振兴注入新活力。

在助力脱贫攻坚的壮阔历程中，深圳市总工会带领无数奋斗者，奉献着智慧和汗水，创造出一个又一个感人至深的故事。时至今日，他们依旧步履铿锵，使命在肩，期望以催人奋进的姿态，在历史的长河里烙下浓墨重彩的印记。而那条经历 40 多年走出的特色扶贫之路，也将为脱贫攻坚提供切实有力的工会力量。

采写撰稿：李慧淑

从"劳资问题"走向"劳资共治"

"聚"多方之力 探索劳资沟通新模式

改革开放的春风，带动了深圳经济腾飞，也吸引了大批年轻劳动力源源不断涌入这座充满创新与可能的城市。随着新生代劳动大军云集深圳，劳资关系也开始新一轮的洗牌，工人权利意识觉醒，诉求日益多元化，劳资矛盾隐忧渐显。如何维护职工权益、协调劳资矛盾，成为工会必须直面的问题。

为此，深圳市总工会创造性地引入了一项对话参与式培训机制，并为之命名"聚力计划"。不同于以往宣教式的培训，"聚力计划"通过推动劳资双方形成有效的对话沟通机制与互信合作平台，将劳资矛盾在企业内部化解，助力集体协商发展。

"聚力计划"不仅是简单的沟通对话技巧培训，更是建立在平等劳动关系理念上的一次劳资关系治理的有效尝试。"聚力计划"的开展，为工会直面劳资矛盾打开了新思路，推动"劳资问题"走向"劳资共治"。

在刚性的法条之外寻求劳资治理新出路

作为最先迈入市场经济的地区之一，深圳也是劳资关系治理的前沿地，随着经济体制改革不断深入，新一轮的劳资博弈正在上演。

新生代职工权利意识开始觉醒，多元化诉求日益凸显，劳资矛盾已逐渐成为牵动社会神经的重要问题。"2013 年前后，劳资纠纷逐渐呈现外部化倾向。"深圳市总工会相关负责人回忆，劳资纠纷引发的劳动争议案件在当时占用了大量法律资源。因此，在刚性的法条之外，如何行之有效地解决劳资矛盾，成为市总工会必须探索的问题。

转机出现在 2014 年，一家德国品牌在企业内部开展劳资对话协商模式，引起了市总工会的注意。10 月，市总工会带队前往该企业培训现场观摩学习，这种劳资对话的培训模式，也让前来观摩的市总工会干部们耳目一新，"无论是培训模式还是培训内容，都给了我们很大冲击。"深圳市总工会相关负责人表示。以往市总工会开展的培训模式，大多采取讲座授课等形式，职工难以融入其中。在这种参与互动式的培训中，每一位职工既是聆听者也是传授者，培训的作用也由宣教转为赋能。

在此基础上，2015年经过多番调研走访，深圳市总工会决定推出"聚力计划"，取"聚多方合力"之意，推动企业与职工共同发展。3月7日，"聚力计划"在宝安区福永街道启动，涵盖了龙华新区观澜街道银星高科技工业园和宝安区福海街道和平社区两个"源头治理劳资纠纷试验区"中的18家企业。

然而"聚力计划"启动初期，却并非一帆风顺。不少企业因为顾虑占用生产时间，担心引发职工负面情绪等，一度产生了抵触心理，其中福永街道的一家德资企业，抗拒尤为明显。为此，工会的社会化工会工作者在深入了解该企业的管理资质、尖端技术及市场份额等情况后，针对企业自身情况反复上门阐明利弊。

"当企业的经营达到一定程度，就需要回归到职工本身，因此，维持一个良性的劳资关系，对企业生产效益意义重大。"宝安区福海街道总工会专职副主席文婉聪认为，职工与企业是一个利益共同体，而工会的作用是促进劳资双方的理性沟通，化解劳资矛盾，因此，经过多番走访交流，该企业最终同意加入"聚力计划"。

3月，18家企业分为3组，每家企业派出管理层、工会代表、员工代表组成6人小组，共计1879人次参加集体研讨和现场培训，历时5个月的第一期"聚力计划"就此拉开序幕。

识别"食堂不好吃"的真意

2015年3月12日，在深圳溪涌度假村的培训室内，贴了满墙的"让对方把话说完，轮流发言""手机静音""按时完成任务"等文字海报，是"聚力计划"第一批学员达成的共识，这些共识也为后续培训开展，奠定了理性的基调。

"聚力计划"为劳资双方搭建了一个对话协商的平台，但是如何表达诉求？如何让职工说真话？如何让诉求得以落实？是横跨在企业与职工面前的多重阻碍。

"用笔写在卡片上。"这是培训师给出的方法，"写字的过程也是学员深思熟虑的过程。"深圳市总工会相关负责人认为，不同于口头表达，对待文字，学员往往会更为认真。除此之外，卡片的匿名性，也让职工敢讲真话。

在职工的意见里，有两点被反复提及，一是伙食问题，二是企业的福利问题。然而对于首选议题——"食堂不好吃"，职工的表达仅是一句简单的"不好吃"。哪里不好吃？

职工的回复却是："你来吃一次食堂就知道了！"

对于企业来说，这是一次无效沟通。在劳资双方难能可贵的对话机会里，职工情绪化的宣泄往往让沟通从一开始就陷入了僵局，时间就这样损耗在双方互不理解的交流中。而这也是劳资矛盾最大的导火索，"充满了声音与狂热，里面却空无一物"，工人们的大声抗议与激烈诉求，却大多没有明确的表达。

这样的情况，对于培训师刘剑来说已经见怪不怪，在"聚力计划"之前，她曾在德国企业内进行了8年的劳资沟通对话项目培训。

食堂不好吃究竟不好吃在哪里，是菜式太少还是食材不好，或是油太多？为识别职工的真正想法，刘剑在课堂上教授了沟通"六步法"，即识别问题、分析原因、目标分析、寻找方案、议定解决方案、行动计划。

"六步法"的要点在于实现理性沟通，其关键的步骤是"目标分析"。回到食堂的问题，刘剑让工人把想法写下来归类后，最终识别出了"食堂不好吃"的真意："肉太少。"经过培训，这条情绪化的抱怨转为理性又具体的提议："我们的食堂需要提高肉类用量，因为物价提高了，但我们的餐标还保持在三年前的水平。"

理性的沟通，也获得了资方的认可。在现场，伟创力的总经理提到，他不担心订单，也不担心员工的流动，他最担心的是员工以他无法预计和承担的方式表达诉求。"聚力计划"的巧妙之处，就在于从最基本的交流沟通入手，用理性沟通与共识，搭建起企业内部的开放性沟通渠道，将劳资矛盾化解在企业内部。

唤醒工会意识 直面工资问题

随着理性沟通技巧逐渐完善，新的问题开始浮出水面：和谁沟通？企业内部的沟通渠道如何运作？2015年4月，在第一轮访厂培训时，培训师设置了这样一项游戏：让职工传递诉求，每找一个部门进行一次对话，就使用一条缎带，最后通过缎带数量判断哪些环节的沟通次数最多。

通过"缎带游戏"，不难发现即便是管理规范的大企业，其内部的劳资沟通渠道也难免混乱。因此，职工开始意识到，劳资问题的解决，必须依靠一个有组织、有计划的劳资沟通渠道，而工会正是这个载体。

5月，市总工会在溪涌开始了"聚力计划"的第二次培训。这次培训设置了角色扮演环节，以"邻厂罢工带来职工波动"案例为代表，学员们纷纷投入其中。在这次扮演中，邻厂

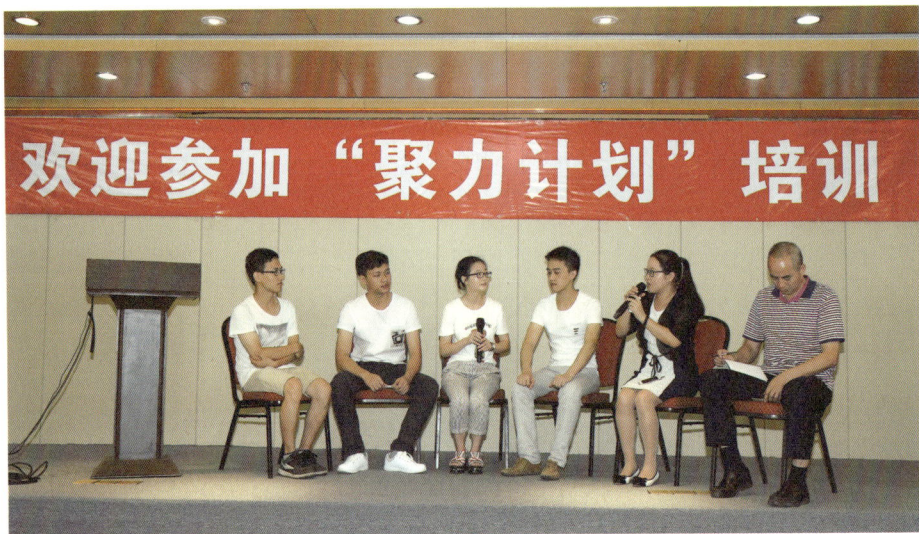

▲ "聚力计划"培训现场。

罢工的消息传入企业内，工人们找到工人代表，要求参照停工者诉求增加工资待遇。随后，工人代表找到工会主席提出诉求，在收集多方情况后，工会主席找到公司董事长表达了职工诉求。最后，工人代表、工会代表和管理层代表在座谈会上，成功将高温补贴从50元增加至200元，其他诉求留待继续谈判。

角色扮演后，培训师又引导学员们绘制工会职能的思维导图，然而绘制结果却出人意料。以C组为例，6张海报写得满满当当，但无论是工会代表还是一线工人，眼中的工会职能从旅游交友到生产管理，却唯独没有为工人维权。其中，职工对工会的了解最薄弱，他们将工会定位成"福利"角色，工会代表和管理层代表意识稍强，但更多将工会作为劳资沟通的渠道和解决企业劳资问题的工具，与真正的工会职能也相去甚远。

什么是工会？什么是工会真正的职能？答案似乎呼之欲出，在此情况下，市总工会选择正面推一步：工会的发展历史、维权职能……被一一摆在了学员面前。市总工会的植入犹如醍醐灌顶，在学员心中，工会终于不再是空中楼阁，而是代表工人、能为工人维权的"娘家人"。

沟通技巧有了，工会意识也唤醒了，职工和企业的沟通却还需再进一步，为此"聚力计划"的第三次培训，选择直面劳资关系中最为敏感的话题——工资。

此前第二轮访厂培训时，在培训师的引导下，职工们根据房租、伙食、交通、通信、生活用品等计算出保障温饱的生活工资需要多少。工资谈判的底气也源于此，一位日企负责人看到工人计算出的生活工资，并听了工人阐述需求后，他坦诚地说，如果是这样跟我谈工资，我会考虑。

工资的协商，不仅仅是职工要涨工资，更是作为企业持续发展、劳资关系和谐稳进的一个重要环节。因此，在劳资对话时，平等的沟通与换位思考尤为重要。为此，第三次培训的议题设置为模拟工厂，通过再现订单、成本控制、生产、销售等生产流程，让参与者明白，职工参与是企业生产经营也是集体协商至关重要的组成部分。

2015年7月，随着第三次培训结束，第一期"聚力计划"也落下帷幕，在这场创造性的培训模式中，劳资双方开始搭建起一个平等的对话协商机制，并且工会的力量也在其中彰显。

"聚力"力量再度出发

第一期"聚力计划"告一段落，但是它的力量却并未止步于此。

2016年，市总工会再次启动"聚力计划"。这次参与的24家企业，分别来自宝安、龙华、龙岗和福田等4个区，其中外资企业9家，港台资企业7家，民营企业达8家，占比33.3%。

2017年4月12日下午，"聚力计划"启动会在市总工会四楼会议室召开，第三期"聚力计划"汇聚了来自全市10个区的12家企业。

"聚力计划"开展3年来，54家企业参与其中，对超过20万职工产生积极影响，辐射范围不断扩大，在为劳资双方搭建一个平等的对话沟通平台的同时，也见证了本土企业与工会的成长历程。

回归到企业与职工，"聚力计划"带来的，绝不仅仅是一次沟通技巧的培训，更是为企业与职工的沟通协商赋能。在成霖实业公司工作20多年的徐云海，也是一名基层工会的员工代表，在参与"聚力计划"不久后，他就亲历了一场实战。

当时在徐云海所在的班组，有位职工在工作岗位上打盹，被巡视的保安发现后上报到公司人力资源部，依照管理制度应解除该职工的劳动关系。但该职工找到徐云海，告诉他因为天气炎热且任务繁重，自己在暂时休息时不自觉地打起瞌睡，并非有意偷懒。最终经过工会协商，撤销了对该职工的处理，并逐条讨论了公司的规章制度，修正不合理条款。

像徐云海亲历的事件，自"聚力计划"开展以来，每日都在上演，职工得以理性沟通的同时，企业也在不断改变。

沃尔玛工会主席艾荣刚参与"聚力计划"后，在涨薪问题上找到了新的出路：公司经营难以支撑每年 9% 的工资涨幅，那就增加员工的购物福利与补贴；同样，参与培训的理光高科技工会主席徐武元通过构建集体协商等方式，成功将理光高科技公司的工资涨幅上调至 6.5%……

对于工会来说，"聚力计划"更像是一种回归，回到基层，回到工人中去，只有落地且具备工人情怀的工会，才是真正的有用工会、实用工会。回到基层，审视自身，"'聚力计划'的出发点在于提升劳资双方的沟通协商能力，但是落脚点落在了如何建立基层工会上。"深圳市总相关负责人认为，"聚力计划"为工会工作找到了新的切入点，也让工会对自身有了新的思考。

2019 年，回到宝安区，彼时的福永街道已划分为福永和福海两个街道，在福海街道的人才园 303 会议室里，摆放的白板上密密麻麻地贴着"员工最想解决的实际问题是什么？""企业最想解决的员工思想问题是什么？"两个问题的答案。

4 年过去，"聚力计划"将在最初开始的地方，再次出发。

好风凭借力，送我上青云！"聚力"的力量，也将再度涌入企业内部，推动"劳资问题"走向"劳资共治"。

◎ 亲历者说

2019 年在福海街道开展"聚力计划"，我印象中改变最大的就是基层工会社会化工会工作者。在我们每一次研讨与访厂前，都会开展一次准备会，这个过程社会化工会工作者全程参与其中，"企业是否愿意参与""企业高层参与后职工是否敢说真话""如何设定主题，引导双方沟通"……每一个环节都需要他们反复思考，也是在这个工作中，让他们真正系统性地了解了企业与工会的关系。

在"聚力计划"之前，很多人会感到工会是一个边缘化的部门，主要负责发福利、办活动等，所以我们需要找到一个突破口，摆明自己的定位。"聚力计划"就是这样一个契机，让我们能够切实发挥作用，实现代表工人、帮助工人维权的使命，通过搭建一个劳资沟通协商的平台，让劳资矛盾回到企业内部，真正做到"小事不出企，大事不出区"。

——宝安区福海街道总工会专职副主席 文婉聪

采写撰稿：潘潇雨

盐田港运工联会

搭建沟通的桥梁 给司机一个温暖的"家"

盐田国际码头是我国华南地区重要的集装箱运输码头，近几年集装箱吞吐量均超过1200万标箱。与之相配套的集装箱运输、仓储等相关业务占辖区生产总值的比重约为1/5，是盐田区四大支柱产业之一。港口每天要承载一万多辆货柜车的进出，直接从业人员超过2万人。

由于行业准入门槛相对较低，逐渐形成了多、小、散、乱的局面。企业为了降低经营风险，将风险转嫁给司机，挂靠、承包、租赁等合作经营较为普遍，用工关系复杂，货柜司机往往由于没有相应的组织帮助与协调，合理诉求得不到有效表达。盐田港口汽车运输业工会联合会（以下简称"港运工联会"）便在这种情况下应运而生。

港运工联会采用专兼结合、党工共建、先建带动后建、群策群力打攻坚战等多种方式，深入企业，组建基层工会、发展工会会员、开展工资集体协商、完善职工权益保障机制、维护职工正当权益，从片区到企业，从企业到职工，港运工联会全面加强组织建设，合力推进各项工作，有效发挥了桥梁纽带作用。

顺应时势 盐田港运工联会正式成立

盐田国际码头共有几十个泊位，每个泊位设置有塔吊并配有一名塔吊工人，塔吊工人负责把车辆上承载的集装箱抓取到船上，然后再由船只将货物运输到我国贸易的主要出口国家。作为公路运输系统与海上运输系统之间的"传送带"，塔吊工人扮演了极其重要的角色。

2007年4月，为了提高薪资待遇，盐田国际码头发生了塔吊工人怠工事件，令港区内作业几乎陷入瘫痪，海运柜大量滞留码头，对港区外的集装箱运输企业和车辆造成了严

▲ 盐田国际集装箱码头有限公司工会成立现场。

重冲击，波及深圳西部港区甚至青岛、大连等地。

　　事件发生后，深圳市总工会和盐田区委区政府高度重视并及时妥善解决了事件。为避免港区内外类似事件的发生，盐田区总工会于当年开展了盐田港口汽车运输行业的调研。在调研过程中，区总工会发现港口汽车运输行业用工关系复杂，挂靠经营司空见惯，当司机遇上货物丢损、意外交通事故、劳动合同纠纷等问题时，没有对应的工会组织帮扶与协调，其合理诉求往往得不到有效解决。组建行业工会、构建和谐劳动关系势在必行。

　　在区总工会的指导下，港口汽车运输行业内 10 家企业联合发起申请成立行业工会，2007 年 8 月，盐田港运工联会正式成立。

成为深圳规模最大的行业性工会联合会之一

　　饮水方知开源不易。时任盐田集装箱运输行业某企业总经理的罗为新临危受命，成为首任港运工联会主席。港运工联会成立之初，只有主席和一个组织员，为了便捷办公，他们在盐田某小区租了一间 40 平方米左右的屋子，而这间小房间便成了港运工联会最初的办公室。

▲ 港运工联会为等待装货的货车司机送上免费午餐。

"困难很多，当时行业对工会的认知基本是空白的，几乎没有企业组建工会。"现任主席黄祖胜回忆道。罗为新和他的组织员从协会和交通主管部门要来了企业的名单，一家一家企业走访，试图说服企业老板把自己的工会建立起来。

盐田街道辖区汽车运输企业数量众多，情况复杂，是全区工会组织全覆盖工作的重点和难点，小微企业想建立工会并非易事。盐田港运工联会组建的第一年，竭尽全力发展了约60家企业工会。来自党政的支持是工联会工作强有力的保障，虽然步履维艰，工联会仍以构建行业内部和谐劳动关系、促进港口建设为己任，致力于维护和推动社会稳定。

2010年，罗为新卸任以后，黄祖胜被选举为盐田港运工联会第二任工会主席。鉴于当时的会员数量已经发展到三四百家单位，盐田区总工会从人、财、物等方面大力支持。黄祖胜到任之后，不负众望，首先做大做好工会刊物《港运工人》。这本杂志不但是港运工联会的信息载体，还是广大会员职工展示自我的平台。与其说是杂志，不如说是工联会创建历程的一本记录册：采访供应商、记录盐田最美好司机、普及行业知识和法律法规……随着司机会员越来越多，杂志改成《盐田港运通讯》报纸，面向他们印发。

除了创办刊物，黄祖胜还邀请行业内各企业老板共同参加活动。随着时间的推移，港运工联会的凝聚力和影响力渐渐攀升，企业老板们开始信任工会，行业内的交流活动越来越多，各项工作的开展逐步走上正轨。

截至 2021 年 4 月，港运工联会共组建企业工会 949 家，职工会员 1.2 万余人，成为深圳市规模最大的行业性工会联合会之一。

签订港运行业的首份工资集体协商协议

减少劳资纠纷，搭建起员工与企业沟通的桥梁，给司机们一个温暖的"家"，这是港运工联会的服务宗旨。

2011 年，港运工联会与深圳市拖车协会签订了港运行业的首份工资集体协商协议，开创了港运行业工资集体协商之先河，在行业内初步建立起集体协商工作机制。协议厘定出行业 7 个工作岗位最低工资标准，制定了指导工资标准，填补了港运行业多年来缺乏指导工资标准的空白。

2012 年 10 月，司机的工资正式纳入协商范围并按照行业不同的经营模式对司机工资标准进行了规范，港运工联会连续 9 年与拖车协会签订工资集体协商协议，协议惠及行业 8 个工种、1.2 万会员的合法权益。

黄祖胜将港运工联会的发展阶段分为了两个部分，以 2012 年为时间节点，在此之前，港运工联会更多依靠企业层面成立工会和管理会员，之后，港运工联会开始把触角伸到了一线职工身上，如何凝聚职工成了工会亟待解决的问题。

利用微信公众号便利性高、覆盖范围广、易于传播等特质，港运工联会开始建立微信公众号，让公众号成为货柜司机们的线上职工之家。

由于货柜司机工作时间不固定，港运工联会就去司机们经常聚集的地方，邀请他们关注公众号，注册成为会员。同时，港运工联会还在线下开设"司机大讲堂"等活动吸引用户，慢慢将司机聚拢在一起。

2017 年，由盐田区委宣传部牵头，配合区委区政府开展盐田港后方陆域交通综合治理三年攻坚行动，港运工联会开展了为期 2 个月的"文明司机行动"宣传活动，微信公众号此时派上用场，成了活动的官方公众号。乘此东风，公众号的关注人数累计增加 9 千余人。

同年，港运工联会历时 6 个月，在盐田最大的 146 公共停车场建设司机志愿服务站，零距离服务司机。司机服务站是一个集党委＋政府＋工会＋义工＋社工＋司机等六位于一体的司机特色服务站，在提供服务的同时，努力在司机队伍中发展一批工人志愿者，让工会影响力进一步深入司机群体。

形成4委6部4队的工作格局

面对日益增多的会员，港运工联会根据服务行业的实际需求，逐渐形成了4委6部4队的工作格局。

4委是指委员会、经审委员会和女职工委员会，同时根据职工岗位属性，工联会还成立了车管委员会，6部是外联部、法律部、综合服务部、宣教部、信息服务部、女工部；4队是指设立维权维稳应急小组、150多人的工人志愿者、80多人的车管队伍和100多人的和谐使者队伍。

如果说4委6部4队的设立是工会的骨架，那么协商协调机制便是工会的血肉。

就劳动纠纷协调来说，早在2015年，调解委员会已有4名法律顾问，整合专业人士、法律人士、社会人士等多方力量，为企业和职工提供无偿的法律咨询，从根源上解决了挂靠货车司机的投诉无门的困境。

谈及自己擅长的劳动调解案，黄祖胜认为，"调解是摆事实、讲道理，不仅要专业，还要真诚。在调解过程中不能光听司机的说辞，企业的诉说也要认真听。调解人需要对纠纷案件有清晰的判断，站在公立的角度进行分析，才能具有说服力。"

黄祖胜回忆道，自己刚接手工会时，办公条件相对简陋，公信力不强，然而大家并没有气馁，而是通过扎实开展工会工作、不断创新工作方法，得到了区总工会和企业职工的充分肯定，港运工联会的影响力和凝聚力不断攀升。

在黄祖胜看来，港运工联会即将踏入精细化发展的阶段。从员工个人发展角度而言，工会要关注员工的职业发展前景问题；而对于工会班子而言，继续坚持以人为本，在为职工提供服务、提升行业用工水平、减少矛盾纠纷的同时，如何培育载体，塑造行业品牌和行业文化，是他们接下来要为之努力和奋斗的方向。

正如黄祖胜所言，"港运工联会以盐田区打造全国和谐劳动关系示范区为契机，在行业进行试点，这对于行业及其他港口城市而言都有探索意义。"作为行业组织，港运工联会将顺应时代发展，积极参与其中，为盘活行业资源，推动行业健康发展做出应有的贡献。

◎ 亲历者说

从我们国内的工会来看，大家一直在倡导强调维护职工的合法权益。从我的个人理念来讲，我觉得服务是非常重要的。对于企业和职工而言，比较在意工会能给他们带来什么，我们应当关注到他们对于获得服务的渴求。

对于运输行业而言，要更关注人、业务、资金、车辆这四方面要素及这四大要素之间的关系如何处理。

作为行业工会，除了帮助职工维护自身合法权益职能外，更应该去关注企业发展问题。物流运输只是整个贸易供应链的其中一环，而行业工会组织在企业的生态链里能够整合何种资源助力企业发展、能否完善供应链的各个环节？这也是我们需要思考的。企业发展好了，职工的利益才有保障。

——盐田港口汽车运输业工联会主席 黄祖胜

采写撰稿：唐文隽

建立工资集体协商 破局劳资新博弈

"理光模式"提供企业建会新思路

在深圳企业工会发展史上，理光工会是浓墨重彩的一笔。

随着改革开放的春风拂来，大量外来务工人员流入深圳寻求发展。社会快速上升的过程中，劳资矛盾新一轮的博弈开始：工人意识觉醒，在维权之外，开始寻求与企业共享发展成果。

工会也开始在这场新博弈中寻求新的方式，企业工会应运而生。

2007 年是深圳企业工会发展的关键之年。2006 年，中华全国总工会开始将推动外资企业建立工会作为工作重点，以世界 500 强跨国公司为着力点，以长期拒不建会的"钉子户"为突破点。但在 2006 年结束时，深圳市总工会确定的 30 家工会组建重点单位仅突破寥寥几家。

尽管如此，一向走在全国前列的深圳经济特区，依旧为自己设立了更高的目标：深圳市总工会决定在 2007 年让深圳市内的 500 强"钉子户"全部建立工会。

理光（深圳）工业发展有限公司（以下简称理光公司）就在这一波外资企业建立工会的热潮中成了弄潮儿。理光工会在不断碰撞中形成的规范化民主建会与工资集体协商模式，逐渐发展为独具特色且影响深远的"理光模式"。在这场劳资关系的新博弈中，"理光模式"带来了破题的新思路，也为企业工会的未来带来新的思考。

组建工会 确立民主建会模式

1991 年，理光（深圳）公司成立，这是一家集设计、生产、销售办公自动化产品为一体的日资企业。自 1992 年投产至 2007 年，出于种种原因，15 年间理光公司一直未建立工会。

2007 年，劳资矛盾日益胶着，深圳市总工会加大在世界 500 强企业组建工会的工作力度。为打开工作局面，在工会组建之初，福田区和华富街道总工会多次上门向企业日方管理层讲解《中华人民共和国工会法》，宣传中国工会性质和作用，促使日方管理层疑虑渐消，最终接受了成立工会的建议。

2007 年 11 月，筹备组按《中国工会章程》规定，组织各工会小组选出 112 名会员代表，其中过半是一线员工，准备召开第一次会员代表大会。

筹备组与公司行政协商后提出 10 名工会委员候选人，准备从中差额选举 9 名工会委员，并预设了工会主席人选。然而在真正的选举期间，投票过程却一波三折，并未按照资方预想的方向发展。

会议期间，有代表提出质疑，认为预设候选人可能无法体现一线工人的真正意志，并提出能否在候选人之外选择自己认为更合适的人选。这一提议获得了上级工会的支持，按照选举办法规定，会员代表有权另选他人，于是，选票栏添上了"另选他人"栏。

在首轮投票中，只有 6 人得票超过半数，顺利当选委员。第二轮投票中，仅有 10 名候选人之外的彭秀娇得票超过半数当选委员，预设候选人尽数遭到淘汰。在随后的 7 名委员投票时，彭秀娇又出人意料地被选举为主席。

对于意料之外的结果，企业充分尊重了会员代表的民主选择，上级工会也对选举结果及时做出批复。此后 3 年，彭秀姣和她的团队在为员工服务上不遗余力，深受员工拥护。到第一届工会委员会任期届满时，入会员工已近 4000 人。

2010 年 11 月，工会酝酿换届选举。不同于第一届，此次换届资方完全置身事外。会员代表由会员自荐和群众推选产生，选出的 248 名代表中有 190 名是一线员工，14 名工会委员候选人也全部由工会小组推荐。

在第二次会员代表大会上，代表们用无记名投票方式从中差额选出 11 名工会委员，其中包括 4 名一线员工。在公司任职近 20 年的技术部部长钱家良被推选为第二届工会主席。

理光工会的换届选举，充分体现了会员的意愿，到 2011 年 2 月第二届二次会员代表大会时，员工入会率已达到 100%。一种依法依规体现会员意愿的规范化民主建会制度就此延续，成为"理光模式"的一面旗帜，并推广至深圳其他企业工会。

"企业工会要有用，要真正维护工人权益，就需要有工人代表与资方就工人待遇进行有效的集体协商。其中，能否按照规范的民主程序建会，选出工人认可的代表至关重要。"深圳市总工会相关负责人说。

翔实调研 建立工资集体协商制

"我们想要推进工资集体协商，但是始终没有方向，也没有先例能够借鉴。"钱家良认为，工会成立后，如何开展集体协商工作成为首要议题。

转机出现在 2011 年。11 月初，模具车间员工对技术补贴不满，38 名员工采取了停工方式表达不满，停工维持了 4 日之久。在此过程中，尽管工会也在为收集员工意见、协调工资涨幅奔忙，但是收效甚微。

理光工会借此契机向资方提出建立工资集体协商制度，并说明开展工资集体协商的重要性。公司高层也由此意识到，工资集体协商不失为解决劳资矛盾的有效途径。

2011 年 12 月 15 日，工会与公司签订《工资集体协商办法》，正式在理光（深圳）公司建立起工资集体协商制度。

为保证协商代表的代表性和公信力，工会将协商代表人选交由员工做主，最终选定 10 名工会委员会委员和 10 名职工代表共同组成职工方协商代表团，代表团再选举正式协商代表 5 名，其中由工会主席担任员工方首席代表。

"我们以周边及同行业企业的最低工资作为谈判依据，根据食品价格涨幅、育儿支出增幅、住房租金涨幅等，建立模型，得出员工基本生活开支每月约上涨 350 元，以此为基础，提出 2012 年基本工资涨幅为 19%。"

为保证协商高效进行，钱家良和同事们在前期调查中下足了功夫。为此，他们专门设立了情报收集、沟通交流、宣传运行和协商四个工作组。

在协商中，资方提出受 "3·11 地震"、泰国洪水以及欧债危机的影响，经营环境恶化，公司营业利润降到历年最低，只能接受 8% 的加薪方案。

双方期望值差距悬殊，但工会事先准备充分。经过 3 周 4 轮的讨价还价后，双方终于就工资涨幅达成一致，确定平均涨幅为 15%，并且向一线员工倾斜。

2012 年 2 月 21 日，工会召开会员代表大会对工资集体协商结果进行表决，《2012 年集体合同草案》以 94.2% 的同意率高票通过。2 月 22 日，劳资双方签订了 2012 年度工资专项集体合同。"我原以为只有七八成的同意率，没想到会这么高。"投票结果让钱家良非常惊喜。

以此为起点，工会与公司高层建立起定期交流制度，每季度一次，向资方反馈员工对公司管理的意见和改善方案。

理光工会通过工资集体协商，建立了工人工资正常增长机制，工人得以同企业共享发展成果，从 2012 年至 2019 年，理光公司员工在基本工资层面每人增长达 1617 元。在当年电子行业普遍招工难的情况下，理光公司 4000 多员工的流动率却不到 4%。

规范化运作 实现搬厂平稳过渡

2010 年，第二届工会成立之初，根据上届工会的经验汇编了《工会入会、退会标准》《工会会员代表大会标准》《工会委员会运行标准》《工会财务处理流程》等，涵盖组织建设、经费管理、日常活动等运作规范，被称为理光工会的"行动准则"。

同时，工会下设宣教、生产、生活、组织、劳动争议调解等 7 个工会组，并依法选举产生经费审查委员会。"规范化运作是我们的特点，也是我们一直在坚持的事。"为规范工会运作，理光工会坚持财务公开与民主决策，在赢得越来越多的职工认可后，真正成为"职工之家"。

2012 年 4 月，时任广东省委书记汪洋来到理光工会考察，"他提到，在过去单一国营经济时代，工会作用不是很大。广东作为全国改革开放前沿，经济形态多样，劳资关系复杂，工会要发挥更大作用，理光工会现在做的事情就是恢复了工会应该有的那些功能。"钱家良回忆起当时，仍然心潮澎湃。

考察结束后，汪洋称赞理光工会"有地位、有作为"，让人"刮目相看"，在中国特色社会主义市场经济条件下，在所有制多元化情况下，工会组织如何产生、如何运作，理光工会树立了很好的榜样，经验值得向全省推广。

2019 年，是理光公司在深圳走过的第 29 个年头。这一年，理光公司在深圳全面停产，东莞新厂开启新的制造之路。

理光的停业搬厂，让工会一时绷紧了弦。

为此，工会与会员开了 3 场交流会，共收集 30 点意见，涉及食堂、福利待遇、公司搬迁等，其中，公司关闭、搬厂是所有员工最关心的问题。

"要充分保障员工利益。"钱家良强调。为此，理光工会启动了调查摸底，对职工总数、性别结构、学历层次、个人意向等进行摸排，并对员工诉求分析、预判。

为制定合理的补偿金额，理光工会提前收集了其他行业的做法案例，并研究同类公司在 2019 年公布的"经济赔偿金 N+6"裁员方案等。最终，经过与资方、员工多轮协商后，确定按照法律规定标准的 1.5 倍给员工发放经济补偿金。

理光工会还重点召开了公司与"三期"（孕期、产期、哺乳期）女工、住宿舍人员、临退休人员、职业禁忌人员的特别专场说明会，确保员工利益不受损。

搬厂前三个月，公司发布了补偿方案。仅用一周时间，理光工会促成了2815名员工全部签订经济补偿方案，企业和员工达到双赢。"在工会的作用下，搬厂期间保持平稳过渡，让我非常满意也非常自豪。"钱家良说。

在理光工会的汇报PPT结尾有这样一句话：工会不是企业主的附庸，不是可有可无的摆设，同样也不是激烈的反对者。

◎ 亲历者说

我在理光公司任职近20年，2010年第二届工会选举时，我在当时工会主席彭秀娇的劝说下，报名参选，最终非常荣幸获得大家认可成为工会主席。

刚开始时我诚惶诚恐，就怕做不好工作，辜负了大伙对我的期望。

后来我逐渐熟悉了工会工作流程后，也掌握了一些工作重点。我们首要的工作就是实现工会的规范化运作，只有规范化运作后，才能保证民主，真正获取劳资双方的信任。民主也好，规范也罢，本质上都是为了维护员工利益和公司的稳定运作。

在我真正把握了这个度后，后面的工作也相对轻松了些。

在理光工会的近10年，我们的努力逐渐获得大家的肯定，在这个过程中，我也在不断学习和成长，我感到非常满足和自豪。

——理光工会原主席 钱家良

采写撰稿：潘潇雨

探索集体协商制度 助力三方互信共赢

盐田国际工会走出特色鲜明发展之路

在深圳工会的发展史上，盐田国际集装箱码头有限公司工会（以下简称"盐田国际工会"）在集体协商制度方面积极探索，逐渐走出一条特色鲜明的发展之路。

随着深圳改革开放的逐渐深入，现实中的劳动关系发展状况更加复杂。其中，较为突出的特点是工人的诉求从底线型逐步向增长型发展，导致劳资利益争议多发。2007 年，盐田国际工会在此背景下应运而生。多年来，盐田国际工会不断践行、完善集体协商制度，探索出一条成功之道并逐渐形成独有的特色。

企业工会要真正具有代表性

从 1994 年开港，盐田国际取得飞速发展，企业的效益和规模连年增长。与此同时，员工更加关注自身发展权益，要求提高工资、改善劳动条件等。劳动者的权利意识逐渐成熟，从表达权利诉求、维护既定权益到积极争取提高劳动权益的演变中，他们对自身权利的认识愈来愈清晰。

盐田国际工会实行规范的民主建会程序，在组建过程中充分考虑工人的意愿，代表的产生、候选人的提名、选举方式等，都严格按照民主程序进行。员工对组建工会反应强烈，入会态度积极踊跃，入会率达到 99%。经过层层民主选举，产生首届工会委员会和首届工会经费委员会。自此，盐田国际有了能够代表员工利益与资方谈判的工会。

在成立工会的过程中，很多委员参照着工会法、工会章程、劳动法，一边学习、一边摸索，慢慢形成一些工作方法。"工会成立后我们就立刻着手解决员工关心的热点难点问题，找会员详细了解具体情况，大家一起商量应该怎么处理，然后跟公司进一步沟通。"盐田国际工会主席王东川说，"当时并不清楚集体协商机制的具体概念，但做法却与其不谋而合。"

很快，盐田国际工会便向资方提出解决历史遗留问题的方案，在市总工会的积极协调下，劳资双方通过集体协商解决了涉及近2000名工人、金额高达数千万的工时补偿问题。"集体协商起到了关键作用，我们开始明确以此作为行动指南，把工会建成员工与公司之间的桥梁，把沟通渠道打通，切实解决实际问题。"王东川说。

各方逐渐认识到，集体协商首先是"集体"，然后才是"协商"。这个"集体"是由员工组成的企业工会，集体协商是企业工会与企业行政方的平等对话，这个机制的前提是企业工会真正具有代表性。

盐田国际工会每三年进行一次换届，经过一段时间的磨合，被选上的委员都是诉求理性、思维周密、讲究策略，而且在员工中较有影响力的优秀职工代表。员工对相关的规则、程序、协商、合作更加熟悉，诉求也趋于理性和成熟。

严格按制度办事并规范运作

盐田国际工会成立至今，累计超过800人次参与到工会的各项具体工作中，包括担任工会委员、协商代表、会员代表、工会小组长等，让员工充分了解工会的具体运作、集体协商的流程等。每年开展集体协商时，从收集议题、发出邀约，再到大家讨论、沟通表决，要花费近两个月时间，其间要开展四五轮协商，召开多次会员代表沟通会。这些议题包括工资福利、奖金分配、休假制度等实实在在的内容，通过全覆盖的沟通让员工充分表达诉求。

"作为员工方，我们也理解公司面对经济环境变化、经营成本上升、竞争日趋激烈的压力，只有充分理解双方的处境才能促成友好协商，从而达到一个相对平衡、互利双赢的局面。"王东川表示。协商过程要注重信息的互通和双向沟通，让员工对企业发展情况和未来规划有深入了解，把员工的真实合理诉求反馈给公司，不断促进双方相互尊重、相互理解、相互信任。

在工会运行及集体协商的过程中，盐田国际工会逐渐总结出一些宝贵经验。首先，组建工会要充分发挥党组织的坚强领导作用。在实际工作中，劳资双方对党组织都充分信任，有党组织的坚强领导，工会工作才得以更好地开展。

其次，盐田国际工会集体协商制度顺利开展的关键因素之一，是有一个"值得尊敬的行政方"。从基础要素来看，员工的劳动关系、晋升渠道、工资福利等都与企业有关，工会的办公场地、专职人员、运作经费等都需要企业支持。同时，企业方也要充分尊重、认可集体协商的规则和方式，只有这样才能让工会真正平稳运行起来，集体协商也才能顺利

▲ 盐田国际 2013 年集体协商会议现场。

开展并取得良好的成果。

　　此外，盐田国际工会工作的顺利开展，有赖于一批值得员工信任的工会委员、集体协商代表和会员代表。按照规定，首席协商代表由工会主席担任，另外选出了 5 位来自基层的覆盖所有员工群体的协商代表，他们从员工中来又回到员工中去，是大家信得过又愿意去为大家争取权益的好伙伴。

　　"除了这些要素，严格按照制度办事并且规范运作，是盐田国际工会安身立命的根本。"王东川认为，"工会要严格按照工会法、工会章程、集体协商条例、企业民主管理规定等来运作，大家都严格遵守这些制度，事情就好办了。"

工资得到制度化增长是重要标准

　　有哪些标准可以衡量集体协商真正取得了成效？从盐田国际工会的实践来看，员工工资得到制度化增长是其中一个重要标准。在王东川看来，工会要积极为员工争取权益和福利，让员工持续获得好处是判断集体协商成效的关键。同时，集体协商要有助于提高员工士气，为推动企业经营效益提升助力。劳资双方都能获益，集体协商机制才能长效运行，劳动关系才能和谐稳定。

此外，集体协商要形成员工工资增长的正常机制。这种机制一旦建立，劳资双方能定期就工资问题进行协商，讨论企业的发展状况、盈利水平以及员工现实情况，双方的信息不断互通、碰撞，对员工诉求不断进行调整、匹配，最终形成双方都能接受的方案。方案一旦达成，就会形成严格的约束力，双方都会按照集体合同来履行承诺，员工工资的增长也就成为这项制度的自然结果。

盐田国际工会的集体协商制度已运行多年，在稳定劳动关系方面发挥了重要作用。如今集体协商制度已经不再是一种外在的强制规范，而是内化为劳资各方自觉遵守的行为准则，形成了一种具有自我约束力的规则意识，最终稳定了企业劳动关系。

"结合员工的意见和企业发展规划，2020年公司考虑调整轮班津贴制度，改革力度较大而且牵涉面较广，对三分之二的员工都有影响。"王东川提到。对这种大的改动，员工十分关注，很多人担心改革后收入会下降，心里都在打鼓。

为了让员工安心，劳资双方在沟通时直接用数据说明，根据以往情况用新制度进行测算，结果是绝大部分人的收入是会增加的。"我们的沟通不是针对几位代表，而是要跟每位员工都进行交流，让他们真正放心。"王东川表示。

多措并举让三方实现共赢发展

盐田国际工会在集体协商的实践中逐步认识到，要在员工中建立起民主议事规则，引导会员学会遵守规则并按规则议事。深圳外来人口较多，不同工种、职务、成长背景以及家庭环境各有差异，难以形成统一的利益诉求。如何将各种利益诉求有组织地表达和实现，是工会的重要任务，也是一个艰巨的挑战。

建会初期，盐田国际工会开始加强与会员的沟通机制建设。工会定期会组织会员代表针对重大问题进行讨论，将工会的所有工作及时传达给会员，召开职代会讨论集体协商议题，每年票决出会员广泛关注的5个议题与企业进行协商。"集体协商要真谈、实谈，但绝不能做杀鸡取卵之事，要追求双赢的结果。"王东川说。

目前盐田国际工会会员人数2100多人，最高时期超过2800人。为了方便开展工作，工会还设立了7个分工会，分工会下面设置了49个工会小组。多年来，盐田国际工会会员逐渐学会了运用民主规则、程序来处理内部事务，这样既能保障个体的权利，又尊重和服从了大多数人的意见，进而形成集体意志，展现出企业工会作为自治组织形态应有的面貌。

王东川认为，从盐田国际工会的经验来看，要成为一个优秀的工会，必须有党组织

▲ 2019年盐田国际工会组织员工开展共庆五一国际劳动节活动。

的坚强领导；要有一个"值得尊敬的行政方"；工会工作人员要有工人情怀，有热情去做这份工作；同时，要有一套群众组织的工作方法：大家的事情，大家一起来做。"如果能做到这几点，充分遵守规则让工会规范运行，工作开展起来就比较顺利。"

◎ 亲历者说

我从1994年就来到盐田国际工作，可以说参与并见证了公司的重要发展历程。2007年成立工会后，我又积极投身于工会工作。十几年来，工会一点一滴地成长历历在目，对我来说是充满意义的。

我们通过努力实实在在帮助员工解决了合情合理的诉求，让工会逐渐成为劳资双方都信任的沟通桥梁和平台。在这个过程中，员工工资福利得到提高、企业经营效益不断提升、工会公信度不断增强，让公司、工会、员工三方在动态平衡中实现共赢。在双向沟通时，还能发现并解决其他潜在的管理问题，将一些危机消灭在萌芽状态，推动企业更好地发展，工会工作让我们很有成就感。

——盐田国际工会主席 王东川

采写撰稿：叶洋特

顺丰工会

探索工会特色之路 成就幸福劳动者

如今，网上购物已成为百姓购物的新方式。作为网络购物生态系统重要的组成部分，快递行业由此进入飞速发展阶段。随着各种快递公司如雨后春笋般层出不穷，快递员的数量日益庞大，这份职业也逐渐进入人们的视野。

和其他职业稍有不同，除了像顺丰速运这样秉持直营、管理着大量全职基层员工的基础形式外，多样化的用工模式也正在萌生，快递行业的用工模式相对多样化，其中有劳务派遣、临时外包、业务外包等。为此，2018 年，中华全国总工会下发《推进货车司机等群体入会工作方案》，推动八大群体入会工作实现新提升，快递员便是其一。

针对快递行业特殊的用工模式，顺丰工会早已探索出一条符合实际情况的特色之路。从 2007 年成立工会至今，顺丰工会不仅建立起公司与员工畅通的沟通桥梁，还把工会建设成为职工群众信赖的"职工之家"，其"工会代表"和"互联网 +"的成功运作，也推动工会工作再上新台阶。

企业和员工的需求是促进顺丰工会发展的基础

顺丰诞生于 1993 年，经过多年发展，如今已成为国内领先的快递物流综合服务商之一。

2007 年，顺丰集团总部成立不久，集团处在规范运营网络、全面提升管理水平的阶段。企业针对面向广大基层员工的家庭式氛围建设需求，集团领导开始思考如何为员工营造一个良好的工作环境，在提升员工积极性的同时，为企业的经营发展提供支持。经过多方协商，集团工会应运而生。

彼时的曾昭霞正在顺丰集团人力资源部负责员工关系，由于有着类似的经验，她被调入工会任工会办公室主任，初建成的工会人数不多，只有她和工会主席。

▲ 2023 年 4 月，顺丰工会召开第二届顺丰全网工会代表大会。

刚成立的工会犹如一张白纸，等着被勾画。虽然一切都尚在摸索阶段，但工会的定位却很清晰：构建和谐的劳资关系、建立员工关怀体系、建设员工的精神文明家园、助力企业经营健康发展。同时，工会面对所有员工开放，无论其用工模式是何种。有了清晰的定位，工会的各项工作亦有了前进的方向，很快便开展起来。

基于员工关怀，工会在 2008 年推出"四季关怀"活动——新春送福、夏送清凉、金秋助学、冬送温暖。精准关怀员工，竭力解决员工工作生活中的合理需求。活动一经推出，受到了许多员工的好评，延续至今，已成为顺丰工会的传统品牌。同时，南山区总工会提供各类活动进企业，在此契机下，顺丰工会和区总工会共同开展插花、安全培训、建设爱心妈咪屋等活动。

在保障员工权益方面，从 2008 年起，工会建立了参与公司单方面解除员工劳动合同的审核，避免因单方面解除员工劳动合同不当造成员工权益受损。同时，工会与公司建立定期协商制度，每年就涉及员工利益的重要问题进行协商解决，最终实现职工利益的有序表达和工资福利的制度性增长，如在集团层面签订《集体劳动合同》《工资集体协商合同》。

同时，工会针对一线员工中的劳动模范、先进标杆做宣扬，组织开展技能比武、学历提升等。由于顺丰职工数量庞大，市总工会十分重视，在"圆梦计划"基础上特意为顺丰开设学习班，教育帮扶顺丰职工。市总工会和顺丰工会的内外两手抓，不仅引导员工追求更好的职业技能和发展前景，还营造了一个充满正能量的工作氛围。

创建"工会代表"制度推动工会工作

在各项规划下，工会的工作逐渐步入正轨，工作量也翻了几倍，身兼数职的曾昭霞常常忙得不可开交。

基于工会长远发展考虑，在公司的支持下，工会在队伍建设方面开始有了转变：原先的兼职干部转为专职工会干事，集中负责工会事宜，同时在分公司、各业务区建立基层工会。

尽管专职工会干事努力做好每一件小事，但仍有许多细小的事情难以落地，工会干事时常感到有心无力。正当工会内部发愁之时，曾昭霞发现总有一群热心的同事在跟随着工会，参与各类活动，一起帮扶献爱心。

"为什么不把这群热心的同事组织起来，工会带领他们一起做更多、更有意义的服务，让更多员工享受工会服务？"这个想法很快落了地。工会将这群热心的同事组织起来，让他们成为工会代表，工会代表的角色定位为工会使命的践行者、公司文化价值观的代言人、基层管理岗的后备军、业务创增收和技能的带头人。

性质决定其作用，工会代表通过民主选举产生，通常得在基层有一定影响力且有群众基础才能当选。工会代表从群众中产生，为群众发声，如果工会代表日后晋升成为管理人员，则不能继续担任工会代表，如此才能保持这个身份的独立性和纯洁性。

虽然工会代表没有额外的工资和补贴，但工会为其建立了一个激励机制。当工会代表履行工会服务时，如信息传达、慰问帮扶等，会相应获得服务积分。根据所得积分，工会代表被评为不同星级，从一星级到五星级，三星级以上就会有奖励、荣誉称号和培训机会等。

事实上，工会代表与工会是相辅相成的。经过长时间的工会工作，许多工会代表的组织能力、人际交往能力、沟通能力等都得到了提升。也因此，据工会内部统计，每年晋升为基层网点管理者的队伍之中，约20%都来自工会代表。

一个普通的周日，顺丰深圳某快运分部的会议室里传来欢声笑语，员工吃着蛋糕，看着表演，一个个笑得合不拢嘴。

这是顺丰工会为本季度生日员工举行的生日会，这场温馨轻松的生日会，是由区域内的工会代表全程安排策划的。在顺丰，有2万名这样的工会代表，遍布在各业务区，传播奉献精神，为快递小哥提供帮助和关爱，袁石剑便是其中一名。

袁石剑是一名普通的快递员，也是一名工会代表。每天，他在完成本职工作之余，还要利用自己的休息时间为其他员工服务。

新来的员工不懂工作情况，袁石剑会循循诱导、谆谆教诲，帮助其进步；员工有事不敢跟领导讲，他会收集意见，将其反馈给领导；仓库门口的马路有个坑，担心员工路过摔倒，在维修队还没来之前，他通过网上自学，将这个洞暂时补起来；天热时，他还会和其他工会代表一起煮绿豆汤给大家喝。

生活中的点点滴滴，都被工会代表们凝聚在了一起，汇成不竭的暖流，流进每个员工的心窝，也在企业和员工间架起了爱的桥梁。在袁石剑的影响下，不少员工也积极加入工会成为工会代表，服务大家的同时还在自己擅长的领域发光发热。

2017 年，秦文冲从部队退伍后，加入顺丰，成为一名快递员，他怎么也没想到，自己过去的暴脾气却在成为工会代表后有了大转变。如今的他，唱歌、跳舞、演小品样样在行，每逢工会活动时，他都为大家表演一番。2019 年，他还在"湾区青年说"励志演说大赛中夺得桂冠。"成为一名工会代表是很幸运的事，在服务同事的同时，我也实现了自己的人生价值。"秦文冲说。

然而，随着工会代表人数不断增多，如何更好地管理和保持工会代表的活力，成为集团工会探索的方向之一。

2020 年，工会代表民主管理委员会诞生，实现了工会代表自治之路。优秀的工会代

▲ "全国五一劳动奖章"获得者、顺丰速运重货派送员秦文冲。

▲ 顺丰员工关怀热线中心。

表将通过民主选举成为工会代表管理委员会委员长，建立日常运行机制，执行《顺丰工会代表民主管理委员会管理规定》，在线上实行互动分享，交流学习，布置各项服务任务，营造了团结友爱，志同道合，一起为成就幸福劳动者而奋斗的氛围。

工会代表模式的成功运行不仅为顺丰解决了不少纠纷，营造了良好的工作环境，还让顺丰工会在行业之内打响名号。

2018 年 6 至 7 月，为全面总结顺丰工会工会代表队伍建设的做法和经验，国防邮电工会与劳动关系学院工会学院，内蒙古、重庆国防邮电工会，海南教科文卫邮电工会组成联合调研组，深入 5 省市区，20 余个网点，与 150 余名工会干部、网点负责人、工会代表和快递职工面对面交流。同时对 9 万余名员工进行问卷调查，对制度的探索和实践进行专题调研，尝试总结推广适合快递企业特点、实现工会工作有效覆盖的经验做法。

建设指尖上的职工之家

尽管工会代表的成立打通了抵达工会成员的"最后一公里"，如纽带般将工会团结起来，但由于顺丰网点遍布全国各地，一线员工工作地点广，属于排班工作模式，难以时刻与其保持沟通。也就是在这个过程中，新用工形态的工会组织建设需求，开始进入工作日程。发挥直营企业优势、融合提炼传统企业在新型用工模式中的经验和方法论，成为顺丰工会组织的新课题。

为建立和加强与一线员工的联系,实现服务升级,满足新时代员工的个性化需求,通过不断探索研究和创新实践,顺丰工会打造了全方位网上服务平台——"顺丰工会"官方微信公众号,为快递小哥提供自助服务和开展丰富多彩的活动,现已吸引38万员工加入。

搭建公众号平台是顺丰工会主动拥抱互联网,推进"互联网+"的重要一步。

在这个互联网广泛运用的时代,顺丰工会实现传统工会运行模式向数字化工会转型,持续推进网上工会建设,切实以打造智慧工会为抓手,积极为职工提供精细化服务,促使职工服务工作向信息化、数据化、高效化转变,努力实现对职工群众全方位全天候服务。

为确保员工对公司发布的政策、制度及关爱行动的及时了解,顺丰工会依靠公众号平台打造了"娘家人来了"直播,组织工会主播团队,通过网络直播开展公司关爱服务咨询播报,内容包含与员工切身利益相关的制度宣讲、工会关爱咨询宣传、地区特色经济销售、派送公司福利等,收到了职工的广泛好评,"顺丰工会大家庭"官微平台成为一个职工来了就不想走的"网上职工之家"。

◎ 亲历者说

从诞生到现在,工会的目标,就是成为公司和员工之间的一座沟通桥梁,把员工最真实的声音传递给公司,又把公司的关怀切实传递给每一位员工,维护员工的合法权益,助力公司的经营管理。

多年来,我们组织与时俱进,根据公司的战略发展方向不断调整和完善。工会不仅要做职工的"娘家人",还一直努力为员工营造一个"家"的氛围。家人之间最重要的不是条件而是信任,我们始终都是员工最可靠、最坚强的后盾,成就幸福劳动者,我们一直在行动。

——顺丰工会主席 曾昭霞

采写撰稿:唐文隽

打通基层工会工作的"最后一公里"

"源头治理劳资纠纷试验区"成果丰硕

创新经验获全省推广

40多年的深圳经济特区成长史是一部城市发展的奇迹史。处于中国改革开放前沿阵地的深圳，在经济发展朝气蓬勃的同时，也面临更多劳资矛盾的挑战，因此形成了众多有影响力和具有可复制性的深圳经验。

深圳工会在这一过程中更是发挥了举足轻重的作用，特别是"源头治理劳资纠纷试验区"的建立和推广，在顺利化解劳资矛盾、安顿工人内心世界、丰富工人业余生活等方面积累了宝贵经验。

2016年10月，广东省总工会将深圳工会在"源头治理劳资纠纷试验区"积累的经验做法概括为"三个一批"，即"建设一批社区工联会，一批社会化工会工作者，一批会、站、家一体化的职工之家"，并在全省工会系统进行了广泛推广。

"三个一批"成功经验不仅体现了深圳工会始终坚持"从群众中来，到群众中去"的工作方法，也体现了深圳工会在新时代创新发挥党联系职工群众的桥梁和纽带的重要作用。

源头治理劳资纠纷要回归工会组织建设

作为改革开放的试验田，深圳最早迈出了探索中国特色社会主义市场经济的脚步。随着社会体制机制的不断突破创新，劳资纠纷逐渐上升为社会的主要矛盾，深圳工会也成为全国最早接触到劳资问题的组织之一。

据统计，深圳纳入劳动管理的近1000万人口中，80%以上是外来务工人员，其中"80后""90后"又占了约70%，这导致个体权利争议大量存在与集体利益争议逐渐增多同时并存。

"特别是到了2013年前后，我们的劳资纠纷呈现了'外部化'倾向，一方面导致了司法资源被大量占用，另一方面也使社会稳定受到了挑战。"深圳市总工会相关负责人说。

从工会组织体系看，其组织管理模式以属地化管理为主，从全国总工会，到省、市、区、街道、社区工会逐级布局。

"在这个组织体系中，与职工个人和企业工会联系最紧密的当属社区工会，但日常工作中恰恰是这一级工会的力量最为薄弱，因此整体呈现'头重脚轻'的'倒三角'形态。"深圳市总工会相关负责人总结道。

事实上，"源头治理劳资纠纷试验区"建立之前，一个社区工会普遍只有一两名兼职工会干部，能够完成日常行政任务已属不易，更不要说有效凝聚基层力量、充分发挥工会维权作用了。

追根溯源，有的放矢。面对摆在面前的重大挑战，2014年9月，广东省总工会、深圳市总工会决定建立"源头治理劳资纠纷试验区"，要求进一步发挥工会在劳动关系中的基础性作用，搭建劳资双方沟通协商的对话平台，并在这一过程中建立一套完整的运行机制与规则。

"劳资纠纷的源头治理说到底还是一个工会组织建设的问题。劳资双方不是零和博弈，应该是共赢关系，而工会正是能够推动劳动关系和谐发展的一股重要力量。"深圳市总工会相关负责人说。

打通基层工会工作的"最后一公里"

深圳的快速发展离不开来自五湖四海的产业工人，他们中的大多数常年居住于工业区，共同构成了繁华都市的另一面。

位于宝安区福海街道北部的和平社区就是这样一个典型的工业型社区——仅11.1平方千米的辖区范围内，聚集着800余家企业和10万余名工人。这些企业多数规模不大，供职于此的工人则流动性大，组织化程度低。因此，产业密集、职工众多、劳动关系复杂共同构成了和平社区的三大特征。

因此，极具典型性的和平社区被选为深圳首批"源头治理劳资纠纷试验区"之一，其首要任务就是打通基层工会工作的"最后一公里"。

为此，和平试验区决定分两步走，一是抓好规模以上企业的民主建会，雷厉风行地指导了一批重点企业通过民主选举完成换届改选，提高了工人对于企业工会的认知度和认同感；二是在辖区内的小微企业中建立工会小组，直接隶属于社区工联会，从而解决了小微企业、员工流动性大与稳定开展工会工作之间的矛盾。

很快，和平试验区就成立了数十个工会小组，负责监督小微企业执行劳动法律法规，及时发现问题并与有关部门沟通，做到职工维权有人管，小问题可以及早发现，大问题不激化、不出社区。

同时，以工会小组为基础的企业劳动监督工作与当地劳动社保部门预警系统联网，相比较以往依靠业主监督企业的做法，有效提高了劳资纠纷和违法事件的预警能力。

工会小组隶属的社区工联会则成为相对独立的组织形式，不再依附于社区党支部和工作站，而是直接受上级工会的领导，独立开展工作，指导服务企业工会，培育企业工会干部和工会积极分子；同时，具有代表性的重点企业工会主席出任工联会副主席，并承担实体性工作，真正落实了联合制、代表制的工作要求。

培养一批年轻高知的精英骨干

要真正做到沉到基层，深入工人群体，没有根据地不行，没有人更是不行。

从确立建设"源头治理劳资纠纷试验区"之初，深圳市总工会就决定对试验区内的工联会进行脑力武装，培养一批素质过硬、职业化程度高的青年骨干精英，让他们成为工会组织代言人、工人身边最值得信赖的朋友。

建立之初，试验区就面向全国招募社会化工会工作者，召唤"三有三爱"（有思想、有能力、有追求，爱生活、爱工会、爱工人）的优秀青年学子加入工会。

入职后，试验区又安排这些社会化工会工作者接受"三同"培训，即进到工厂、下到产线，与工人"同吃、同住、同劳动"，实际了解工人的生活和思维习惯，学会和工人打交道、交朋友。

两年后，试验区就培养了19名社会化工会工作者，其中不乏来自清华、北大等知名学府的学子。如今担任和平工联会专职副主席的石文博，硕士毕业于清华大学社会学系。回忆起初到和平工联会工作的日子，她依然历历在目。

刚开始，石文博和同事想要打好群众基础。几个人一商量，就扛着小板凳跑在村委会门前的空地上，拿着密密麻麻的法律条文宣传单，看到过路的工人就拦下来介绍。"人家当时接过去，可是转头就扔了。"她回忆道。后来，石文博把宣传资料进行了加工，使其色彩丰富、字少画多、有故事性，宣传效果也随之大大提高。

"那时候我们发现，QQ是最好接近工人群体的一种方式，于是我们就泡在QQ上，通过这种方式来走近工人。"石文博回忆。

除了社会化工会工作者，工联会还大力发展壮大工会积极分子队伍。为了把更多工人

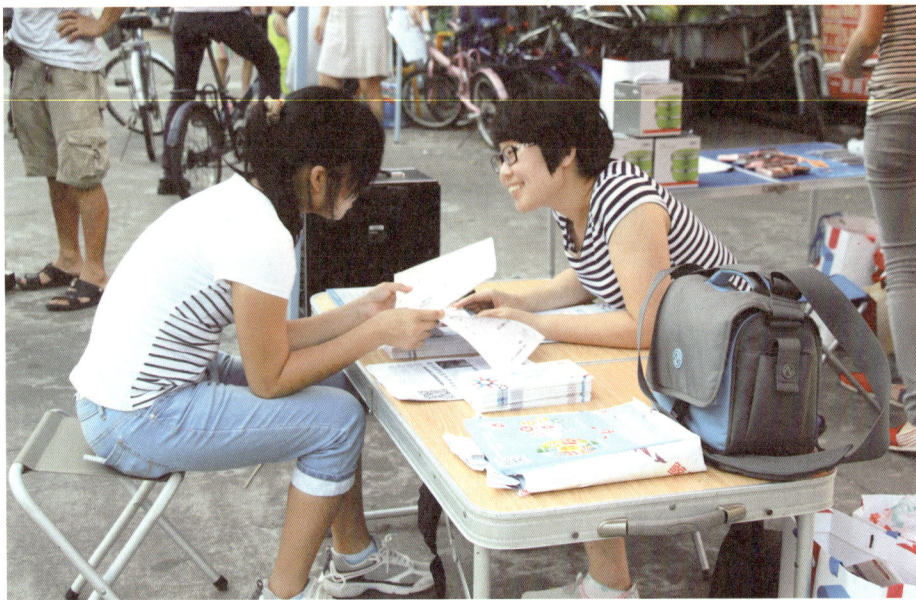

▲ 和平社区社会化工会工作者石文博（右一）给职工普及法律知识。

拉到工会，石文博主动参加他们的活动，寻找一切机会和工人交朋友并介绍工会，从中争取了不少有组织能力的好苗子，比如企业的党组织成员和退伍军人。

对于这种发掘好苗子的方式方法，宝安区福海街道新和社区工联会主席的黎智权也很赞同。他说："把他们的责任感和荣誉感，转化成为工友服务的热情，不仅能扩大工会的组织网络，在劳资纠纷源头治理过程中发挥重要作用，更能成为帮助工会凝聚和团结广大职工的种子。"

"工会积极分子是我们一支非常重要的队伍，现在光和平工联会就发展了2000多人，还有一些工联会一年就能发展四五百人。" 深圳市总工会相关负责人说。正是他们让工会与职工的联系牢固地建立起来，深深地交融在一起。

创造一切条件给职工最温暖的家

依托工联会这个工会工作的根据地，建设好社会化工会工作者和工会积极分子这两支重要的一线队伍，"源头治理劳资纠纷试验区"的影响力迅速发展扩大。

同时，为了让工人们更有归属感、幸福感、获得感，一批设施齐全、布置温馨的现代化职工之家不断涌现，各类文化娱乐、咨询服务、技能提升等活动也日渐丰富多彩，从工人的实际需求出发，满足他们不同的精神需求和工作需要。

2020 年 5 月，立新湖园区工联会顺利揭牌，辐射新田、稔田、大洋 3 个社区，覆盖企业 1284 家，服务职工近 6.5 万人。

在立新湖园区工联会办公室里，记者看到靠墙的书架上整整齐齐地摆放着历史、人文、小说等各类书籍；走出办公室，就能一眼望到斜对面的活动室，面积达 400 平方米，其内设置有阅览室、电脑室、舞蹈室、培训室、会议室等；此外，工联会室外还有近 800 平方米的活动场地，羽毛球、乒乓球等运动设施一应俱全。

宝安区福海街道办事处群团工作部副部长文婉聪介绍："和平的职工之家也有近千平方米，一般每周的人员进出量在 1000 人次左右；塘尾的职工之家面积稍小，400 平方米的场地已经难以满足现在的需求。"

"考虑到工友的业余时间，活动只能在周末和工作日晚上举行，但一周排下来的活动和培训还能达到十五六场。"文婉聪说。

如今，职工之家的活动已经紧跟时代的步伐，不仅在现场提供文娱活动、技能培训的硬件设施，也提供心理咨询、法律咨询等软件服务；同时，职工之家的工作人员还利用网络平台，加强与工友的线上沟通。

现在，不少职工之家通过微信群与工友们积极联络，通过抖音等平台进行网络直播，在搜集问题、传递关爱的同时，还开设瑜伽课、语言课，举行摄影比赛等，为远在家乡的工友们提供贴心服务。

2016 年 10 月，广东省总工会将深圳工会在"源头治理劳资纠纷试验区"积累的经验做法概括为"三个一批"；2018 年 11 月，以福海街道工会为代表的"源头治理劳资纠纷试验区"工作经验被写入中国工会十七大工作报告；2019 年 3 月，中华全国总工会主席王东明在对和平试验区工联会调研后，对试验区工作给予了充分肯定。

如今，深圳在探索"源头治理劳资纠纷试验区"过程中积累出的"三个一批"经验，正迅速在全省、全国广泛推开，未来也将在预防化解劳资矛盾、探索基层工会体制机制改革和工作方式方法创新等方面发挥越来越重要的作用。

采写撰稿：许娇蛟

专业力量团结工人群体
让"工人情怀"在基层生根发芽

2016 年，蝉鸣声声中，刚从中国青年政治学院社会工作学院毕业的高倩倩，怀着兴奋和忐忑，从北京一路南下，成为深圳市总工会的一名社会化工会工作者。

办公室的椅子还没坐热，高倩倩就被派到吉田拉链（深圳）有限公司，进行为期两周的"三同"体验：走进车间，站到流水线上，跟一线产业工人"同吃、同住、同劳动"。

这注定是一场不同寻常的职业开端。

正如两年前的 9 月，一个同样火热的夏天，深圳市总工会以披荆斩棘之势，启动"源头治理劳资纠纷试验区"建设。首批的两个试验区地点选在产业工人聚集的宝安区福永街道和平社区和龙华新区观澜街道银星高科技工业园，市总工会希望通过改革创新工会工作的体制机制，在劳动关系源头治理上实现新突破。

同时，10 多名招聘自全国的社会化工会工作者，成为深圳工会推动改革的新动能。

高倩倩不是最早的一批社会化工会工作者，但她的任务，和 2014 年的那批先行者一样，沉到最基层，用专业的力量，将个体的工人紧密地团结在工会周围。

整整 7 年，这群年轻人以一往无前的闯劲，带来了试验区工会的巨变。

"这是个能干实事的地方"

和平社区，是深圳典型的劳动密集型工业社区。总面积仅 11.1 平方千米，聚集着 800 余家企业，工人超过 10 万名。无需预想，劳资纠纷频发、职工流动性大、组织化程度低，是这里最突出的特点。

而这些，也让这里成了劳动关系治理的天然试验场。

2014 年，从清华大学社会学系毕业的石文博跟随导师来到深圳，参加深圳市总工会在宝安区福永街道和平职工之家召开的工会座谈会。彼时，深圳市总工会刚刚出台《关于建立源头治理劳资纠纷试验区的决定》。

从职工之家办公室的窗口望出去，握手楼鳞次栉比，各色电动车在街上你追我赶，乡村非主流音乐在街边的商铺中震耳欲聋。

职工之家的四楼，还没装修，市总工会、区总工会的负责人，几家有代表性的企业工会主席、委员和石文博他们一起，在堆满水泥和砖块的办公室里，围坐一圈，展开了一场对试验区工会工作的畅谈。

从顶层设计到基层落地，深圳市总工会清晰的工作思路和完备的工作保障点燃了她心中的那团火，"上级工会的政策有力量，基层工会又有活力和凝聚力。"

晚上回去后，石文博兴奋得睡不着觉，"这是个能干实事的地方，我一定要留下来！"

此后，以探索基层工会体制机制改革和工作方式方法创新为目的的试验区，吸引了包括清华、北大在内的全国众多名校毕业生前来投身于工会事业。李长江、杨宇辰、高倩倩等高才生先后加入和平社区的社会化工会工作者队伍里，扎根于此。

沉到工厂去

到了试验区，这批年轻人的首项工作，是以普通工人的身份到工厂实习两周。

"一支社会化工会工作者队伍能否真正发挥作用，夯实工会的群众基础，情怀是关键。"深圳市总工会相关负责人说。

这是来自工会的考验。

一开始，高倩倩以为只是象征性的体验，但她很快发现，试验区动的是真格。

换上工装，高倩倩马上投入到工厂的生产工作中。起初，她负责的工序是从一整麻包袋里取出拉链条，检查是否合格，再递放到传送带上。这道工序需要站着工作，一天下来，小腿肿得老高，几乎看不出原来的样子。

高倩倩只好找车间负责人请求调岗。于是，她从站着检查拉链变成了坐在流水线上组装拉链。但很快，新的烦恼又出现了，"一天下来低着头，脖子都快断了。"

这几乎是每个社会化工会工作者共同的经历。当站在流水线前，站在工人队伍中，体验到作为一名工人的全部生活状态时，感触在他们心中油然而生。

晚上，10人间的宿舍中，没有共同话题、没有交流，有的只是每个床位前拉起的帘子，社会化工会工作者总会忍不住地想：我能为他们做什么？要为他们怎么做？

与工人们朝夕相处，为社会化工会工作者们迅速打开了一条走近工人的途径。"很多年长的工友会热情地给我讲解企业基本情况，也会介绍不少工友给我认识，理解她们的生活难题和感情纠葛，也就能相应地有针对性地提供服务。"高倩倩说。

结束"三同"实践后，高倩倩觉得身上的担子重了很多。这也正是试验区这一开创性做法的意义所在：打破理论与实践的壁垒，让社会化工会工作者建立起工人情怀和工会立场。

用真心换真心 实现量变到质变

拥有工人情怀是第一步，如何真正成为能够吸引职工、团结职工，做到承上启下、引导培育企业工会的基层群团组织，才是将情怀应用到实践中的大考。

工厂实习结束后，社会化工会工作者开始了第二项任务：对工业区的情况进行摸底。

他们走访了社区内的 33 家 300 人以上的企业，回收了有效问卷约 1300 份。调研结果显示，企业工会情况并不理想，仅有 40% 的工人知道"职工之家"，仅 37% 的工人知道自己工会小组的小组长是谁。

对社会化工会工作者的大考真正开始。首先面临的是时间上的大量付出。接触工人、走近工人，和工人交朋友，就要在工人休息的时候工作、在工人闲暇的时候忙碌。尤其是周末，更是开展工人工作的黄金时间。在两个试验区，大部分面向工人的服务活动都要在周末和晚上工人下班之后开展，晚上忙碌到九十点钟是常有的事。

其次是持之以恒的耐心和细致。在户外宣传时，选择工人朋友感兴趣、听得懂的方式进行劳动法律宣传；设计主题游戏，让工人在游戏中了解工会、认识工会；每一张宣传彩页的发放，都配上讲解，在短暂的交谈中让工人感受到工会工作的理念……

"现场法律咨询过程中，我们遇到过情绪激动、喋喋不休的工人；也遇到过身患职业病而投诉无门的工人；还遇见过对我们不屑一顾的工人。"杨宇辰回忆道，"但不管他们多么暴躁，不管他们多么不屑，我们都耐心地从他们的实际情况出发，依照相关法律法规，为其做法律指导。"

"第一年是最苦的，有大半年的时间都是在做非常细碎的、在当下看不见成效的工作，但要换得人心，只有付出真心。"石文博说。

所幸，这支社会化工会工作者队伍并不以此为苦，"忙碌但快乐着"——高倩倩认为，这种快乐来自工作的充实感与成就感。

时间和成效是对这支社会化工会工作者部队伍最好的检验。在走近工人的过程中，社会化工会工作者们也逐渐发挥出团队协作的合力效应，慢慢地，他们赢得了工人的信任，

▲ 高倩倩在为职工群众介绍工会的工作内容。

▲ 高倩倩（后排右一）组织职工开展工联会健身操班。

▲ 和平工联会开展职工趣味跑步比赛。

工人开始主动走进职工之家，寻求帮助。

"到 2015 年底的时候，每周参加工会活动的人数都能轻松过百。"石文博介绍道。

随着参加活动的工人人数的猛增和工联会各项工作的推进，和平工联会准备进行一次大胆尝试：让工人们真正参与到工联会的组织运作中来，从过去单纯的旁观者、参与者变成组织者，延伸工会的触角。

这一尝试的一个成功验证，就是长跑协会的成立。原是兴宝风帆厂职工的蒙圣球在与和平工联会干部频繁接触后，将只有两个人的活动发展成了 200 多人的和平工联会长跑协会。

正是这种尝试，让试验区开始真正发挥孵化器作用：通过培养工人责任意识，组织工人活动，发掘出一批能够真正连接企业和上级工会的积极分子。

成为工人的"娘家人"

群众化工作方法，不仅让基层工会有人办事，打通了服务职工的神经末梢，更实现了专业的人做专业的事。而工会积极分子蒙圣球的加入，更是让这支专业队伍如虎添翼。

2016 年 5 月，经过考察和面试，蒙圣球成为和平社区工联会的一名社会化工会工作者。从职工中成长起来的他，有着天然的身份优势。他用自己的工作热情，吸引了一批又一批工业园职工加入到工会大家庭。

"我在职工之家感受到了很多温暖，也想把这份温暖传递给更多工友。"成为社会化工会工作者，蒙圣球常常奔走于各大工业园、企业，进行劳动纠纷信息的收集。和平社区辖区内的工厂发生劳动纠纷时，蒙圣球总能在第一时间收到来自企业工会积极分子的信息，并及时协调企业与工人协商，妥善解决纠纷。

工联会会定期举办培训，让工人对法律、纠纷处置有一定了解，与此同时，为了更好地帮助工人，蒙圣球也自学相关的法律知识，实现自我成长。"这份工作让人很有成就感。"蒙圣球由衷地说。而被工人们亲切地称为"球哥"的他俨然是工人们的"娘家人"。

"劳动者是创造社会财富的主体。深圳能够取得瞩目的经济成就，离不开千千万万的外来务工人员。我们作为社会化工会工作者，一定要对工人群体有认同感，要尊重劳动者，而不仅仅是把他们当成服务对象。和工人建立信任后，我们要切实履行好工会维权和服务的基本职责，把党和政府的关怀与工会的温暖送到广大职工心坎上。"高倩倩说。

作为基层工会工作力量的孵化基地，和平社区工联会不但用心用情培养社会化工会工作者，也积极地为其他基层工会组织输送骨干人才。2019年初，高倩倩调任到塘尾工联会担任负责人，让试验区的成功经验在更多地方发光发热。

近几年来，深圳的工会工作不断朝着法制化、专业化的道路迈进。如今，社会化工会工作者正在将上级工会、企业工会、社会化工会工作者和工人群众拧成一股合力，最大限度地将工人团结凝聚起来，而他们本身，也在这里找到了工会工作的价值和自己的职业方向。

回想起这几年的经历，社会化工会工作者感慨万千："有艰辛，但更多的是成长与收获！"

更让这些社会化工会工作者们充满成就感的，是他们终于成为打通联系工人"最后一公里"的关键桥梁。通过他们的努力，身边的工人知道了什么是工会，明白了在工会中工人可以做什么。

◎ 亲历者说

试验区用创新的方式方法，真正地走近职工，真真切切、踏踏实实地为职工服务，解决他们最关心的问题。试验区的建立、基层工会工作的有效开展，这一切都离不开宝安区委和上级工会的大力支持，也正是这些支持和肯定使我们深受鼓舞，进一步增强了我们扎根基层、服务职工的信心和决心。

　　我在基层工会工作的这几年，总结为八个字就是：选择容易，坚持不易。工会工作不缺乏专家，也不缺乏权威，缺的是肯把自己给出去的人。工会工作不是一分耕耘就一定能立马得到一分收获，需要长期坚持，因为这是一份和人打交道的工作，需要不断地沟通、磨合，需要时间和量的积累，才能看到改变。关注产业工人、学习工会理论、联系走访企业、接触熟悉职工、沟通的相关部门……一切的一切，都离不开对工人的热爱、对劳动的尊重、对工会的信念。

　　能够给劳动人民带来福祉，让我们深深地感受到这份工作的价值和意义。希望未来能有更多志同道合的人，一起扎根基层，发挥好工会联系职工、服务职工、代表职工的优势，依法维护好职工的合法权益，真正做好职工的"娘家人"。

　　　　　　　　——深圳市第七届人大代表、宝安区福海街道塘尾社区工会联合会党支部书记

　　　　　　　　常务副主席　高倩倩

　　　　　　　　　　　　　　采写撰稿：周婉军

创新群众化工会工作方法
搭建自我管理之路

工会积极分子激活基层神经末梢

▲ 工联会音乐协会举办职工活动。

　　瑜伽课、舞蹈团、徒步队……走进位于宝安区福海街道的和平社区工会联合会，五层楼高的"职工之家"卧虎藏龙。这里为身怀绝技的工友提供展示才艺的舞台，也有各种各样的专业课程和精彩活动，丰富工人们的业余生活。

　　2014年，深圳市总工会在福海街道（原福永街道）和平社区建设全市首批"源头治理劳动纠纷试验区"。这片试验区凭借坚实的基层工会组织网络和工作力量，积极创新基层工会组织方式、运作模式，服务下沉，在源头化解劳资纠纷和稳定职工队伍上成效显著。

在试验区的基层组织网络中，有一支由热心肠、有正义感、愿意学习的职工组成的积极分子队伍发挥着重要作用。通过观察和筛选，工联会确立了"企业工会干部和工会骨干积极分子""普通积极分子""工会会员"三个圈层的群众工作网络。

让工人们"会说话"，为职工合法权益上牢双保险，这片试验区靠着这支积极分子队伍听取工友们的心声，将触角深入职工生活的方方面面，激活基层的神经末梢。

和工人交朋友的高才生

清华大学、北京大学、北京工业大学……翻开石文博等多名社会化工会工作者的简历，你会发现这些穿着朴实、亲切温和的年轻人的学习背景十分突出。从名牌大学校门走入社区工厂，从知识分子群体走进普通职工，如何变得接地气成了和平社区工联会成立初期社会化工会工作者面临的问题。

从清华大学社会学系硕士研究生毕业以后，石文博来到和平社区工联会，参与和平社区"源头治理劳动纠纷试验区"的建设。肩负着建设积极分子队伍的重担，她和同事们开展了各种各样的职工服务和活动，尝试通过一些讲座和座谈会接触社区的工人，但初期的成效并不尽如人意。

"2015 年 8 月，我刚到社区不久，和同事们策划了我们的第一次座谈会，这次座谈会让我印象深刻。座谈会的主题是'We are 伐木累'，'伐木累'是英文 family 的谐音，主题即'我们是一家人'的意思。"石文博说。

她希望通过座谈会让更多社区职工了解"职工之家"，给工友们提供一个讲述自己心声的机会和平台。虽然座谈会经过周密的筹备和精心的布置，但举办那天，现场只有 11 位职工参与活动——其中的两位还是因为参加人数过少，临时被工会工作者们从大街上半拉半劝来的。

座谈会的冷淡收场给了石文博不小的打击。活动上，一位工友的一席话让她陷入了沉思。石文博回忆道："她带着孩子从外地到深圳打工，生活成本不小。为了挣钱，她尽量多加班、少休息，空余时间都在补觉和陪伴家人。她的很多同事情况和她相似，在日常生活中很难注意到社区内开展的一些活动。"

有人有钱有阵地，但是工人不愿意参加，这件事给了石文博很大触动。实际上，多年来，工会的群众化一直面临着如何打通"最后一公里"的问题。"一公里"背后的体制机制问题才是工会改革最核心、最困难、最紧要的。

社会化工会工作者们如何改变"少数人办工会"的局面，通过培养工人积极分子，发

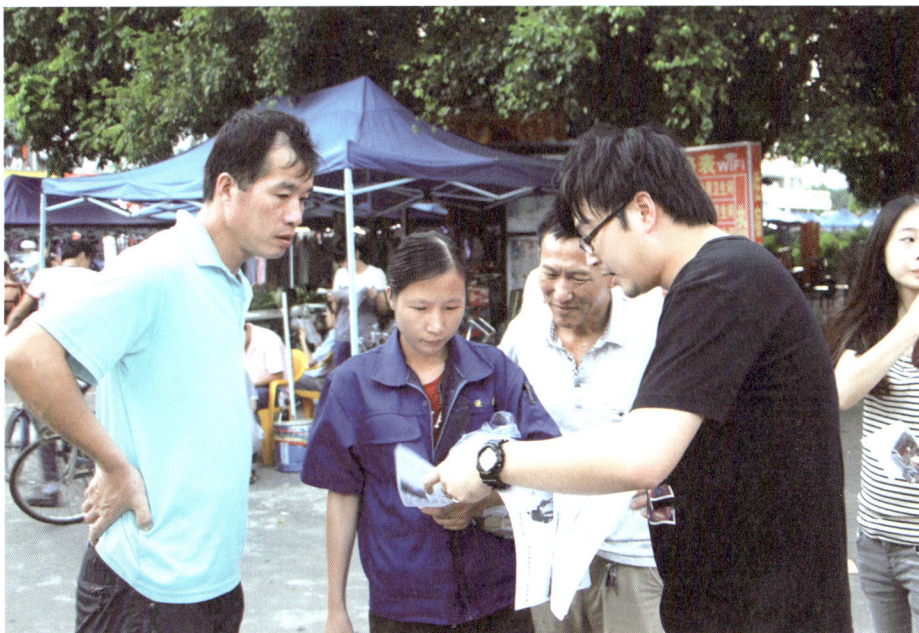

▲ 社会化工会工作者走进企业进行工会工作培训。

动社会力量参与、发挥杠杆效应？想要顺利开展工会活动、发展积极分子，就一定要进一步地主动走向工人们，了解工人群体的难处，解决他们的真正需求。

针对这两点，石文博和她的同事们开始调整宣传的方式，从"橱窗式宣传"转变为三三两两地搬一张小桌子坐到社区内的商业街等人流量密集的地方宣传。同时，他们发现职工们时间紧张，图像比文字更能吸引脚步匆匆的工友们的注意。

为了更好地了解职工们的境遇，石文博和同事们拉起 QQ 群、微信群，和工人们建立常规、紧密的联系。在日常的交往中，社会化工会工作者们在意了解工人们的个人工作、家乡、家庭情况。工会工作者们知道，只有真的和工人们交朋友，用真心换取真心，他们才会在沟通中吐露自己的真心话。这种将重心一竿子插到底直接面向企业和一线职工们的方式，将工人逐渐凝聚在工会的旗帜之下。

在经过不断摸索和反复讨论之后，工联会的工会工作者们决定，以工人积极分子队伍建设为核心，围绕这一核心进行活动的设计和服务的开展。

几年来，和平工联会以职工为中心、让职工当主角，顺应工人作息特点，实行"7 天×12 小时"工作制，利用周末和工人下班时间开展活动，实现"工人下班、我们上班"的错峰服务，确保职工有困难可以随时联系到工会，为工人们提供便利。

针对职工在社区生活贫乏单调以及新生代劳务工要求体面劳动、尊严生活的状况，试验区大力发展工人兴趣协会，如读书、登山、长跑、音乐、球类、游泳等。针对职工对法律维权方面的需求，工会工作者们用工人听得懂、容易接受的方式来宣传法律法规。

石文博们的努力没有白费，这些工联会的名牌大学生逐渐地和工人打成一片，建立起信任感。越来越多的职工参与到工联会的活动中，并且带着他们的朋友一起走进"职工之家"。

自我管理的发现之路

随着工会工作者们的 QQ、微信好友越来越多，来到"职工之家"的职工数量呈现几何式增长，由一周十几人、几十人变成了几百人。面对越来越多的工友们，社会化工会工作者的精力有限，他们逐渐分身乏术，难以事无巨细地面对每一位工友。如何有效管理不同的工人社团、活动，成为摆在社会化工会工作者面前的问题。

自我管理成为解决问题的唯一可行答案。解决方式开始从工联会拉起的 QQ 群中出现，在工会工作者们无暇进行群管理的时候，社群中一批发言踊跃、热心真诚、善于组织的工人"一哥""一姐"浮现了出来。

他们自发地在群里发言，主动提醒新入群的工友修改昵称等，分担了工会工作者的管理压力。这些人通常在工友中具有号召力和感染力，能够影响很多职工，有潜力在工会的群众工作和组织工作中发挥积极作用。

真正在线下活动里意识到工人中老大哥、老大姐的能量是在一场户外登山活动里。由于缺乏组织经验，工会工作者们原本预计和职工们登顶后再开展交流，结果大家在半山腰就累坏了。

石文博回忆："这时，几位和我们玩得比较好的大哥大姐站了出来，和大家一同分享了一些爬山的经验，调动起了气氛。此外，还拿出自己准备的水果、干粮和众人分享。同事们都很受触动，回来以后一起总结。从这些大哥大姐们的身上，我们学到了很多组织经验，也更加意识到与这些工人当中的老大哥、老大姐打好关系，是团结凝聚职工群众的关键。"

2015 年，树叶随着秋风悄然落下的时候，和平工联会的"职工之家"成为深圳市总工会"圆梦计划"的分教学点。借着这个机会，工会的社会化工会干部们和职工一起，在班上选出了小组长、班委，有意识地在他们身上从意识、能力等多个方面探索工会积极分子的培养体系。

来自理光高科技（深圳）有限公司的积极分子史红霞就是试验区工会积极分子中一位

极具有代表性的人。2016 年末，史红霞被一名热心同事拉入和平工联会的微信群。一天，群里发布公告，为增进工友间沟通交流、丰富大家生活，工会将在线下为工友们举行交际活动，组建交流小组。天生活泼热情的她立刻报了名，期待着去会一会这些常常在网上高谈阔论的群友。

从六人交流小组开始，史红霞第一次真正地走进工会、了解工会。虽然初见面时，她还有些腼腆寡言，但在工会工作者们组织的小游戏里，史红霞很快和大家熟稔起来。

这次线下交流宛如一次破冰行动，帮助她迅速融入了职工之家。日语课、电脑班、集体徒步……丰富的活动和友善的工友深深地吸引着史红霞，她积极地参与工会组织的各项活动，也和工会工作者成了无话不谈的好朋友。不知不觉间，她的一颗心越来越向这里靠拢。

从参与者到协助者、策划者，伴随着史红霞不断深入工会，她在聚会中的角色也在悄然转变。参与"圆梦计划"学习后，班主任提议，在一学期课业即将结束之际，组织全班同学一起团建，增进感情。

史红霞自告奋勇，要来工会以前举办线下活动的方案，参照以往的活动流程，与班长、班委一起完成了从策划、筹备到举办的全过程。最终，全班在红树湾过了多姿多彩的一天。

"感谢工会，为我们提供了提升自己、展示自己的平台，我第一次发现自己也有机会做一个领头人！"对于自己的定位，史红霞总结道："我觉得工会积极分子就像是一条绳索，传递声音，也将工人和工会更加牢固地连接在一起。"

"会说话"的积极分子骨干

2015 年末，市总工会举行首期"聚力计划"，工会工作者们进行了为期三个月关于劳资对话、沟通与合作理念、方法和规则的学习，并将学习成果运用到了对"工会积极分子"这一圈层的培训中。

让工人们会说话、有效地表达诉求，及时向工联会传达他们的心声与困境。无论是普通工人，还是工会积极分子，都要在基层工会当中组织起来，开展服务，有效维权。

很快，会说话的积极分子就发挥了重要作用。在 2016 年新春的一天，石文博通过一名工会积极分子得知，和平社区一家规模较大的日资企业可能于次年关厂。工联会在第一时间将有关信息报送给了上级工会，安排相关人员和这家企业的工会干部进行沟通。

在沟通的过程中，工联会发现，企业工会干部们虽然具有优秀的工作能力，却得不到厂内工人们的信任。因此，工联会引导这家工厂的积极分子向他们的工会干部反映问题和诉求，并要求企业工会理性对待来自职工们的不同的声音。

2016 年中，在福永街道总工会的指导下，工厂的关厂工作仅用了一周时间就得以完成。857 名职工与企业签订了离职协议，没有发生群体性事件。这件事给石文博留下了深刻的印象，增强了社会化工会工作者们对于通过培养工会积极分子，促进企业工会建设和劳资沟通的信心。

同样的事情于 2017 年的秋季在一家台资企业重现。不同的是，经过近半年的跟进，工联会把企业的一线职工、班组长培养成了工会积极分子、工会代表。这些工会积极分子在企业面前说得上话，在工人当中有影响力。在上级工会的指导下，社会化工会工作者们建立了企业工会、工联会和企业的三方沟通平台。

经过多方沟通交流，工会成功保护了职工的权益，当年 11 月 30 日，这家工厂正式停产，264 名企业职工陆续拿到经济补偿金离厂，整个过程中没有发生一起劳资冲突。

在一次又一次成功实例的实践中，工会工作者们探索出了工会积极分子队伍建设的清晰路径，这支工会积极分子队伍有许多企业工会的副主席、委员，会员代表、企业工会的社团负责人等。他们从职工中来、支持职工们所支持的，同时，又得到企业工会的信任，和企业对他们的认可。通过这支队伍，工会向工人群体宣传党和政府的方针政策、工会工作的重要部署和日常的服务活动，保护职工的权益与尊严。

让职工成为工会工作的宣传者和组织者，打造出具有高黏合度的工会积极分子队伍。这支强有力的队伍增强了基层工会的工会力量，是和平社区工联会能够深入扎根基层、化解劳资纠纷的重要法宝。深圳工会努力创新的工作方式，已经显现出改变的力量，为在源头治理劳动关系矛盾纠纷提供了"深圳经济特区样本"。

◎ 亲历者说

作为工会预防化解劳资矛盾、探索基层工会体制机制改革和工作方式方法创新的试验区，我们通过群众工作和组织建设，打造和谐劳动关系，满足工人多元需求，助力深圳市高质量发展和粤港澳大湾区建设。

除了抓好源头治理劳资纠纷的工作，作为基层工会工作力量的孵化基地，试验区还要求社会化工会工作者拥有底层关怀，站在职工的立场上做好服务。

很多人问我，为什么你一个清华大学硕士研究生毕业的，要跑到这么远的基层来？其实，做基层工会工作，就要真正走到工人中间去，无论自己是什么学历出身，以往取得过什么成绩，既然踏入了一段新征程，那就得沉下心去实践尝试，既然选择了远方，就要风雨兼程。

工会维权工作是为了工人，但维权的结果并不是单方面的。虽然工会不能解决维权中的所有问题，但我们清楚，工人们需要一个说话的地方，也需要学会"开口说话"。

工人精英是积极分子存在的自然基础，工友中卧虎藏龙。依据他们的工作岗位、打工经历的不同，能够在工会的群众工作和组织工作中发挥不同作用，让我们听见工人的声音。

通过工联会这座桥梁，上级工会、社会化工会工作者和企业工会、职工群众拧成了一股合力，工人们对工会组织越来越依赖。在工人当中培养一批与我们建立起深厚信任关系的工会积极分子，是我们团结凝聚广大职工群众听党走、跟党走的重要抓手。

——和平社区工联会党支部书记、常务副主席 石文博

采写撰稿：袁晔

四百余万人次参与 近两百行业大比拼

职工技术运动会助力深圳产业升级

尽管时间过去了 30 多年，第一届和第二届深圳市职工技术运动会电焊工比赛项目冠军得主靳传勇依旧记得 1992 年的那个夏天，在首届深圳市职工技术运动会备赛的过程中，人家热火朝天学习技术的日子。

"运动会真是燃起了我们广大职工的热情，大家伙都想在运动会的平台上一较高下，一到休息时间，工人们就会捧着书在车间里看。"靳传勇回忆道。

1992 年，深圳市总工会借鉴体育运动会模式，创办了一项综合性职工技能大比武活动。这一场全国首创的创新活动，掀起了广大职工学技术、爱技术、练技术的浪潮，为深圳培养产业工人队伍，推动深圳产业转型升级做出了重大贡献。自启动以来，运动会已开展项目（工种）达 375 项，涉及多个行业和领域，参加岗位培训和岗位练兵、技术比赛的职工超过 680 万人次。多年来，市总工会通过运动会推动深圳形成了较为完善的劳动竞赛和技能竞赛机制，激励了大批劳务工成长成才，为建设一支知识型、技能型、创新型产业工人队伍发挥了重要作用。

借鉴体育赛事，首创职工技术运动会

深圳的建设和发展需要大量技术人才，改革开放的春风，让五湖四海的劳务工汇聚深圳这座新兴城市，积极投身到建设经济特区的浪潮之中。20 世纪 90 年代，夜校、电大等学校开展火爆，劳务工学习热情高，希望提高能力来适应岗位需求，提升自身竞争力。

如何更好地激励劳务工成长，为深圳建设一支适应改革开放的具有创新性、综合性素质的工人群体队伍，成了深圳市总工会思考的问题。1992 年，深圳市总工会借鉴体育运动会的竞技模式，结合实际，在全国工会系统范围内首创深圳市首届职工技术运动会。

为了让各行业职工踊跃参与技术运动会，赛出更高技术水平，也让技术运动会的获胜者感到能从自身的技术中受惠，市总工会想到用户口作为运动会的奖励和激励职工参赛的方法。技术运动会的获胜选手不仅能获得丰厚奖金，技能类型竞赛前50名的选手、行业内竞赛前30名的选手还能获得直接入户的资格。

户口在20世纪90年代的深圳是许多外来务工者梦寐以求的东西。市总工会希望职工们不光在比赛中赛出自己的风采和水平，还能获得落户资格成为深圳市民，让职工切身感受到成为深圳人的自豪感。于是，市总工会积极与发改委和相关部门沟通协商，最终得以通过这一政策。

技能大赛掀起"比学赶超"的浪潮

市级比赛、丰厚奖金、深圳户口，这三个亮点让首届深圳市职工技术运动会一经启动便迎来火爆场面。

1992年的夏天，深圳市建安集团股份有限公司向公司内部职工发布首届技术运动会的通知后，瞬间引得上百名工人报名，公司不得不在内部先进行一轮选拔。

"很激动！"当年35岁的靳传勇看到通知后心想，"终于有一个能证明自己焊接技术的平台和机会了。"在部队当了7年兵的靳传勇，在当兵期间就学得一手焊接的本领。他在公司内部选拔比赛中以第一名的成绩顺利进入技术运动会复赛。

技术运动会比赛分为理论和实操两部分，复赛进行理论方面的选拔，决赛进行实操方面的较量。关于备赛期间的记忆，靳传勇印象很深，为了装备自己，靳传勇特意在深圳书城买了5本焊接相关的书，打算利用休息的时间学习。车间里的其他工人也竞相开始学习，休息时人人都捧着一本书埋头苦读。不仅如此，由于靳传勇技术好，很多工人都跑来请教他各种实操技术。

"技术运动会真是燃起了我们广大职工的热情，掀起了一阵学习技术的浪潮。大家都希望在比赛中取得好成绩，从而不断激励自己学习。"靳传勇称。

助力选手向更大平台迈进

走进复赛的赛场，靳传勇觉得像回到了学生时代的考试现场一般，每个选手一张桌子，监考老师派发试卷，每个选手根据试卷内容作答。经过复赛的筛选，选拔80名选手进入决赛。决赛是考验选手真刀真枪实力的时候。他凭借自己出色的技术，最终获得了项目的冠军，赢得了5000元的奖金。

▲ 深圳市第十届职工技术创新运动会暨 2020 年深圳技能大赛启动仪式。

技术运动会搭建的平台，带动了广大职工学习的热潮，职工们也能通过自己的技术得到丰厚回报。赛后，靳传勇看到了周围的同事都在暗暗努力学技术，打算在下一届技术运动会上施展拳脚。

在第二届技术运动会上，靳传勇再次取得了电焊项目的冠军。凭借连续两届第一名的好成绩，1997 年，经市总工会的推荐，靳传勇被评为"广东省劳动模范"，并荣获"全国五一劳动奖章"。2000 年，他又获得"全国劳动模范"称号。靳传勇至今都非常感谢技术运动会这个平台，它不仅让自己的人生得到改变，也让更多职工得到社会的认可。

通过技术运动会改变人生的还有张华。张华是第八届技术运动会汽车喷漆项目的冠军。2014 年，他在公交车上偶然看到技术运动会的新闻，当时他在奥迪做内部培训师，为了给学生树立榜样，同时也了解一下自己的技术水平，便决定报名参赛。

当时，技术运动会赛事的运转已经十分规范，组委会在比赛前会为选手进行理论和实操的培训。而他的妻子正是当时赛前培训班的代班班主任，两人因为运动会相识，最终在 2017 年结成终身伴侣。

在那一届比赛中，张华凭借自己出色的实操水平和扎实的理论基础在高手云集的比赛中脱颖而出拔得头筹。随着在技术运动会上的一炮而红，他成功被深圳第二高级技工学校招聘成为学校老师。

▲ 深圳市第十届职工技能创新运动会装配式建筑模具工比赛颁奖现场。

为深圳产业升级培养造就大量人才

技术运动会自 1992 年开始创办以来，每三年举办一次，2017 年开始，市总工会和市人力资源保障局强强联手，聚焦提升产业工人技能水平和推动经济社会发展，联合举办深圳市职工技术创新运动会暨深圳技能大赛，逐步形成"五位一体"劳动技能竞赛和"一核四级"职业技能竞赛两个体系。为扩大技能竞赛的影响力，技术运动会自 2021 年开始由三年一届改为一年一届，为劳动者展示比拼技能提供广阔舞台。

技术运动会至今已经成功举办了十一届，成为深圳市职工技术大赛的品牌。

随着多年的发展，技术运动会的比赛项目越来越多，职业覆盖范围越来越广，参赛人员也越来越多。项目设置也越来越主动适应深圳产业发展的趋势和特点，面向基层以提升职工技能素质、推动企业技术创新为重点，围绕"广东技工""粤菜师傅""南粤家政"等重大项目，根据智能制造、战略性新兴产业发展方向，按照技术技能含量高、从业人员较多的原则设置竞赛工种。

为了激励广大职工积极参与，技术运动会不断加大奖励力度。各比赛项目的冠军选手，由所在单位及工会推荐，按程序申报审核，符合条件的授予"深圳市五一劳动奖章"；团体竞赛项目第一名的团队，经市总工会审核符合条件的，授予"深圳市五一劳动奖状"或者授予"工人先锋号"（车间班组）称号。符合深圳市技术能手授予条件的，授予"深圳市技术能手"称号。组委会对每个项目的获奖选手和集体发放一定数额的奖金。

自技术运动会启动以来，截至2021年底，共有910名优胜选手得到入户奖励、956名优胜选手获得入户积分奖励，有3418名劳务工通过参加职工技术运动会获得了初、中、高级技工和技师资格，有162名优胜选手荣获"深圳市五一劳动奖章"，并在之后受到全省、全国劳模荣誉表彰，有2197名选手获得"深圳市技术能手"和"深圳市经济技术创新能手"称号。

市总工会通过市职工技术创新运动会，成功推动深圳形成了较为完善的劳动竞赛和技能竞赛机制，激励了大批劳务工成长成才，为深圳产业升级培养和造就了大量技术技能人才。

◎ 亲历者说

说技术运动会这个平台改变了我的一生一点也不夸张。没参加比赛之前，我只是车间的一个普通工人，但获得了两届冠军后，我被调到公司培训中心担任主任，在新的岗位上迎来了我事业的新发展。1997年，经市总工会的推荐，我被评为"广东省劳动模范"并荣获"全国五一劳动奖章"。2000年，我获得了"全国劳动模范"称号。2002年，在第四届深圳市职工技术运动会上，我培训的学员取得了电焊项目第一、二、四名的成绩。

技术运动会给了我一个证明自己的平台，让我看到，只要努力学习技术，就一定能获得成绩。因为有了这个竞赛，激励我更加勤奋努力，勇于创新，为深圳的建设贡献自己的力量。

——第一、二届深圳市职工技术运动会电焊工比赛项目冠军 靳传勇

采写撰稿：王宇

从"拓荒牛"到科技尖兵

深圳科学选树劳模 厚植劳模示范力量

站在新时代回顾深圳劳模选树工作的发展历史，可以发现，深圳劳模选树制度是在动态的历史演进中，逐步积累形成，渐具深圳特色的，它紧随时代发展脉搏，在变化与完善中体现着时代特性和深圳城市特征。

从"拓荒牛"到科技尖兵，从民营企业老总到一线创新职工，从传统行业到新兴行业。深圳劳模选树工作于 1982 年启动，多年来，深圳工会不断完善劳模评选的方式、对象、范围和结构，劳模队伍也逐渐展现了经济特区劳动者的时代风貌。

这些变化来源于对事业的执着和对生产的热情，也来源于深圳对劳动者的重视与尊重。在这种变化与发展中，深圳的劳模选树和表彰工作也逐渐更具制度性、常态性、创新性，彰显了深圳城市特色和时代精神。

劳模变化：从"拓荒牛"到科技尖兵

深圳劳模选树工作伴随经济特区发展而变化，劳模的评选与经济特区精神也是一脉相承。

1982 年深圳提出"时间就是金钱，效率就是生命"口号，广大职工如"拓荒牛"一般，投身于经济特区的建设中。这一年，奖励劳动模范和先进工作者写入宪法，深圳工会也在这一年开始评选深圳经济特区的第一批劳模。

王俊生是深圳首批劳模中的一员，当年他在沙头角综合公司陶瓷工艺门市部任售货员。他说："那时干起活儿来从不知道累，真是有使不完的劲儿。"在 20 世纪 80 年代早期，只要有一股吃苦耐劳、艰苦奋斗的精神，即使文化程度不高也有可能当选劳模，即使处在极其平凡的岗位上，也能干得轰轰烈烈。

▲ 市总工会领导走访慰问劳动模范。

"从 20 世纪 80 年代中后期开始，劳模评选开始由'老黄牛'型向知识型过渡。"曾任深圳市总工会宣传教育部部长、市工交工会主席彭宇飞说，"特别是 1988 年中央提出'科学技术是第一生产力''知识分子也是工人阶级的一分子'的口号后，劳模评选视角开始转向知识分子，涌现出一大批科技、经济战线的先进人物。"

比如 1986 年荣获"全国五一劳动奖章"的王殿甫，由国家电子工业总公司调任深圳市赛格集团董事长、总经理，他大刀阔斧地进行改革，让下属两家公司成功上市，令赛格集团起死回生。

至 20 世纪 90 年代中期，特别是在 1995 年全国劳模大会鼓励劳模要成为工人阶级优秀代表、改革和建设的排头兵后，技能型劳模成为劳模队伍的主体。

彭友品是 2005 年获得全国劳模的代表之一，时任深圳开发科技股份有限公司生产部的工程师。那段时期，他在磁头生产领域中完成了 50 多项工艺、技术成果，参加了 9 个专利项目的设计和科研，累计为公司节省投资 1360 万元，创造经济效益 1.4 亿元。

"随着深圳大力发展高端制造业、高新技术产业、高端服务业，深圳的劳模群体也凸显着产业转型升级的轨迹，各领域涌现出一批批掌握绝活的行家里手。"彭宇飞回忆道。

21 世纪初，深圳劳模逐渐涌现一批自主创新典型。在 2006 年评选的 30 名深圳市劳模当中，就有多位自主创新典型入选。在 2009 年的劳模光荣榜中，同样也出现了多名自主创新的典型。

来自富士康集团的李晓光虽是一名残障人士，但他凭着惊人的坚韧意志和勇于创新的精神，成为专利状元，累计提出了400多件专利申请，被官方核准并授予专利权的有44件，其专利技术广泛应用于多种产品的设计与生产，累计创造经济价值超过百亿元人民币。

深圳市总工会相关负责人表示，随着经济特区发展，劳模中技术型、技能型、创新型人员的比例在逐年提高。2015年，深圳劳模评选注重一线职工、科技创新人员的评选推荐，加大创新人才的比重。当年，深圳评出的100名"深圳市五一劳动奖章"获得者，有40多名为技术工人或工程师。同时，获得全国劳模（先进工作者）称号的10人中，有4位为科技工作者。

劳模章根国就是其中一位代表，他是一名长期奋斗在一线的工程师，他最鼓舞人心的事迹就是带领研发团队攻坚克难，研制出我国首台中压单螺杆空压机，填补了行业空白，打破了西方国家长期以来的技术封锁。

当前，深圳正在全力建设中国特色社会主义先行示范区。因此，对劳模人物的评选更具有时代特色。在2021年劳模评选中的"五大注重"中，第一个就是注重选树具有时代特色的先模群体，特别是在粤港澳大湾区建设和先行示范区建设中做出突出贡献的个人和集体。

"可以说，一直以来，深圳的劳模选树工作持续结合经济特区之特，在遴选机制、激励效应等方面不断科学选树劳模，丰富劳模精神，劳模荣誉也在向创新型人才倾斜，让劳模们在创新驱动发展中体现价值，在构建开放型经济新体制中展现风采。"彭宇飞感叹道。

优化评选：首次提出可"个人自荐"参评

进入21世纪，全国劳模评选的范围和目的有了新变化，深圳也如此。从2002年开始，深圳劳模评选鼓励群众积极参与和发挥他们的主体作用，注重培养人民的法治意识以及民主监督意识，注重增强评选结果的公信力，劳模评选方式也更加趋于完善。

2006年，深圳工会在评选中增加了行业主管部门提名推荐、行业协会推荐、3名以上职工联名推荐等多种推荐渠道，广泛发动全社会参与劳模推荐工作。

同一年，深圳工会实行"二次公示"制度，公开候选人及相关部门信息，吸纳意见建议。在公示期间内，任何个人和单位可通过来信、来访、电话、电子邮件等形式，反映公示对象的有关情况和问题。

彭宇飞回忆，当时，对于企业负责人，还要经过工商、税务、安监、环保、纪检监察

▲ 深圳市一九八二年度先进生产（工作）者、先进集体代表大会。

等部门签署意见。机关事业领导干部还要征求干部管理部门、纪委监察及计生部门意见，才能进行评选。

这些举措都得到了广大职工的点赞和叫好。不少职工还会留言："劳模评选一定要公平、公正、公开。""光明正大地晒晒，都有哪些单位和个人被推荐了，让大家来监督。""要把最优秀的一线职工推选出来。"

2015 年，深圳首次提出可"个人自荐"参评，指出"深圳市五一劳动奖章"预备候选人采用公开推荐的形式，包括基层工会提名推荐、职工群众联名推荐及个人自荐。这一消息发布后，当年深圳市劳模评选表彰工作领导小组办公室的电话响个不停，上门咨询的人非常多。推荐期间，先后有近百人次来电或直接登门举荐、自荐候选人。

涂家健是深圳东部公共交通有限公司高级技工，也是近百名"自荐劳模"中的一员，在 2015 年"深圳市五一劳动奖章"评选中，他成功入榜。"涂家健可能不是公交系统里最拔尖的，但他的社会责任感很强，在志愿服务方面表现得非常突出。"时任深圳市劳模评选表彰工作领导小组办公室副主任的王鸿利表示，通过自荐这一形式，可以发动更多职工参与劳模评选，扩大劳模评选的覆盖面，把更多优秀劳动者纳入遴选的视野。

作为一座国际化都市，深圳是主动将外籍人士纳入劳模评选表彰的城市之一。

尤其值得关注的是，2006 年的深圳市劳模表彰榜单上出现了"洋劳模"。英国人 John Burcham（约翰·伯查姆）是其中一位。2001 年，John Burcham 来到深圳，在招商局物流集团有限公司任发展策划总监。在他的带领下，公司短短 5 年间成为中国最优秀的物流企业之一，2005 年营业额达到 3.5 亿元。在 2006 年的深圳市劳模评选中，他成功当选深圳市首位外籍劳模。

此外，深圳市早些年探索的外来务工者劳模评选，以及劳模评选由社会推荐、多渠道推荐等，也走在全国前列。

发挥示范：创建劳模创新工作室激励职工建功新时代

如何让劳动模范更好地施展才华，最大化发挥他们的示范和辐射作用？这一直是深圳工会思考的问题。

为了弘扬劳模精神、劳动精神和工匠精神，深圳厚植劳模力量，积极打造劳模创新平台，充分发挥他们在深圳创新发展中的示范、引领和辐射作用。从 2013 年起，深圳工会开始创建劳模创新工作室，以工作室为平台，发挥劳动模范、业务骨干示范带头和"传帮带"以及创新引领作用。

据深圳市总工会相关负责人介绍，深圳劳模群体汇聚了各行各业先进生产力代表，他们有创新基础、能力和资源。劳模创新工作室正是由在技术、业务和管理方面有专长，有一定的理论水平、实践经验、创新能力和创新成果的劳模作为负责人，并以劳模名字命名，由相关人员组成的创新团队。

劳模创新工作室具有强大的导向与凝聚、教育与感召、激励与引领的功能。深圳电信大数据运营中心"DisCove 创新工作室"是深圳市首批示范性劳模创新工作室之一，也是广东省女职工创新工作示范点。在廖刘芳团队的努力下，该工作室开展各类岗位创新和课题攻关 141 项，在提供高速路况实时信息、创新"深信 e 付通"线上支付模式、银行卡实时退款和防范电信诈骗等领域做出了突出贡献。

中建二局深圳分公司王永好劳模创新工作室，是深圳唯一的首批全国示范性劳模创新工作室。这支"穿行在云端的团队"专注城市地标性超高层施工，建设东海国际中心工程时创国内单体液压提升之最，完成了在 180 米高空的 700 吨重连廊施工对接；建设腾讯滨海大厦时完成重达 7500 吨的三道空中连体提升对接，再创国内新纪录。

被命名的劳模创新工作室具有固定的活动场所、基本的设备设施、明确的技术攻关课题和创新目标、必要的工作经费、完善的工作室制度，能够定期开展创新活动，运作顺畅

▲ 2021年深圳市劳动模范和先进集体表彰大会现场。

规范。在工作室，劳模们在不同岗位上生动诠释着"爱岗敬业、争创一流，艰苦奋斗、勇于创新，淡泊名利、甘于奉献"的劳模精神，把许多不可能变成可能。

深圳市总工会相关负责人表示，搭建劳模创新工作室，是希望劳模们在践行劳模精神和工匠精神上做表率，引领带动广大劳动者学习新知识、掌握新技能、增长新本领，激励广大职工建功新时代。

深圳市总工会对劳模创新工作室也有许多补贴和支持。比如，对2017年获得深圳市示范性劳模创新工作室的7个工作室，每个发放创建补贴5万元。

截至2022年5月，全市共创建全国示范性劳模和工匠人才创新工作室1个、广东省劳模和工匠人才创新工作室26个、深圳市示范性劳模和工匠人才创新工作室92个、深圳市劳模创新工作室126个、区/产业级和基层级创新工作室944个。

◎ 亲历者说

在深圳工会工作的那些年，我亲历了对深圳许多优秀劳动者的推荐、评选、宣传工作，看到深圳劳模在平凡的岗位上创造了不平凡的业绩，以亲身经历生动诠释了劳动光荣、创造伟大的时代内涵，充分展示了敢闯敢试、敢为人先的经济特区精神，诠释着具有深圳特色的劳模精神。

他们的事迹感动了我们、鼓舞了我们。同时我也感受到，40 年来，凭着对经济特区劳动者真挚的情怀，深圳工会系统的工作人员不断接力，创新体制机制，探索深圳特色的劳模工作路子，确保劳模能够树得起、立得住、经得起考验。

2021 年，深圳工会提出要对标最高最好最优，自觉担当起建设中国特色社会主义先行示范工会的崇高使命。我期待并相信，在建设中国特色社会主义示范工会的征途中，深圳工会在劳模选树、管理、培养、宣传工作中将继续探索、勇创新局。

——深圳市总工会宣传教育部原部长、市工交工会原主席 彭宇飞

采写撰稿：林咪玲

深圳产业工人队伍建设

用绣花功夫下好改革一盘棋

深圳建市 40 多年的历史是一部波澜壮阔的产业发展史，也是一部由前后几代、数量庞大的产业工人书写的奋斗史，大量来深务工者的汗水和智慧铸就了深圳的繁荣发展。

站在改革开放的前沿窗口，深圳历来敢为人先，在产业工人队伍建设上先行先试，出台了《关于促进人才优先发展的若干措施》等一系列人才政策，创造出多个具有深圳特色的经验做法。

时代不断呼吁着新的变革。2017 年 2 月，中共中央、国务院印发《新时期产业工人队伍建设改革方案》，明确提出要把产业工人队伍建设作为实施科教兴国战略、人才强国战略、创新驱动发展战略的重要支撑和基础保障，纳入国家和地方经济社会发展规划。在新时期产业工人队伍建设改革背景下，深圳如何建设具备"双区"特色的产业工人队伍？2019 年 6 月，深圳市总工会发起"深圳市产业工人队伍建设改革专项调研"，联合中国社会科学院社会发展战略研究院的专家团队，系统调研梳理相关现状和痛点问题，并进一步形成具有指导意义的方案成果，深圳产业工人队伍建设改革也由此迈进一个新的里程碑。

深圳产业工人队伍结构发生明显变化

40 余年峥嵘岁月，深圳激流泛舟，成为创新发展的时代标杆。从最早的"打工仔""打工妹"，到"来了就是深圳人"，流行话语和观念变化背后反映的，是深圳产业工人主体、市场经济环境、政府发展观念和治理方式等多方面的变迁。

"深圳最早建经济特区的时候，是以制造业为主，很多都是'去技术化'的低学历工人。后来随着产业的变化，特别是先进制造业、现代服务业各种产业发展比较快，专业技术人员、

▲ 深圳市先行示范工联会创建暨工匠体系建设现场经验交流会。

高学历人才都在明显增多。"中国人民大学劳动人事学院副教授汪建华表示。

在汪建华看来，深圳产业工人队伍结构的变化主要表现为工人整体技术、学历提升的队伍结构变化，这是深圳产业工人队伍建设的一大成效。一方面，这体现了政府越来越注重强调高层次人才、学历人才、科技研发人才及其他类型人才对经济社会发展的作用；另一方面，这也体现了深圳走在发展前列，从早期依托外来资本和低成本劳动力的要素驱动发展模式，转型为注重科技研发的创新驱动发展模式。

与此同时，深圳产业工人队伍结构变化背后折射出的，是深圳在多个领域为产业工人服务的缩影。通过梳理可以发现，近年来，深圳相关人才政策密集出台、劳资纠纷治理和权益保护力度明显提升、技能形成体系初步形成、城市基本公共服务供给水平不断增强。这些同样体现了深圳在产业工人队伍建设上的探索与成效。

比较有代表性的，如深圳市委市政府分别于 2008 年 9 月、2016 年 3 月印发《关于加强高层次专业人才队伍建设的意见》《关于促进人才优先发展的若干措施》，后者共计 20

大类、81 大项具体措施。相关政策法规的密集出台，极大促进了深圳产业工人队伍素质、待遇的提升，为产业工人队伍建设改革的系统推进提供了一定参照。

完备的技能培训与认证体系，是产业工人职业发展的根基，是推动产业工人高质量队伍建设的动力源。对于这一点，深圳也在边摸索边发力。如市人社局 2018 年用于"职业培训补贴"接近 8000 万元，主要采取"见证补贴"和以完成一定的培训任务为依据发放补贴两种方式，以此提升企业和个人的技能培训意愿。目前，深圳已基本形成以企业为主体、以市场培训力量和公共实训为补充、政府公共财政补贴企业和个人参与培训的基本格局。

在技能认证方面，企业内部技能等级评价机制与政府开展的技能认证，是深圳技能工人获得相关待遇的重要依据；各级总工会和人社局还通过技能竞赛、工匠评选等形式，大力选拔高技能人才。上述种种探索为促进深圳高素质产业工人队伍的形成按下了加速键，有效支撑了深圳市战略性新兴产业和支柱产业的发展，也为深圳经济高质量发展打下坚实基础。

聚焦"人"本身，工会真正成为"职工之家"

丈量一座城市的文明发展进程，城市建设主体对自我身份的认同也尤为关键。令人惊喜的是，在今天的深圳，越来越多的人已不是自我身份认同为农民的来深建设者，而是具有一定的城市生活经历、自我身份认同为工人的现代化产业工人。

这样的转变，一定程度上，也源于他们在这座城市的获得感。

深圳大学社会学系特聘研究员黄斌欢认为，在深圳产业工人队伍建设中，要以人为核心，关注人本身，抓住工人最关心的问题，甚至要帮助工人构建一个属于他们的社会关系体系。

在他看来，深圳工会在这点上始终承担着重要的角色，"定位是一脉相承的，始终是产业工人的'娘家人'，但具体内容根据时代要求进行了调整。比如最早的时候，工会可能更多的是搞活动、联系群众、凝聚人心，现在更多的是实实在在在帮助工人解决困难。"

进入新世纪以来，深圳工会聚焦跨国企业职工维权、劳资纠纷矛盾预防和化解等新问题，精准施策，推动沃尔玛等在深世界 500 强企业组建工会、探索"源头治理劳资纠纷试验区"、完善产业工人技能形成和提升体系，深刻影响了当代工会的创新治理实践，也在深圳产业工人队伍建设上写下生动注脚。

其中，"源头治理劳资纠纷试验区"以群众化的工作方法，打造职工信赖的阵地，有梯度地培养工会积极分子，把预警和化解劳资纠纷作为主业。这一探索真正将工会工作的主阵地和资源下沉基层，打通服务职工的"最后一公里"。

以宝安区福海街道为例，该街道是典型的以制造业为主的产业街道，常住人口50余万，其中户籍人口仅1万多，是外来职工聚集的重镇。自和平社区工联会等3个试验区建立以来，工联会通过拉人、留人、育人、放人的路径，培育了从工会骨干到积极分子再到普通会员的多层级工会积极分子队伍，越来越多的职工认识、走进、参与工联会的工作，凝聚在工联会周围，并将工会工作经验带回企业，形成良性循环。得益于此，福海辖区劳资纠纷案例逐年大幅下降，社区（园区）工联会已成为该街道一个响亮的品牌。

在黄斌欢所说的"构建社会关系体系"上，工联会同样发挥了重要的作用，在安顿工人内心世界、丰富工人业余生活等方面积累了宝贵经验。"它类似于我们说的社区服务中心，一些愿意跟工人交朋友的人在那工作，平常举办一些活动。工人参加后就会认识朋友，慢慢地线上、线下都有一些交流。劳动者之间从陌生的状态慢慢变熟悉了，他的社会支持加强了，就会逐渐地对一个地方开始有依恋，也会在这里稳定下来。我觉得这个是深圳工会的一项民心工作，非常有意义。"

说起深圳的民心工作，绕不开的还有一个响亮的公益品牌——圆梦计划。2008年，深圳市总工会在全国开先河，首创"圆梦计划"职工教育帮扶活动，为每一个梦想助力喝彩，见证了无数职工梦想的点燃。

截至2018年7月，深圳全市工会组织覆盖企事业单位125050家，其中单独基层工会委员会26983家。这些大大小小的工会组织，真正来到职工身边，维护他们的切身权益，关注他们的精神需求，成为名副其实的"职工之家"。

直面痛点，用绣花功夫下好改革一盘棋

从边陲小镇到国际化大都市，深圳始终勇立时代潮头，堪称"中国的变革之城"；2019年8月18日，中共中央、国务院《关于支持深圳建设中国特色社会主义先行示范区的意见》正式发布，标志着深圳的先行示范作用继续加强，深圳再一次迎来历史性时刻。

在新时期产业工人队伍建设改革背景下，深圳如何建设具备"双区"特色的产业工人队伍？这一次，深圳依然紧跟时代步伐，寻求新的变革。2019年6月，深圳市总工会邀请了中国社会科学院社会发展战略研究院的专家团队，聚焦多项议题，共同开展"深圳市产业工人队伍建设改革专项调研"。

该调研历时4个月，采用包括主题座谈、深度访谈、问卷调查等多种方式，对当前深

圳产业工人队伍总体情况进行深度梳理，找准产业工人队伍建设的核心问题和痛点，并立足深圳经济社会发展大局和未来规划，为深圳产业工人队伍建设改革提供系统、科学的研究支撑。

调研团队研究发现，当前深圳产业工人队伍建设虽取得一定成效，但也存在着人才流失、入户比例低、产业工人薪资待遇不高、城市公共服务供求存在矛盾、技能形成领域"九龙治水、政出多门"等多方面问题。作为调研团队主要负责人，汪建华感慨，深圳是一座敢为人先的城市，在产业工人队伍建设中解决了很多卡脖子难题，但整体仍处在不断探索之中。

"正因为产业工人队伍结构变了，产业工人的功能诉求也随之变了。不管是产业发展政策也好，还是人才政策也好，这种精细化程度还需要不断加强。另外，以前进行转型升级，可能以为吸引好的产业或者吸引高学历人才过来就行了，其实未必如此。"汪建华表示，"产业背后的主体是人，是一批高素质的职工队伍，这批职工队伍不仅仅是高学历、高层次人才，还需要大量中间层次的人才，这也要求各方面政策和措施更加精细化。"

在与汪建华交流的过程中，精细化成为一个高频词。他认为，面对产业工人队伍建设的痛点，要用绣花功夫去做精做细，首先就要将产业工人队伍建设提升为深圳重要发展战略，加大统筹力度，全市下好改革一盘棋。

基于系列探索与深度调研，2021年2月，《关于深化新时期深圳产业工人队伍建设改革的实施方案》（以下简称《实施方案》）应运而生。该方案由深圳市委市政府印发，具体提出了5个方面工作任务、18项具体举措。

《实施方案》突出把产业工人人才纳入党管人才总盘子统筹考虑，提出要把产业工人队伍建设纳入深圳人才优先发展战略范畴，把产业工人中的高技能人才放到与其他各类人才同等重要的位置，建立健全打基础、管长远的产业工人人才发展体制机制。

值得关注的是，针对调研中发现的产业工人社会公共服务供求矛盾、技能形成与提升体系不够完善、产业工人薪资待遇不高等问题，《实施方案》均开具了有针对性的良方。例如，聚焦产业工人薪资待遇不高的现状，《实施方案》提出切实维护产业工人合法权益、推动产业工人实现劳有厚得、努力保障产业工人发展权利等三大举措，其中在劳有厚得方面，提出要推动建立产业工人技能要素和创新成果按贡献参与分配机制，落实工资平等协商机制，创新技能导向的激励机制，不断提高技术工人待遇。

专项调研对相关痛点问题的梳理，让深圳此次更有底气把准方向盘，组装新引擎，用绣花功夫下好改革一盘棋。可以说，《实施方案》的出炉，事关长远，对深圳产业工人队伍建设改革有着里程碑式的意义，将让更多产业工人愿意来、留得下、过得好，也将为粤港澳大湾区、中国特色社会主义先行示范区建设和深圳实施综合改革试点提供有力的支撑。

◎ 亲历者说

在产业工人队伍建设这块，深圳体现了敢为人先的精神，进行了很多的尝试和探索。它不是发发文件而已，而真的是在做实事，进行探索和调整。

我们的调研只是起了一个头，我们也确实尽了我们的力去探讨，因为这是一个很大的调研。它涉及的议题特别多，单是技能培训与认证这一块就是一个很大的课题。技能培训与认证也需要一系列非常复杂的政策，甚至需要社会环境来做配套。那么这个配套就需要我们不断地去研究、不断琢磨。总体来说，对于产业工人队伍建设，我觉得最主要的是在探索中把握痛点，对应地做精做细。当然，这也不是一两个部门能完成的，要提高站位，把产业工人队伍建设提升为城市的重要发展战略，从而来加大统筹协调力度。

——中国人民大学劳动人事学院副教授 汪建华

采写撰稿：李其聪

全国首创工会法律援助机制
开启新时期职工维权模式

广大职工是工会的力量源泉，服务职工是工会的主责主业。在深圳工会40余载的发展历程中，法律援助谱写了壮丽诗篇，成为工会服务职工、维护职工权益的一大品牌举措。

在深圳，一直有着大量外来劳务工人员参与到城市建设。2008年以来，随着《劳动合同法》《就业促进法》的陆续实施，深圳职工劳动争议案件量日益增多，居广东省首位，劳动者对法律服务的需求量与日俱增，且诉求日益多元化，劳资矛盾隐忧渐多。如何维护职工合法权益、协调劳资矛盾，逐渐成为工会思考的问题。

为了能直接帮助职工和企业解决他们遇到的问题，2008年，深圳市总工会以构建和谐稳定的劳动关系为主线，努力创建新时期工会维权模式，创设了职业化的维权队伍、法治化的维权手段相结合的工会法律援助工作机制。

如今，一个由32家律师事务所、186名律师组成的工会法律援助律师团，活跃在职工维权第一线，为广大职工免费提供调解、仲裁、诉讼律师代理，开展免费的法律咨询、普法讲座，担任企业工会法律顾问、协助企业工会开展集体协商。

全国首创：借助律师专业力量为职工服务

2008年，职工劳动争议案件量日益增多，劳资矛盾呈现出多样化和复杂化的局面。当时职工维权手段有限，只能通过信访的渠道来解决个案问题，或者向基层工会求助，但一级工会在组织体系上有其自身的局限性，无法应对全市大量的劳资争议，只能集中解决一些重大的劳资纠纷。在这种背景下，市总工会开始思考如何能直接帮助职工解决他们碰到的一些问题，维护他们的权益。

在这种背景下，市总工会从维护职工权益的角度出发，借助律师的专业力量，创设了

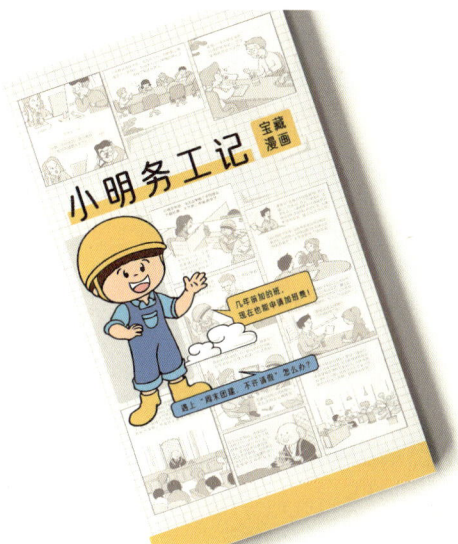

▲ 深圳市总工会于 2015 年创设普法漫画专栏《小明务工记》，至今已推出 300 余期。

工会法律援助制度，通过整合社会资源为广大职工提供法律服务。

"法律援助制度刚设立的时候，主要针对中低收入劳动者，重在解决他们最迫切需要解决的问题，援助的门槛设得也比较低。"市总工会权益保障和女职工工作部相关负责人介绍说。市总工会法律援助面向全市职工和基层工会，为其提供劳动争议案件代理、法律咨询、集体协商、企业工会法律顾问等零门槛法律服务；同时，为使工会经费的效用最大化发挥，市总工会在劳动者申请法律援助条件上进行了一定设置，主要是为劳动争议涉案金额达到一定数额的劳动者提供律师代理服务。

2008 年 4 月，市总工会公开招标了 7 家合作的律师事务所，启动了工会法律援助工作。在全国率先建立了职业化的维权队伍、法治化的维权手段相结合的工会法律援助工作机制，得到中华全国总工会的高度肯定。中华全国总工会于 2008 年 8 月 11 日出台的《工会法律援助办法》中，吸纳了深圳市总工会的做法，明确规定"地方工会可以与司法行政部门协作成立工会（职工）法律援助工作站，也可以与律师事务所等机构合作，签订职工法律援助服务协议"。

肖俊是市总工会法律援助的受益者之一。2017 年底，肖俊所在的企业因发展转型开始大量裁员，肖俊也是被裁职工之一。

"公司想出各种办法赶我们走，要么调岗，要么逼你签离职合同，不给任何补偿。"肖俊说，许多同事都被迫离职了，但他不甘心就这样被辞退，就拨打了劳动监察大队的电话，当时对方推荐了工会法律援助，给了他市总工会的电话。

"当时是王律师受市总工会委托处理我的案件的，经过沟通，王律师说我有权利不签合同，并给了我一些建议。"肖俊说，在此后1年多的时间里，王律师一直跟进和指导他如何处理问题，帮他争取最大的利益，差不多经历了1年时间，肖俊一审胜诉，最终拿到了属于他的3万多元赔偿金。

"全公司只有我拿到了赔偿，多亏了工会的法律援助，让我懂得拿起法律武器维护自己的权益。"肖俊说，"市总工会有这样一个帮职工维权的机构特别好，不仅服务专业及时，而且还是免费的。"

据统计，2014年以来，工会法律援助律师团共受理法律援助案件4592件，涉及员工5923人，涉案标的额161936.01万元，已结案件2429件，为员工追回经济损失6295.34万元。

律师入企：为企业工会提供法律顾问

法律援助的制度建立起来后，不少劳动者通过寻求法律帮助解决了劳动争议，追回了经济损失。与此同时，市总工会又开始思考，能否进一步将基层工会组织做实做强，在劳动争议进入仲裁环节之前，通过工会的介入提前化解劳资纠纷，或者提前预防争议出现。

"劳动者在企业工作，他所在的公司可能会存在一些违反劳动法规的情形，在这个过程中，企业工会如果能发挥作用是可以从源头进行预防和化解的。但是每个企业工会依法履职的能力和水平其实是参差不齐的，因此企业工会的维权能力亟待提高。"市总工会有关负责人说。经过一段时间思考和探索，"律师入企"服务应运而生。

2013年5月，市总工会正式制定并下发了《深圳市总工会"律师入企"工作方案》，通过安排工会律师作为企业工会的法律顾问，为企业工会和职工提供法律服务和指导，依托工会法律援助平台，发挥工会法律援助律师团队的专业作用，让工会律师参与企业工会工作，促进基层工会规范化运作，从而提升企业工会依法行事、科学维权的能力和专业水平，增强职工的法律意识和规则意识。自此，法律援助工作重心开始发生重要转变。

2014年5月，市总工会结合工作实际，将"律师入企"工作常规化、制度化，并在《深圳市总工会法律援助工作管理制度》中增加"企业工会法律顾问"专章。6月，市总工会经委托代理机构公开招标，遴选出10家律师事务所，开展工会法律援助工作。

2014年以来，市总工会的律师团队为977家企业工会提供"律师入企"服务，覆盖职工3764061名。"律师入企"后，企业工会依法行事、科学维权的能力和专业水平得到提升，职工法律意识和规则意识逐渐增强。

2015 年 2 月，广东省司法厅、广东省总工会联合下发《关于印发〈聘请工会律师团律师担任企业工会法律顾问工作制度（试行）〉的通知》，吸收深圳市总工会"律师入企"工作经验，在全省推行工会律师团律师担任企业工会法律顾问工作，与企业工会建立常态化联系。

律师驻点：更便捷地为职工提供咨询服务

随着法律援助的深入，市总工会又赋予了法律援助新的工作方式，力争从源头上化解劳资矛盾。

2014 年 11 月，市总工会制定了《深圳市总工会"律师驻点"工作方案》，发挥工会法律援助律师团队的专业作用，安排律师定期到一些员工较为密集的社区、工业园区或其他适宜地点设立的法律服务点为员工进行法律服务，最大化便利职工，让职工能够就近、高效地寻求法律援助。同时，帮助职工通过法律途径维护自身权益，提升职工的法律意识水平。

"律师驻点"开展后，律师团队每周会定期前往社区或工业园区，面对面地为职工提供更便捷的咨询和解答服务，例如职工最关心的加班工资问题、离职补偿问题等，为职工普及更多法律知识。一方面，解决他们的一些个人诉求；另一方面，也起到宣传普法的作用，让员工知道遇到问题可以求助工会，工会可以切切实实帮助他们。

2016 年 10 月，市总工会结合工作实际，制定《深圳市总工会法律援助工作管理制度（征求意见稿）》，将"律师驻点"纳入《深圳市总工会法律援助工作管理制度》，并向市总机关各部室及市各产业工会征求意见。

傅先生是坪山区马峦街道江岭社区的居民，他平时的工作地点随公司工程转移，曾在东莞工作时受了工伤。2020 年江岭社区成为律师进驻的社区之一，傅先生得知后，先后向律师咨询了误工费以及医药费应如何计算、企业应如何赔偿等问题。律师建议他及时做好工伤鉴定，并尽早前往社保局打印社保流水单，等工伤鉴定结果出来才能计算具体的赔偿数额。同年 12 月 22 日，傅先生已依据律师建议和企业进行协商，后获得工伤赔偿。

"自从工会律师驻点社区后，不少劳动者来向律师咨询劳动合同法、工伤保险条例等相关问题，有的通过律师的解答掌握了法律知识；有的合理合法地与企业谈判，并最终获得了应得的补偿，维护了自身的合法权益。"江岭社区职工服务点的工作人员梁丽说，"除了咨询，社区还组织了多场普法活动，覆盖江岭社区职工 8000 多名。"

市总工会的统计数据显示，截至 2023 年底，各"律师驻点"相关服务点共接待职工来电来访 14332 宗，来访人数 44845 人，驻点律师贴心及时的服务受到了员工的欢迎。

成效显著：为广大职工提供多样化法律服务

市总工会法律援助工作自 2008 年启动以来，市总工会在实践中不断总结经验、开拓创新，在制度规范、服务形式、服务内容上始终走在全省前列。

法律援助工作开展之初，市总工会法律事务助理采取由市总工会自行招人、自定工资标准，并与律师事务所商定管理费用比例的方式和使用法律事务助理。自 2014 年起，市总工会开始通过公开招标确定合作律师事务所，提供法律事务服务。为全面评定投标人的综合水平，确保法律事务助理充分胜任工会法律援助工作的要求，市总工会没有采取价低者中标的方式，而是综合投标人的业务资质、业务能力、团队管理方案、团队人员素质等因素予以评定。

10 余年来，市总工会法律援助工作成果显著，法律援助累计共受理法律援助案件 8000 余件，涉及员工超 2 万人，已结案件达 6000 余件，为员工追回经济损失约 1.4 亿；工会律师团队为 300 多家企业工会提供"律师入企"服务，覆盖职工超 157 万名。

◎ 亲历者说

2008 年，深圳职工劳动争议案件量日益增多，但当时职工维权手段有限，只能通过信访的渠道通过个案来解决。大部分职工都不是很熟悉法律知识，他们遇到问题很难顺畅地与企业沟通。这是当时我们面临的一大问题。

正是在这个时候，我们就考虑引入律师的力量来帮助职工，力求在法律框架内充分保障职工的合法权益。

经过一段时间的探索，法律援助应时而生，而且经过实践，十分有效。一旦职工与企业发生劳动争议，专业的法律人员就能及时介入给予帮助。

15 年来，法律援助的形式和范围不断在创新和扩大，我很欣慰地看到，越来越多的职工通过法律援助维护了自己的权益，挽回了经济损失。

——市总工会权益保障和女职工工作部相关负责人

采写撰稿：周倩

把流动的新就业形态劳动者留下来

深圳市总工会不断改革创新破难题

随着数字经济、共享经济等新技术、新业态、新模式蓬勃发展，以货车司机、网约车司机、快递员、外卖配送员等为代表的新就业形态劳动者大量涌现。截至 2021 年 7 月，在深圳登记注册的货运、快递、网约车、外卖配送、电子商务等新就业形态劳动者达 170 万人，占全市职工总数的 15%，成为深圳劳动力大军的重要组成部分。如何服务好这些新就业形态劳动者，也成为深圳工会的一项重要任务。

为切实保障新就业形态劳动者合法权益，2021 年 7 月人力资源和社会保障部、国家发展改革委、交通运输部、中华全国总工会等八部门共同印发《关于维护新就业形态劳动者劳动保障权益的指导意见》，随即中华全国总工会启动"新就业形态劳动者入会集中行动"。

深圳工会以建设先行示范工会为目标率先响应，当月即制定出台《深圳市新就业形态劳动者工会工作改革方案》（以下简称《改革方案》），推出 30 项举措，接着又发布了"一体两翼"五重帮扶保障工作体系，针对新就业形态劳动者开发了"E 路守护"综合保障服务，有效破解制约该领域工会发展的突出问题，实现工会组织和服务从有形覆盖到有效覆盖的提升，让流动的新就业形态劳动者"回家"。

从"0"到"1"，深圳工会创造入会新模式

与传统就业方式相比，新就业形态在劳动关系、技术手段、组织方式、就业观念等方面，都表现出较大差异，展现出灵活性强、包容性强、自由度高等特点。但其权益保障却一直滞后于"三新"经济的发展，特别是这类劳动者难与企业直接确认劳动关系，无法纳入劳动法律调整范围，导致其权益保障包括社保层级、生存状态、组织程度、权利救济等都亟

须提升。

一组调查数据曾显示：截至 2021 年 10 月，全国快递员群体工伤保险参保率为 38.1%，送餐员为 11%；网约工中反映"治疗职业病或工伤""为治病欠下很多债"的达 33.3%，远高于全国平均水平 9.2%。而新就业形态劳动者加入工会率仅为 24.2%。

由于大多在户外工作，劳动时间长、强度大，且作业模式被平台算法精准掌控，外卖小哥送餐超时在电梯急哭、为准时送达快递员险出车祸，甚至途中猝死等极端情况时有发生，引起坊间高度关注。

而这些情况在深圳也同样存在。作为互联网产业最为发达的城市之一，截至 2021 年底，深圳登记注册的货运、快递、网约车、外卖配送、电子商务等新就业形态劳动者约有 170 万人，在全市职工中的占比已高达 15%。

"劳动关系难以确认"是新就业形态劳动者权益难保障的根本原因。深圳工会突破现有制度，以依托平台头部企业及其下属企业、关联企业成立工会联合会等方式，最大限度吸收该领域劳动者入会。

工会工作要实施改革，"建会"永远是众多"0"之前的那个"1"。然而，在新就业形态领域要推动这个"1"的实现，不仅无法照搬和沿用传统模式，难度也与以往不同，"改革创新"成为唯一出路。

深圳滴瑞工会联合会专职副主席周寨伟对此深有体会。"由于网约车司机与平台劳动关系难以确认，他们入会在法律法规上存在一定的障碍。"周寨伟说。劳动者与工作岗位的关系不再像传统产业模式下那样紧密，一个劳动者甚至可能跟多家企业发生关系。

而这恰是整个新就业形态劳动领域的共性现象。比如，许多外卖平台都是由第三方公司与骑手签订劳动合同，平台再与第三方公司签订劳务派遣协议。而一些众包公司则将自身定位为撮合平台，仅与劳动者签订服务合同，因此并未与劳动者确定劳动关系。这成为新就业形态劳动者权益难以得到保障的根本原因和最大堵点。

为破解这一难题，深圳市总工会突破现有制度，发挥工会联合会（以下简称"工联会"）作用，分别依托平台头部企业及其下属企业、关联企业成立工联会，依托区域性工联会、行业性工联会等直接吸收包括没有劳动关系的新就业形态劳动者入会。

多种方式建会入会，做到"哪里有职工，哪里就有工会组织"

以滴滴为例。2019 年 8 月，深圳工会指导推动滴滴公司及其两家合作公司（深圳市迪滴新能源汽车科技有限公司、深圳市申瑞汽车租赁服务有限公司）分别成立工会，吸纳与其有劳动关系的职工入会，再由三家公司工会成立滴瑞工联会，吸纳滴滴平台司机入会。

截至 2021 年 10 月，滴瑞工联会共有会员 1018 人，司机会员 880 人。不仅在全国属于首家，也为深圳近 10 万名网约车司机从业者打开入会之门。

此后，以"互联网+"为代表的新业态平台经济的创新企业——货拉拉也成立集团工会。后来又成立了福田分公司工会，实现了平台司机入会的新尝试。

于 2020 年落户龙华的美团（深圳）总部，在龙华区内注册有 8 家关联公司。2021 年中，其旗下公司深圳象鲜科技有限公司也举行了工会第一届会员大会第一次全体会议，意味着工会组建迈出第一步。截至 2021 年 10 月，龙华区 18 个美团站点共发展专职骑手会员 1525 人，会员发展比例高达 98.7%。

深圳工会正在探索适应货车司机、网约车司机、快递员、外卖配送员等不同职业特点的建会入会方式，通过单独建会、联合建会、行业建会、区域建会等多种方式，做到"哪里有职工，哪里就有工会组织"，最大限度地把新就业形态劳动者吸收到工会中来。

"一体两翼"五重帮扶保障工作体系逐步落地

入会只是第一步，要牢牢维系职工，还需多举措解决其"急难愁盼"问题。深圳工会围绕"一体两翼"五重帮扶保障工作体系的谋划部署，为新就业形态劳动者提供全方位保障，防止因病致贫致困，并普惠至职工家庭和子女。

其中，"一体"是指工会生活救助、大病帮扶、子女助学等常态化帮扶工作；"两翼"是指工会通过充分发挥市职工保障互助会和市职工解困济难基金会的作用，为职工提供包括工会帮扶救助、职工互助保障、职工专属保险、暖工基金、工友筹职工众筹平台等帮扶保障项目，提供分级分类分层的五重帮扶保障服务，累计最高保障额度可达 300 多万元。

根据《改革方案》，服务阵地建设方面，工会提出打造"1+11+N"阵地服务体系，即建设 1 家市级职工服务中心和 11 家区级职工服务中心，在新就业形态劳动者集中的重点区域和重点企业则建设 N 个职工之家和服务站点，并统筹规划建设一批"暖蜂驿站"。

权益保障方面，及时就新就业形态劳动者权益保障相关重大问题进行沟通协商，督促平台企业在制定规章制度和算法等重大事项中严格遵守法律法规要求，通过职工代表大会、劳资恳谈会等形式，听取劳动者意见诉求。

同时，建立健全互联网平台企业、快递物流企业"律师驻点"、"律师入企"、劳动争议律师代理等法律服务工作机制，重点针对职业伤害、工作时间、休息休假、劳动保护等与平台用工密切相关的问题提供法律服务。

在这一体系下，2021 年 9 月，深圳工会已正式成立"暖工基金"，通过市总工会投入引导基金、深圳市解困济难基金会募集社会资金，截至 2023 年底，已连续三年每年投入 3000 万资金用于开展新就业形态劳动者关爱行动。

"E 路守护""暖蜂驿站"与新就业形态劳动者共享城市建设成果

围绕"一体两翼"五重帮扶保障工作体系，深圳市总工会为广大职工尤其是新就业形态劳动者提供了更多具有工会特点的普惠性、常态性、精准性服务。根据外卖和快递小哥、网约车司机等职业特点，构建了具有普惠性、常态性、精准性特征的帮扶保障体系。

在深入调查中，深圳工会发现新就业形态劳动者的社保大多是按照二档或三档来缴纳的，只有住院才能享受到，甚至住院也只有部分可以报销，因病致贫致困的风险很大。

为此，深圳工会推出"E 路守护"，主要针对快递小哥、外卖骑手和网约车司机等会员，以团体投保方式赠送其一年保障期的互助保障计划和专属意外保险，年龄在 16 周岁至 60 周岁之间的工会会员，经平台注册并实际工作 3 个月以上，且事故或疾病发生前一个月为在岗服务状态，最高可获得累计 149 万元的赔付。这份专属权益保障不仅包括重大疾病保障、意外伤害保障、突发疾病身故（猝死）三类，还增加了第三者责任险。在已发生的赔付案例中，有两起都是外卖员在送餐途中与行人和车辆发生剐蹭，对方相应得到了 3000 元和 8000 元的理赔，外卖员无须另行支付赔款。

除此之外，细心的深圳市民还可以发现，在电动汽车充电站、快递中转站、大型商圈等新就业形态劳动者较为集中的地方，多了一些标识统一、外观抢眼的"暖蜂驿站"，里面放置着饮水机、微波炉等，甚至还有简易卫生间。既能满足新就业形态劳动者饮水、就餐、如厕、休息的需求，也可以让他们更好地融入城市。

像蜜蜂一样辛勤劳作且默默无闻的新就业形态劳动者，正在被看见、被温暖、被认可，他们和城市中的劳动者一起，共同建设城市，共享城市建设成果。

2021 年全国两会上，全国政协委员、中国人民大学法学院教授汤维建建议，为新就业形态劳动者采取单独特别立法模式。作为经济特区的深圳，工会工作也在不断创新尝试，期待在这片试验田中，能为新就业形态劳动者拓展更多边界。

◎ 亲历者说

作为新就业形态劳动者中的一员，我很明白，我们最怕的就是从天而降的各种意外，因病致贫、因意外致贫，这些情况在我身边都实实在在地发生过。在 2021 年 9 月，市总工会了解到我们的难处、困境，给我们新就业形态劳动者组织了一次集体入会，还发布了"一体两翼"帮扶保障工作体系，我就是在那次仪式上正式入会的。

在我身边，虽然加入工会的外卖骑手还并不是很多，但越来越多的人通过各种渠道了解到工会为新就业形态劳动者开展的各项工作，这让大家工作起来也更加踏实、安稳。工会给我们的支持和帮助，就仿佛一块坚实的后盾，让我们意识到自己在被这个城市接纳和关注。作为已经入会的会员，我也一定会遵守工会章程，执行工会决议，履行会员义务，积极参与和支持工会开展的各项活动，并做好本职工作，积极参加技能培训，在平凡的岗位上创造出不平凡的业绩。

——"深圳市五一劳动奖章"获得者、美团外卖骑手 刘亚飞

采写撰稿：张玮

大胆破圈打造剧情长片《工夫》

首次"聚焦"深圳一线职工奋斗故事

"就是因为有爸爸,这座城市啊,才会有这么多的高楼。""那些你特别在乎的人,一定看得到你的付出和努力。"这是影片《工夫》中的台词。2021 年 5 月 1 日,历时近一年,这部由广东省总工会、中共深圳市委宣传部指导,深圳市总工会全资出品,深圳晚报社、深晚影业摄制的深圳市总工会五一国际劳动节大型献礼片在视频网站 Bilibili 上线,得以与广大观众见面。上映 7 日,播放量超过 75 万,相关报道全网浏览量达 700 万。

作为深圳首部以本土职工真实故事改编的剧情长片,《工夫》从艺术角度加深职工们对工会组织的认知。正如《工夫》出品人、深圳市人大常委会副主任、市总工会主席彭海斌所说,深圳市总工会策划拍摄此片,就是希望探索新的传播方式,以职工群众喜闻乐见的影片艺术形式,记录千千万万劳动者的坚守、奉献,展示深圳各级工会组织团结动员职工建功立业的努力与风采,塑造新时代的深圳职工群像。《工夫》在 2021 年五一国际劳动节推出,创新了庆祝劳动节的宣传方式,宣扬主力军、提振正能量,具有重要的社会价值和现实意义。

大胆破圈,强强联手创新工会宣传

这部电影以深圳工会系统的真实故事为基,以深圳职工为创作对象,聚焦奋斗在深圳各条战线上的普通人。影片长达 2 小时 5 分钟,由《圆梦》《归途》《轨道之歌》《三十三路》《守望日记》《白日梦想家》《步履不停》7 个饱蘸深情的并列式剧情组成,经国内 7 位不同流派风格的新锐导演联合执导。影片风格大气深情,有情感的激烈碰撞,体现了深圳精神和工会担当，既能以长片形式整体展播，又可以分集观看。

追溯《工夫》的诞生，绕不开深圳市总工会在讲好深圳职工故事方面的创新尝试，也离不开当下媒体融合发展的巨变浪潮。

为探索新的传播方式，深圳市总工会决定以职工群众喜闻乐见的影片艺术形式，以电影工业的制作方式，记录深圳劳动者的风采，塑造新时代的深圳职工群像。全资出品拍摄一部大制作剧情长片，是深圳工会组织的一次大胆尝试，也是工会宣传工作不断迭代的体现。

与此同时，近年来在媒体融合的趋势下，作为摄制方的深圳晚报社一直致力于打造广具影响力的创意型传媒，创意发展、

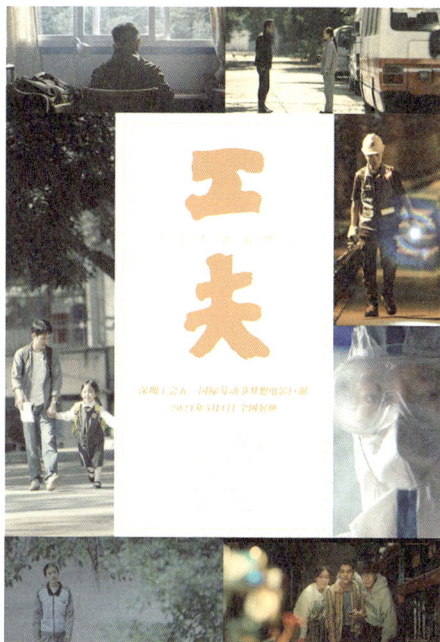

▲ 电影《工夫》海报。

跨界发展、破圈发展，涉猎演艺、战略咨询、设计、音频等各种传媒领域，并迅速取得骄人的成绩。

2020 年恰逢深圳经济特区建立 40 周年，深圳市总工会希望以别具一格的创新方式为广大劳动者、为这座城市献礼。刚成立不久的深晚影业提出以"工夫"为名，拍一部大电影的设想，深圳市总工会迅速决策，并给予了深晚团队足够的信任和创作空间。

2020 年 9 月，影片《工夫》正式启动拍摄。这部影片的执行团队按照院线电影的工业化标准和流程，分别设置了编剧组、制片组、导演组、美术组、摄影机灯组、录音组、后期制作组。值得一提的是，深晚影业的团队构成，大多是影视专业科班出身的 95 后年轻人。《工夫》的创作，也是这支年轻的团队在用自己的方式，讲好深圳故事。

深晚主创团队认为，在近一年的策划、拍摄、制作中，深晚团队在市总工会指导下，真正深入到一线，与工人、司机、检修工、巡护员、工会干部等打成一片，用心去倾听和感受平凡人在大时代下的故事。

"这是新时代媒体人以创新的方式报道呈现希望、梦想的方式，相信每一位观众，都可以从中找到自己的影子，体会平凡中的伟大。"深晚影业负责人、总导演王绍涵说。

巧妙构思，展现大时代下普通人的风貌

在《现代汉语词典》中，"工夫"一词有 7 种含义，有时间和精力、做事所费的人力、经过训练学到的胜任工作的能力等含义。这也对应了影片《工夫》中的 7 个故事。

"我们根据'工夫'本身的含义，相应选取了 7 位具有代表性和普遍性的人物，构思了 7 个故事。"王绍涵在谈到影片策划时说。

在敲定了影片形式后，主创团队开始策划故事内容。"人们对于深圳的认识有两个来源，一个是外界的认识，一个是深圳人如何看深圳。"王绍涵说，他们将目光放在了深圳的各行各业中，故既有展现自然与城市共生的湿地守护者的故事，也有 95 后工人如何寻找自我认同的故事，还有以工会故事为原型的一线职工借助深圳市总工会"圆梦计划"求学圆梦的故事、离职工最近的基层工联会与工人的温暖故事等。

在第五个故事《守望日记》中，主角陈念华说着一口四川口音的普通话，在福田红树林自然保护区中一守就是 20 年。这一故事中主角的人物原型就是从四川来到深圳的，他的女儿也在老家四川长大，他只有休假时才有空回家陪女儿，导演在拍摄中也特意保留了这些人物特点。

"只有当我们进到红树林自然保护区时，才会意识到这里的生活很单调，周边都是高楼大厦，但在这里守护保护区的人只能活动在这片区域里，每天面对固定的七八个人。"在看到这样的场景时，王绍涵突然有了灵感，"如果有人在这里守护 20 年之后，即将离开这座城市，他会怀着怎样的心境？"于是以此为核心，他们迅速确定了故事的思路。

这些故事的主角都如陈念华一样，是千千万万个普通人中的"你、我、他"。"他们代表了 7 种深圳面相，涵盖了我们认识的深圳。"王绍涵认为，影片以大历史中"我"的故事，展现普通人的生活、成长和梦想，反映他们的奋进与劳作，梦想与坚持，事业与生活的点点滴滴，以及他们与城市之间的心灵互动。

在中国共产党建党百年的大背景下，这部影片也体现了深圳经济特区 40 年来的光辉历程与繁荣辉煌的根本动因，为深圳建设先行示范区凝聚起恢宏的人本力量，实现个体与宏大时代的共鸣。

直面真实，铸成《工夫》创作意义

为了让影片贴近生活，更显真实，主创团队在招聘演员时也设置了相应的门槛。"我们需要演员具有烟火气和接地气的形象气质，但是这样的演员，在深圳本土相对较少。"

▲《工夫·圆梦》拍摄画面。

起初，王绍涵也通过经纪人从广州等附近地区调动演员。

但随着拍摄推进，现有的演员已不能满足拍摄需求，他们开始面向全国遴选专业的影视演员，从北京、重庆、广州、西安、沈阳等地找到了专业演员。"这里面不乏小有名气的演员。"王绍涵介绍道，最终7个剧组的制作团队成员已超过260人。

从2020年9月启动拍摄到2021年1月完成第一版后期制作，跨越了5个月的时间，在拍摄时如何贴近真实，是主创团队始终追寻的目标。

"从《工夫》的创作之初到制作后期，市总工会领导一直非常关心电影的拍摄，提出最多的要求就是要'贴近真实、贴近职工'，尤其是在后期剪辑时，市总工会领导还对《工夫》进行了多轮审片把关。所以我们创作这部影片遵循的核心理念就是真实，不论是人物故事还是生活场景。"王绍涵说。

在拍摄故事《步履不停》的最后一场戏时，开拍已接近深夜11点，这场戏按导演最初的设想，是拍摄下班后的工人进店用餐，结合基层社区工联会干部讲述多年坚守工联会的初心，引发观众共情。20个群演坐在小吃店里拍摄了七八次后，小吃店的老板禁止了他们的拍摄，因为每当过了夜晚11点半，刚下夜班的工人将会涌入这几家小店，填补他们长时间作业后的辘辘饥肠。

当摄影师准备撤掉机器时，王绍涵看到前来用餐的工人，突然意识到，"在他们真实的面庞、谈吐，甚至略带疲惫的步伐中，我猛然发现刚刚设计出来的'真实'是如此不堪。"

他让摄影师立刻调转镜头，直面真正的真实。"当这一组镜头在剪辑台上完成的时候，所有人都被打动了。"

像这样的拍摄细节，在影片制作过程中不胜枚举。王绍涵表示，"很多基层情况，如果我们不去调研、不去体验，是根本不知道的，这些基层工作者就像是城市发展背后默默付出的守护者，让更多人看到他们的故事，《工夫》的意义正在于此。"

生机勃勃的新时代，是追梦路上最大的背景板；温情活力的城市，是奋斗路上的最大支撑。正因为如此，每个劳动者的经历虽有不同，但其身上闪耀的奋斗精神熠熠生辉，追梦的故事还将在这片创新的土地上接续精彩演绎。

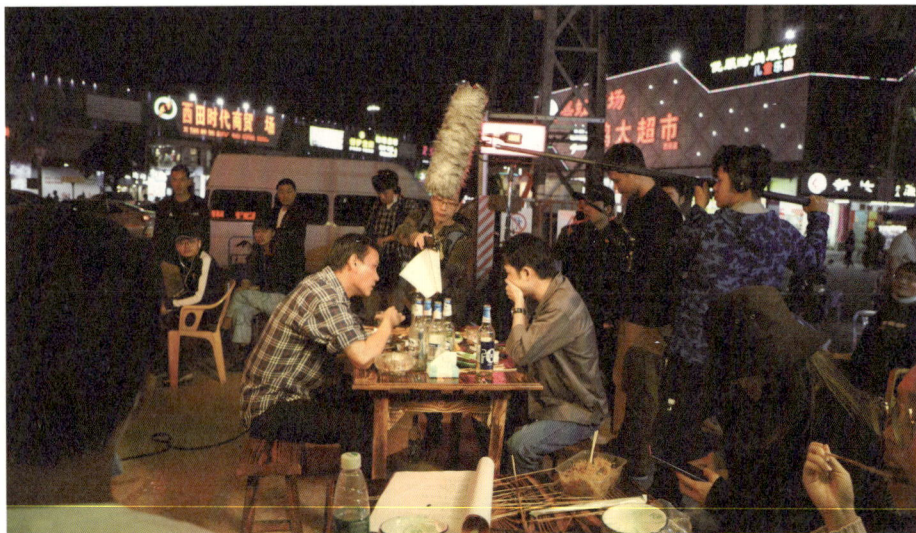

▲《工夫》拍摄花絮。

◎ 影片评价

《工夫》这部影片对工会工作有很重要的意义。《工夫》的制作饱含了深圳工会的深情，影片具有鲜明的工会特色，通过反映新时代职工的生产生活情况，从工会的职责职能出发，讲好了深圳工会的故事，职工的故事，也彰显了工会的作为和作用。

《工夫》具有时代特征。2021 年是中国共产党建党 100 周年，也是"十四五"规划开局之年，深圳工会以反映新时代深圳职工基层变化的一部电影来向党的百年华诞献礼。对于团结动员广大职工建功"十四五"奋进新征程，具有十分重要的意义。同时在电影中还看到了年轻人创业这些具有鲜明时代主题的素材。电影中很多镜头看起来像是身边的人，这种拍摄手法让观众特别感动。

——广东省总工会党组成员、经审委主任 冯建华

有幸参加《工夫》的首映式，看过影片才知道，美丽的深圳红树林有几十年如一日守护这片净土的巡视员，每晚城市背后还有一群趁夜色加紧维修地铁轨道的检修员。《工夫》的七个故事让人看到，在那些华彩的缝隙里，还有好多不为人知的深圳。深圳之所以成为深圳，答案就在这部电影中，这部深圳人自己的电影中。

——深圳职业技术大学数创学院广播影视节目制作专业专任教师 王卓慧

本来以为是一部温馨轻松的电影，结果一家人都看哭了。我们在深圳打拼十几年了，电影里的每个故事都像发生在身边一样，每个人都能在电影中找到自己奋斗的影子。

——深圳欢乐海岸工程设备部职工 钟玲

我看到了很多身边熟悉的同事的影子、熟悉的职工们的影子，聊 QQ、搞宣传、开展活动，被拒绝、被接纳、被信任 …… 这些都是我们熟悉的日常。选择容易，坚持不易。我希望，未来通过工会人的努力，能让在平凡的世界中普通却不平凡的人被关注，也有更多文字、影片、音乐等方面的记录，在历史的浩荡长河中为劳动者们书写属于自己的篇章。

——深圳社会化工会工作者 高倩倩

采写编撰：潘潇雨 郭宇立

从追梦人到圆梦人

"圆梦计划"让他们重写命运

　　徐志摩《再别康桥》中写着"寻梦？撑一支长篙"。在追梦过程中，不断学习、不断提升，以期改变自己的人生。在很多深圳职工心中，"圆梦计划"就是追梦者的那一支"长篙"。

　　"圆梦计划"是市总工会首创的职工教育帮扶品牌，以工会资助形式帮助工作表现优秀但收入不高的工作者在职攻读大专、本科学历。目前，"圆梦计划"已成为深圳市推进职工素质工程的重要载体和响亮的社会公益品牌，是帮扶外来务工者上大学的全国典范。很多职工正是通过"圆梦计划"，实现了重写命运，让命运发生了重大改变，人生因此变得更精彩。

　　秦昌友和王晶是往届优秀学员的典型代表，他们的圆梦故事能给人不少启迪。

秦昌友：从普通员工成长为总监

　　来自湖南邵阳的秦昌友是第10届"圆梦计划"的学员以及受益者，从普通员工一步步成长为自动化开发设计与制作的总监，得益于"圆梦计划"。秦昌友曾在2014年新型标签玻璃机获得FX最优秀力奖、2017年自主开发设计的"一种胶片自动剥离贴附装置"获得国家专利，2019年取得了高级电工证。

　　2004年，中专毕业的秦昌友怀揣梦想来到深圳，经过面试，他应聘上了龙华一家外资科技型企业，负责捆包机打薄膜工作。工作的第一天，看到这么大的机器，秦昌友既惊喜又害怕。一个月后，机器出现了故障，不能捆包。因为机器是进口的，公司里无人能修。接下来一段时间，只能由人工操作。当时，深圳天气特别炎热，一天工作下来，秦昌友双手通红，身上长满痱子。就这样，他人工操作机器近一个月。有一次，他实在是坚持不住了，把自己的情况打电话告诉了家人，说自己打算辞职。家人安慰他说，你为什么不去学维修

▲ 秦昌友在车间。

呢？一语点醒梦中人，秦昌友开始琢磨此事。

等维修人员维修好机器后，秦昌友报读了深圳第二职业高级技工学校梅林校区的电工班。花费一年多的时间，他拿到了初级电工证。之后，捆包机简单的故障问题，他都能解决。后来，由于公司扩张，秦昌友申请调到设备维修部门，主要负责设备保养和维护。

随着工作的推进，由于现有的技术不能满足工作的需求，他必须靠学习来提升技术。经过几年的学习，他拿到了中级电工证。

2015年开始，公司对技术人员提出了更高的要求。需要技术人员改进设备，代替一些手工作业。面对这突如其来的变化，秦昌友心里有点慌，经常反复地问自己，接下来又该如何提升技能？

2017年，他在公司的网站上看到由市总工会发布的"圆梦计划"，招收北京邮电大学机械工程及自动化（高升专）专业。"这个专业跟我的工作对口，又能提升自己的学历。看到消息后，我第一时间就报名了。"秦昌友说。

在学习的两年里，他既是学生也是老师。专业实操课，由公司专业技术员给报名学员授课。"当时我们报名近40人，其中还有一部分女学员。女学员第一次接触电箱时，都会反复地问会不会触电之类的问题，我都会耐心地向她们解释，把我所知道的知识与学员分享。上课有时虽然很枯燥，但我收获颇多。"

但学习英语、数学等理论知识，让秦昌友犯难起来。在学校老师的鼓舞跟帮助下，他坚持下来，最终，完成了学业。现在，他身边越来越多的同事加入到"圆梦计划"这个大家庭中，一些同事纷纷向秦昌友取经。秦昌友会用鲁迅的名言"时间就像海绵里的水，只要愿意挤，总还是有的"勉励同事。

"结识'圆梦计划'，我是幸运的。'圆梦计划'让我不断成长，圆梦的同时，也改变了我的人生。"秦昌友说。

王晶：从流水线工人到维修主管

80后的王晶本是流水线工人，通过"圆梦计划"免费上大学，拿到高级技工职称，之后进入500强企业工作。如今在南顺油脂（深圳）有限公司担任维修主管。

王晶来自湖北黄冈，由于身体原因，未能考上自己理想的学校。完成中专学业后，2005年，他跟随老乡来深闯荡，找到了一份在生产线上制作数据连接线的工作。"当时觉得能在深圳找到一份工作就不错了，虽然工资有点低，但对未来充满了希望。"但没过多久，每天重复单调的工作让王晶感到很苦闷，心里暗想必须继续学习，得有真本事才行。

没过多久，公司需要人员去当设备维修学徒。此时，王晶抓住了机会，顺利转岗。在岗位上每天跟着师傅认识元器件，学习怎么维修。工作几年后，王晶的技术有了很大的提升，他开始不满足现有所掌握的技能。"技术受限了，很难突破，但我不想停滞不前，很想再进步，上一个台阶。"除此之外，学历低也让他的薪资待遇触到了天花板，暗自有些心酸。"看到公司水平和我差不多的同事，因为学历比我更高，薪资待遇也更好，我自己也会想，如果我是本科，那一定比现在好。"

学历问题一直是王晶的一块心病，也让他感到很自卑。2012年，王晶从同事那里知道了"圆梦计划"，这一偶然的获悉彻底改变了他的命运。

"当初同事告诉我，他通过'圆梦计划'获得了本科学历，还拿到了技工职称，他建议我也去读。我一听立马就来了精神，还有这种好事，既能提高技术，又能提升学历，一举两得！"

虽然"圆梦计划"让王晶看到了希望，但他还是有所顾虑。当时已经结婚生子的他，还要考虑家庭。没有想到的是，当他给妻子说出准备参加"圆梦计划"后，得到妻子的全力支持。

▲ 王晶（前排左六）所在班级全班同学合影。

　　就这样，王晶参加了"圆梦计划"，成为其中的一员。提到参加"圆梦计划"的初衷，王晶说，最主要的还是对上大学的渴望。"我曾多次在心里反复地问自己，学习的动力是什么？我想那就是我的大学梦。我坚信，'圆梦计划'，能圆我这个梦。"

　　"圆梦计划"的课程，通常排在工作日一、三、五的晚上和周日全天。当时，王晶住在南山科技园的公司宿舍。每逢周一、周三、周五下班铃声一响，王晶总是第一时间冲出去，收拾书、赶公交车，七点之前赶到八卦岭的教室。

　　"南山与八卦岭距离不短，而且科技园到地铁站也有一段距离，每次路上就得花费一个多小时，很多时候饭都来不及吃，我就买个包子对付一下，久而久之，我和包子铺的老板都混熟了。每次包子铺老板见到我时，都会笑嘻嘻地说，'又来上课了吧！'"王晶说。

　　除了路途上的艰辛，王晶在学习期间也肩负着沉重的心理负担。第一道难关便是要熟悉很多应用软件，比如 Word、Excel 等，有时还要用软件画图，学习编程。由于他之前接触得少，因此操作起来有些不熟练。每次上完课回到宿舍，他都要再复习一遍，常常学到深夜才去睡觉。

　　现在回想起那段经历，王晶坦言，要是换到现在，估计他坚持不下去。

　　经过不懈努力，2014 年，王晶从一名普通员工晋升为技术工程师。后来，王晶又继续攻读本科。在学习完本科课程后，毕业论文让他犯难了。他说，写论文那年，是自己最痛苦的一年。每次兴高采烈地跑去找学校老师，心里总感觉能合格。但每次看到老师用红色的笔在论文上画出很多需要修改的地方时，心里特别不是滋味，也颇受打击。"没想到这么难，这么严！"有时，他甚至怀疑自己还能不能顺利毕业。

所幸，王晶没有被自我怀疑所打败。正所谓越挫越勇，历经 30 多次的修改，在毕业论文答辩时，王晶对答如流，赢得了评审们的肯定。

身为工程师的王晶，后来通过在技师班学会的 PLC 编程技能，结合作业员的作业习惯和工艺流程，把所管辖区域内的设备上增加了节能 PLC 程序，此举每年能够为公司节省约5 万度电，被公司评为 A 级工程师。

现在王晶变得更加自信，也拓宽了自己的朋友圈。他经常跟单位年轻的同事说起"圆梦计划"，更会分享自己的学习经验。总结起自己逆袭的秘诀，他用了这样一个词——幸运。

"我很幸运，能够来到深圳，享受到这座改革开放前沿城市发展的红利；更幸运的是我参加了'圆梦计划'，提升了技能，圆了我上大学的梦，彻底改变了我的命运！"王晶动情地说。

采写撰稿：罗明

全国劳模李双双

攻克超声成像研发难题 三进人民大会堂

2008 年 7 月李双双踏上深圳土地的那一天，她并没有想到十几年后自己会有今天的成就：国家技术发明奖二等奖、中国专利金奖、杰出工程师青年奖、全国劳动模范……这位 80 后的湖北女孩，在深圳这片沃土，创造了一个又一个奇迹，做出了世人瞩目的成绩。

凭着一腔热血，她来到了深圳

2008 年 7 月，离告别清华园的日子越来越近了，该校生物医学工程系的准毕业生很抢手，李双双也不例外，她陆续接到了几个不错的录取通知书，有国内大城市的知名外企，也有海外求学的机会。而她，最初比较倾向选择海外科研机构，进一步提升自己。

如果真是那样，她与深圳或许就擦肩而过了。这一天，清华大学就业指导中心一位老

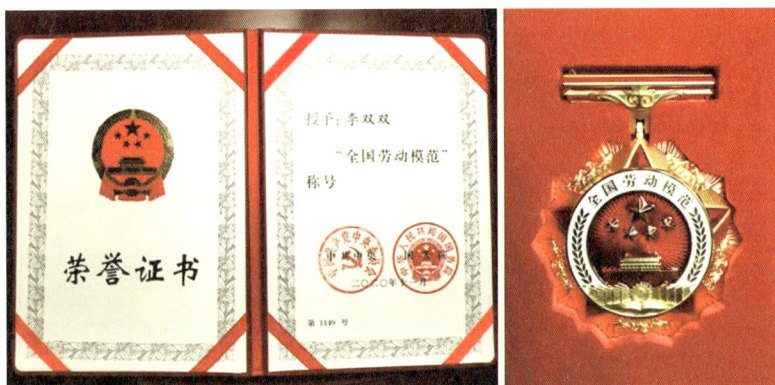

▲ 李双双的荣誉证书及奖状。

师的一番话让她内心很受触动。老师说："现在好多学生毕业都选择去海外，国家培养一个大学生不容易啊。"老师的话语中，透露着几丝无奈。年轻的李双双心头一热：是啊，为什么一定要去国外呢？在国内也是可以做出成绩的。

正巧，当天，深圳迈瑞生物医疗电子股份有限公司在清华校园内招聘。李双双就去了现场。当时，与西门子等行业巨头相比，迈瑞还是一个小公司。知道它的名字，是因为她的师兄徐航正是迈瑞公司的创始人之一。

最终促使李双双放弃海外深造机会转而南下深圳的，是迈瑞对科技研发和科研人员的重视。

回忆起初次踏上深圳土地的情景，李双双有点忍俊不禁。那时，受网络的误导，李双双认为深圳的治安不好。当天，她把自己的背包紧紧搂在身前，警惕地看着从身边经过的每一个人。结果，什么意外也没有发生。深圳不是挺安全的嘛！李双双心想。

迈瑞生涯 十年磨一剑

彼时的迈瑞，虽然已经在美国纽约证券交易所上市，产品也在国内外市场中卖得不错，但因为缺乏自主知识产权的核心技术，一直无法进入高端市场。但迈瑞与其他企业最大的区别就是高度重视自主研发，且敢于起用年轻人，并不像其他企业和研究院那样论资排辈。迈瑞的工程师，平均年龄只有 32 岁左右。只要公司通过评估，感觉这个人的能力可以胜任，就会把重要的研发工作交给他。

作为职场新人，公司让李双双主导自主预研超声前沿新技术。而李双双选择攻关的，正是一种新的诊断技术"超声弹性成像"。弹性成像技术主要通过提取人体组织的硬度信息进行成像，给乳腺癌、肝硬化等重大疾病的辅助诊断提供新检测手段，具有巨大的临床需求与市场空间。当她把自己的前期预研结果详细完整地呈报给公司主管时，引起了公司的高度重视。从此，她开启了漫长的艰辛研发之路。

研发工作是孤独的，尤其是对于国际前沿的剪切波弹性技术，一切都得通过实验来逐步积累经验，而用于实验设计及研究的平台也得自行设计搭建。当年埋头做实验的情形，李双双至今仍记忆犹新：在单位临时划拨给她的一间改装实验室里，各种实验材料铺了一地，而她就在这堆材料里蹲着做实验。失败了，重来。再失败，再重来……

"在科研工作中，我经历的失败和挫折是数不过来的，当时有过犹豫、彷徨，但最后都咬牙坚持下来了。"李双双回忆说。

技术转化为产品的过程也同样艰辛，李双双带领着系统、软件、硬件、探头等部门数

▲ 李双双在实验室。

十名工程师，在各个技术指标上精雕细琢，向多位临床专家虚心请教，完成了多个迈瑞独有的创新设计，并终于在 2015 年成功推出国内唯一的高端剪切波弹性彩超产品。

但当产品初次送到国内顶尖医院进行临床评价时，出于"国产彩超不如国际产品"的固有偏见，临床专家一看到图像表现与国际旗舰产品有所差别时，第一反应就是国产产品有错误。由于拥有多年自主研究经验，李双双对自己的产品非常有信心，她想办法说服了专家继续进行对比评估，并用临床诊断的"金标准"来证明产品的性能。

几周过去后，临床专家惊讶地发现，国产弹性成像产品的临床诊断性能竟然显著优于国际旗舰产品，瞬间提升了信心，积极开始了更大样本量的临床评价。良好的口碑吸引了国内外专家的目光，越来越多的医院购买迈瑞的产品，越来越多的专家主动联系迈瑞，寻求临床合作。

经过多年攻关，李双双及其带领的研发团队先后开发出具有自主知识产权的 NTE 高灵敏度应变弹性成像技术、STE/STQ 实时剪切波弹性成像技术、ViTE 瞬时弹性成像技术等，成功使迈瑞成为全球唯一一家全面掌握三种主流弹性成像技术的公司，也成为我国唯一拥有实时二维剪切波弹性成像技术的公司。

截至 2021 年底，李双双作为主要发明人已申请国内外专利 200 余项，相关前沿技术及产品取得了 CE、FDA、CFDA 等注册证，广泛应用于国内外临床，取得了巨大的经济效益和社会效益，树立了中国制造自主知识产权核心竞争力的品牌形象。

超声弹性成像技术的突破，堪称医疗影像设备行业的里程碑。该体系有效弥补了常规超声只能从解剖结构、血流信息两个维度解读人体组织信息的短板，利用超声波力学效应实现对人体组织生物力学参数的无创定量测量，能为乳腺癌和肝硬化等疾病的临床早期诊断提供关键依据，对创制高端医疗设备和提高我国疾病防治水平具有重大意义。

目前，关于弹性成像的临床应用研究还在不断拓展至妇科、前列腺、肌骨、血管等领域。自主产权的高端弹性成像彩超的成功研发，使得我国在超声临床前沿技术研究方面走在世界前列。

三进人民大会堂 使命感更强

人民大会堂在国人的心目中有着崇高的地位，对李双双来说也是如此。从 2018 年开始，李双双连续三年走进了人民大会堂。

2018 年初，国家科技奖励大会在北京人民大会堂举行。李双双凭"超声剪切波弹性成像关键技术及应用"项目获得 2017 年度国家技术发明奖二等奖，在人民大会堂捧起了沉甸甸的荣誉；2019 年 1 月 13 日，荣获"杰出工程师青年奖"的李双双再次出席在人民大会堂举行的第三届"杰出工程师奖"颁奖典礼；2020 年 11 月 24 日上午，全国劳动模范和先进工作者表彰大会在北京人民大会堂隆重举行，这是时隔五年我国再次以最高规格——以党中央、国务院的名义表彰全国劳动模范和先进工作者，而李双双作为受表彰的 1689 名全国劳动模范之一，第三次走进人民大会堂。

▲ 李双双在人民大会堂前。

三次走进人民大会堂，李双双都很激动，但感受不尽相同。前两次获奖，是对她在业务领域的认可。而第三次，在她的心目中，则是对一个人的综合评价，是分量最重的。

"劳动模范在我看来，除了对专业水平的认可外，还有对敬业精神、创新意识、爱国奉献以及道德方面的承认。"李双双说。此次获得全国劳动模范后，她内心的责任感和使命感更强了。

"更有一种紧迫感和压力感。我得带领我的团队继续前进，也希望能培养出更多优秀的创新人才，争取为中国的医疗事业做出更多的贡献。好多人看着呢。"李双双表示。

如今的李双双，作为迈瑞公司系统研究技术经理，依然坚守在研发一线。令她欣慰的是，与当初寥寥数人做实验相比，她所领导的团队壮大了许多。同样令她欣慰的是，与当年形单影只闯深圳相比，她的团队中，有好几个是来自清华园的学弟学妹。

李双双的事业和家都在深圳，她也越来越喜欢深圳这座城市。喜欢这座城市的整洁、美丽，喜欢这座城市的安全、有序，喜欢这座城市的创新和活力。对于深圳工会，李双双认为它是千万来深建设者贴心的"娘家人"，为保障职工的合法权益做了大量的工作。"特别是今年开展的'暖工行动'，温暖了许多职工。"李双双说。

采写撰稿：徐再杰

"时光匠人"刘中华

航天表点油工艺第一人 守护航天事业每一瞬间

1990 年 4 月，刘中华来到深圳，他怎么也没想到多年后，他与深圳情定"钟"身，被誉为高级钟表维修技师、技术能手、国内航天表润滑油点油工艺第一人……成长的背后离不开他的刻苦与用心。

在深圳奋斗的 32 年，工会给予的爱和温暖也一直照耀着刘中华。近年来，刘中华被授予"南粤工匠"，表彰为深圳市劳动模范，获得国务院政府特殊津贴，并获颁"刘中华技能大师工作室"，助力培养新一代"老表匠"。他最希望有越来越多年轻人加入他们的队伍，把执着专注、精益求精的工匠精神传承下去。

深圳有一股拼的劲头

1990 年 4 月，刘中华高中毕业，正好赶上飞亚达公司在广东揭西招工，他抓住了这个机会，因此来到了深圳。那时候的深圳，正处于城市建设发展的初期，每一个人都是步履匆匆，充满着热情和激情。刘中华心想，来深圳准没错。

因为没有任何经验，刘中华从最基本的一线装配工作做起。种田需要力气，装配手表需要巧劲。一开始，刘中华连镊子都拿不稳，夹起钟表细小的零件，他的手就不停地抖。做不好怎么办？没有捷径，只能靠反复练习。他花了大半年的时间，每天超十个小时待在操作台上练习夹零件，其间折断了不少针轴。

"只要努力，就没有征服不了的事情。"靠着对钟表技术认真的劲儿，再加上领悟能力也强，刘中华慢慢掌握了夹零件的力道。工作一年后，他被调到高档手表小组，参与手表的维修工作。随着经验的积累，刘中华功力渐长，装配过的手表种类越来越多、速度越来越快、精度越来越高。回想起这段充实、没有虚度的时光，刘中华心里是满足和感激的。

▲ 刘中华正在给钟表点油。

32 年钻一行，练就超凡工艺

2000 年，飞亚达开始尝试拓展海外销售市场，将品牌推向国际。对于一个谋发展的企业而言，人才的培养至关重要，以质取胜更是企业的生命线。凭借工匠精神和高超技术，刘中华被公司提拔为装配部技术顾问，和团队成员一起为公司发展做出更大贡献。

2002 年，在深圳第四届职工技术运动会手表装配工比赛上，刘中华不负众望，只用 3 分钟就完成了两枚石英机芯的拆装，速度之快让其中一名监考老师瞠目结舌，最终他以出色的成绩获得个人和团体冠军。同年，他参加全国机械手表维修比赛，获得银奖。

"对钟表行业来说，我们必须做到一'丝'不苟，比功力就看谁能够'丝丝入扣'，把钟表调试到最佳状态、最确精度。"刘中华说。

获得荣誉便是获得肯定，但是面向未来，这份肯定更是鼓励、鞭策和更大的责任。2003 年，飞亚达公司承接研制中国载人航天工程的航天服用表任务，刘中华参与其中，主要负责机芯调校和成表组装。当时的刘中华没有相关方面的经验，面对零零散散上千个零件要组装成一块完整的表，他必须非常有耐心地来回测验和调试。

航天表到底有什么非比寻常之处？刘中华说："航天表是提供给航天员用作计时的，要能适应航天员起飞、着陆、飞行、出舱行走等多种使用场景。"

成功完成神舟五号、神舟六号的舱内航天表组装任务之后，真正的挑战才刚刚开始。2005 年，刘中华和团队又接到了一项挑战：制作神舟七号任务的航天表。相较于神五、神六，这次的航天表需要完全裸露在太空环境下，要扛得住零下 80 摄氏度的超低温和强磁场的严苛环境。因此，耐受零下80摄氏度的超低温成为技术攻关首要的难点，润滑油更是关键。为了找到合适的润滑油，刘中华所在的研发团队在大半年的时间内进行了大量试验。最初，研发团队在钟表油中做试验，尝试几十种润滑油后，只找到耐受零下50摄氏度的润滑油，这种润滑油在零下60摄氏度时就会彻底凝固，机芯因此也无法运转。后来，他们又检索了所有资料，决定跳出钟表油的局限，对全世界航空航天使用的润滑油料进行实验和尝试，综合比较分子量、表面张力、黏稠度、挥发时间等指标，经过多次尝试，才挑选出最终使用的油料。

2007年9月25日，正值中秋节，一块从上海刚刚运抵深圳的钟表机芯被马不停蹄地送到飞亚达科技大厦。等候在此的刘中华刚跟家人通过电话，吃完手中的月饼，从当晚8时到次日6时不间断地尝试润滑油点油，跟团队一块熬了一个通宵，终于做好一块表。随即，该表马上被送到北京特有的实验室进行实验论证，实验结果令人失望。每次点油调校完成都要送到北京实验论证，这种往返成了常态。

"这种特殊油料，点油需要特别的工艺。"刘中华介绍说，航天表机芯的轴承钻呈一个碗状的开口，开口就是储油的地方，点油时，他必须要观察清楚碗状开口的大小，并控制好点油的量。在航天表里轮轴最细的是摆轮，直径只有7丝，比一根头发丝还要细，擒纵系统的轮轴直径也只有8丝，难度很高。每次点油的量都要恰到好处，不能太少，太少不能起到润滑的作用，也不能太多，太多溢出来就会流失掉，溢出来之后所有的零件都要拆下来清洗重装，再重新点油。

"每次失败都是有原因的，重要的是怎么去改进。"刘中华抱着必胜的信念，和团队经过反复地拆洗和调试，最终发现，机芯在出厂时点过常规润滑油，而清洗剂无法完全清洗掉，使这一点点常规润滑油残存在里面，影响了结果。找到了失败原因，刘中华和团队又重新进行试验，合格率提高了不少。

经历全体项目团队无数次的试验攻关，航天表研发任务最终取得了突破和成功。该项目成果取得了发明专利一项"一种手表及其制造方法"（专利号：ZL 2008 1 0217291.4）。反复打磨，也使得刘中华练就了独家的点油工艺秘籍，成为国内航天表润滑油点油工艺第一人。

"技能的掌握需要时间来沉淀，比别人多付出点时间，不断磨练自己，干一行爱一行，也就能做好了。"刘中华说。

攻克了神舟七号航天表润滑油的难关之后，刘中华在飞亚达又相继承担了更多神舟系列载人宇宙飞船的航天表机芯改造、装配调校等关键工作，并不断突破了表带阻燃、重力加速度、强辐射、强磁场等技术难点。刘中华和团队成员一起共同成功研制并交付的舱内航天服手表、舱内工作手表和舱外航天服手表共有 4 个型号、11 个批次。它们都默默守护着中国航天事业每一个伟大的瞬间。

不忘初心薪火相传

如今的刘中华，依然坚守在研发一线，并竭尽全力投入到员工培训中，为企业培养新一代的"老表匠"。

"不懂的请教刘师傅。"源于大家对刘中华技术的信任，一遇到问题大家都会找他。在专业技能人才的培养上，刘中华更是毫无保留地把自己的经验和技艺传授给新员工。潘思雄就是刘中华带出来的"技术能手"和"劳动模范"。潘思雄回忆自己刚入行时，看着刘中华几乎"丝丝入扣"的调试功力，感到非常佩服，这些年也是

▲ 刘中华获得深圳市劳动模范荣誉。

在刘中华耐心地教导下，自己才慢慢有了些经验。入行 10 年有余，在潘思雄的印象中，刘中华的专业知识非常扎实，钟表领域有不懂的地方，只管问他，总能学到很多。

在深圳的 32 年，刘中华度过了人生的黄金时光，城市中，他留下了密密麻麻的成长脚印，也留下能人所不能的精湛技艺。在刘中华眼里，小小机芯就是练就技能、打磨自我的地盘，他把手表看作工艺品，把工作当成了一份事业。

在深圳市总工会打造的工匠人才创新平台上，刘中华凭借爱岗敬业、精益求精的工匠精神，成为荣誉颁奖台上最闪耀的能工巧匠。2016 年，他被评为深圳总工会"百优工匠"，获得国务院政府特殊津贴，并获颁"深圳市刘中华精密计时制造技能大师工作室"；2017 年，他被表彰为"深圳市劳动模范"，同时被认定为"深圳市（地方级领军）人才"；2021 年，他获颁"南粤工匠"……

"在我进入公司的第一年，工会就给予了我许多温暖和关爱，开展许多活动丰富我们职工的生活，30 多年过去了，工会仍是最贴心的'娘家人'，给了我许多幸福感和安全感，让我更加坚定要将钟表人的热爱、执着、坚持、精益求精的匠心精神传承下去。"刘中华认为时代在变，但工匠精神不能变，专注执着，沉下心制作真正优秀的产品，是每个时代

都需要的坚持和追求。

而正是有了像刘中华这样一名名工匠的守正创新和追求卓越,才为企业从"制造"到"智造"提供了必要的支撑,也为推动深圳精密科技的发展注入强大的技术动力。

采写撰稿:刘夏蓝

全国劳模周创彬

一位在核电站里被誉为"工人院士"的中专生

1970 年，周创彬出生在广东潮阳（现潮南区）的一个普通农民家庭。1987 年，他以优异的成绩考上北京核工业学校核电站运行专业中专班，1991 年中专毕业后被分配到正在建设的深圳大亚湾核电站。

谁也没想到，30 多年后，这个当初在核电站里毫不显眼的中专生，一步一个脚印，从现场操作员开始，经历核电站主控室操纵员、高级操纵员、运行副值长、高级技师，竟成长为中国广核工程有限公司调试中心副总工程师、专项试验资深专家。还拥有 18 项发明专利，获得"全国五一劳动奖章""全国劳动模范""全国技术能手""中华技能大奖"等荣誉，被各大媒体誉为"工人院士"。

钻管廊、爬管道、下地坑，他几乎跑遍了核电站的每个角落

周创彬出身于一个普通的农民家庭，父亲是共产党员，母亲是勤劳的家庭主妇。小时候的生活条件比较艰苦，父母用勤劳的双手供他读书。回忆起童年的时光，他感叹，父母留给他最宝贵的财富就是言传身教的勤劳和诚恳。

小学时期的周创彬并不是那种最聪明的学生，甚至在一年级时连拼音都学不好，刻在骨子里的勤奋，让他心甘情愿比别人付出多几倍的努力，靠着笨鸟先飞、勤能补拙的信念一步步成长起来。

小学四年级时，周创彬遇到了一位对他人生影响非常大的老师，这位老师的宿舍满是藏书，经常给周创彬借阅，而且还一直启发他涉猎各种各样的知识。渐渐地，周创彬发现，牛顿、爱因斯坦等科学家的故事成了他最中意的"梦中好友"，对各类科普读物，他情有独钟。

上了初中之后，他就开始有意识地接触核物理、反应堆等相关知识，怀着对核电事业的热爱和憧憬，周创彬终于在 1987 年以优异的成绩考上了北京核工业学校核电站运行专业中专班，从此与核电事业结下了不解之缘。

1991 年，周创彬中专毕业后，作为定向培养生被分配到深圳大亚湾核电站做现场巡检员。那时候的深圳，随处可见热火朝天的建设场景，用周创彬的话说，"是最适合年轻人打拼和逐梦的地方"。

当时核电站正处于设备移交检查和系统调试的关键时期。刚开始工作的周创彬虽拥有满腔热血和初生牛犊不怕虎的劲头，但数百个操作系统、近千个核电厂房、七万余台设备，还是给了他一个结结实实的下马威。工作初期，他遇到不少困难，周围还多是高学历的同事，工作压力特别大。

▲ 被誉为"工人院士"的中专生周创彬。

为了尽快熟悉现场并掌握专业知识和技能，周创彬白天拿着图纸，跟着技术工程师和老师傅们钻管廊、爬管道、下地坑，几乎跑遍了电站的每个角落；业余时间就找资料自学各种知识，不懂就向老师傅们请教，逐渐将核电站现场各式各样的设备了然于心。

工作之余，周创彬抓紧所有休息的时间继续学习，通过华南理工大学的自学考试成功取得了大专文凭。在华南理工大学学习期间，因为所居住的招待所条件十分简陋，周创彬只好在别人打牌、看电视的吵闹声中准备毕业设计。凭借扎实的工作实践、刻苦的学习和这份大专文凭，1997 年，他通过了国家核安全局统一安排的考试，顺利拿到了核电站操纵员执照，为自己以后的职业发展打下坚实基础。

2018 年，周创彬又被深圳市总工会经"圆梦计划"教育帮扶活动推荐到首届广东省劳模工匠本科班学习标准化工程专业，经过 3 年的辛苦奋斗，顺利毕业并成功取得了学士学位。

用 4 个月时间，填补了国内核电领域空白

多年的摸爬滚打，让周创彬练就了一身过硬的核电运行操作技术。仅工作 6 年，他就通过操纵员考试，如愿走进了大亚湾核电站的核心位置，成为一名主控室操作员。

作为一线操纵员，每天与运核电机组打交道，周创彬深知肩上的责任重大，一点小缺陷也不能疏忽，稍有不慎，就可能造成不可估量的后果。

一天周创彬上夜班时，在大亚湾 1 号机组逼近临界过程中，他碰上化容控制系统容控箱水位仍异常上涨的情况，一回路的 REA 稀释流量被迫减少，直到 16 吨 / 小时。这与 27 吨 / 小时的最大设计稀释流量不符，这说明下泄流只有 16 吨 / 小时进入硼回收系统，还有 11 吨 / 小时的朝水回到了容控箱。在以前大修临界过程的稀释操作中，他也遇到过同样的问题。当时大家一致认为是化容控制系统的一个三通阀有内漏，但职业的敏感性和责任心使周创彬对此产生了质疑：真有这么大的内漏吗？他立即派人到现场寻找蛛丝马迹，第一波派去的工作人员并没有发现周创彬所怀疑的问题，但他凭借多年的工作经验，坚定地认为一定不是简单的内漏。于是，又派遣第二拨人赶往现场，并嘱咐他们仔细观察安全阀是否存在异常。

果然同事发现有一个安全阀在不断地振动，甚至能清晰听到该阀门动作的弹簧声，进一步检查发现是化容控制系统床前过滤器堵塞所致，从而间接验证了周创彬最初的推断，最后问题迅速得到了处理。事后，大家都说，多亏了周创彬的一双慧眼，否则，一旦错过时机，主控室就再也没有其他信息能捕捉到这一隐患了。

2004 年，岭澳核电站 2 号机组第一次实施完整的"十年大修"，其中一回路水压试验是特大型核安全相关的高难度试验项目，也是首次在国内核电商运机组进行，实施过程复杂，对风险控制的要求极其严格，当时这个重担落到了周创彬的肩上。

为了顺利完成任务，周创彬和团队同事们去法国取经，并带回一本法语版程序。不懂法语的周创彬，靠着扎实的技术功底，一边查字典一边看程序，硬生生啃下了这本法语操作程序。周创彬通过会意其核心思想，在短短 4 个月的时间内编写出约 500 页的中文版《一回路水压试验总体运行程序》，还创造性地将运行风险分析和风险控制编写到程序中，对其中多项技术难题提出解决方案，为实际操作提供了有力的科学指导，填补了国内大型核电机组无水压试验运行程序的空白。

▲ 核电站建造前，周创彬利用全新设计主控室后备盘模型检验运行程序。

创造我国核电调试领域第一个英国专利

就这样，周创彬慢慢成长为运行副值长、机组长、高级技师，屡次在重大核电运行操作和调试任务中挑大梁。常年沉浸在核电世界，与技术做伴，周创彬与设备、器械之间甚至有一种不可言说的默契。从 2015 年末到 2018 年，周创彬先后作为冷试专家组副组长、热试专家组组长，多次深入台山核电现场，面对诸多冷试、热试过程中遇到的技术问题，他总能及时提出应对措施及解决方案和建议，于寻常之处见功力，于细微之处见真章。当时台山项目所采用的安全阀是一种从未使用过的新型号，周创彬在听取现场负责人胸有成竹地讲解安全阀措施时，有着多年丰富经验的他本能地感到有些不放心，仔细检查图纸，果然发现了其中有一项很隐秘的缺陷——冷试期间安全阀拆除阀芯，安装了主阀体盲塞作为承压边界，虽然水压试验可以达到完全密封，但进行一回路抽真空时，外部空气将通过两侧的间隙进入到一回路而导致抽真空失败。电站马上向厂家反馈了这个发现，现场的法国专家也竖起大拇指。

2019 年，周创彬带领团队提出的一项英国发明专利成功获得英国知识产权局授权，这也是我国核电调试领域的第一个英国专利。随着国家重大工程标准化建设工作的深入开展，他以"华龙一号"示范项目副总工程师（调试）的身份，用自己的业务专长和技术优势参与各项调试关键技术研究和决策工作。近两年来，周创彬组织力量对"华龙一号"国家重大工程标准化建设调试专题攻坚，形成"华龙一号"调试标准体系，为推进我国三代核电机型建设进程贡献了自己的力量。

▲ "创师傅"在核电站现场教徒弟。

"工匠精神就是专注做事，精益求精"

虽然奖项荣誉等身，但周创彬日常工作中平易近人，是同事们口中热心亲切的"创师傅"。一线工程师现场遇到问题时，经常直接打电话向他请教，周创彬从来都是耐心指导建议、毫无保留。在同事的印象中，接地气的周创彬时常穿着劳保服穿梭在办公室、项目现场和实验室，在和别人聊工作时，总是把"工作要做到极致，坚持'严慎细实'，不要有半点侥幸，核安全不能有半点马虎"挂在嘴边。

为了能够让"创师傅"的创新工作开展得更加顺利，2015年，在深圳市总工会的帮助下，周创彬创建了属于自己的劳模创新工作室。2020年12月，"周创彬劳模创新工作室"被命名为"广东省劳模和工匠人才创新工作室"。

周创彬说："我理解的工匠精神，就是每天在自己的岗位上执着专注地做事，技术上做到精益求精，只要每天有一点点进步，都是在超越自己，刷新纪录。"

作为工作室带头人，他在完成本职工作的同时非常注重培养年轻力量，以"传帮带"的方式不断培育新人，为国家培养出了一批又一批核电人才。还先后赴深圳职业技术学院（现已更名为深圳职业技术大学）、广东南华工商职业学院等多所院校宣讲劳模工匠精神，成为激励一线技术青年和在校学生成长、成才的模范榜样。

采写撰稿：鲁自凡

深圳首位"招调工"入户的外来务工者

杨广："工会是我成长的第二个家"

刚到深圳的时候，杨广只有 19 岁，在深圳求职处处碰壁的他只有一个简单的梦想，就是留下来。此后，与工会的相遇彻底改变了他的命运。

2004 年，26 岁的杨广在工会的帮助下调入深圳户口，成为深圳市第一个"农转非"入户的高技能人才，真正成了一名深圳人。从读书成才到入户深圳，杨广在工会的帮助下，先后圆了自己的"大学梦"和"深圳梦"。如今，杨广在深圳有了自己的家，职位也从原来的保安员变成了运维部主任。在他心中，工会就是自己的家，他能够在深圳有如今的发展，离不开工会帮助。

"是工会让我重新看到读书的希望"

杨广是广东湛江人，1998 年高考落榜后，他来到深圳寻找工作机会。初到深圳时，这座城市的高楼大厦和霓虹灯闪耀的夜景让他印象深刻，也坚定了他要留下来的想法。不久之后，杨广被深圳市中电物业管理有限公司聘用为保安员，尽管这个身份距离他扎根深圳的梦想还很遥远，却给他提供了一个在深圳奋斗的起点。

杨广坚信"学习改变命运"的理念，也梦想着学习能改变自己的命运。一直勤奋学习的他，在 2000 年考上了深圳大学成教学院计算机系，但课程上到一半，家里却传来父亲病重的消息。他借了 4 万多元回家给父亲看病，并含泪办了休学手续，他的"大学梦"中断了。

杨广对学习的追求并没有停止。不久后，杨广从媒体得知，深圳严重缺少技能人才，当时就职的公司工会主席也建议他去读电工，学习一门新技能。但那时他无力交学费，为了凑钱读书，他咬牙把身上仅剩的几百块钱全部用来买了一些小商品，到街头摆地摊，以

▲ 工作中的杨广。

赚取电工技能培训班的报名费。

但很快摆地摊赚学费的做法就受挫了，城管没收了他所有的小商品。之后，身无分文的他，在居住的烂尾楼里面捡了一些瓶子，卖了五块钱。这五块钱他整整吃了一个星期，每天只用葱就着馒头吃，导致最后声音沙哑。

在工作中使用对讲机时，公司工会余主席听到杨广沙哑的声音，便仔细询问。详细了解情况之后，余主席大为感动，先是个人借了 900 元钱给杨广交了报名费，随后又想办法帮助他调整住宿安排和工资待遇，给杨广提供了单身宿舍，方便他学习。他的工资也从原来的月薪 600 元涨到了 900 元。

"是工会的帮助让我重新看到了读书的希望。"对那个时候的杨广来说，工会就像是黑夜中的一把火炬，点燃了他即将熄灭的梦想之光。

顺利入学之后，杨广又面临着工作时间与上学时间冲突的问题。由于上的是夜校，而工作是一天三班倒，一周里总会有几天没办法去上课。余主席很支持他去学校学习，了解到这个情况之后，就安排人事将杨广的工作时间调整成两班，让他晚上可以安心去上课。除了工作时间的调整之外，工会还为杨广调整工作岗位，让他可以在自己钻研的电工行业里面得到锻炼。

▲ 展会现场杨广（左一）和前来参观的领导合影。

"三百六十行，行行出状元，只要在一个行业里不停地钻研和提升，肯定能有所作为。"抱着这样的想法和对电工行业的热情，杨广一读就是十几年。

2000年到2010年在深圳读夜校期间，他在工会的帮助下一步步通过学习、考试，拿到了各种证书。2001年，他通过考试拿到初级电工等级证，2002年拿到中级电工等级证，2003年拿到高级电工等级证。他的岗位也因此实现了巨大的转变，从保安员到初级电工、高级电工，再到现在的运维部主任。

2005年，杨广考入中国地质大学机电一体化专业，从大专到本科、硕士，他一步步进修，在工会的帮助下，圆了自己的"大学梦"。

深圳首位通过"招调工"入户的外来务工者

不断学习和提高技能让杨广有足够的能力和经济基础留在梦想中的深圳，更让他不敢想象的是，作为农村户口外来打工者的他，之后能够入户深圳，成为一名真正的深圳人。

2004年，深圳全面城市化正式启动，当时针对外来务工者入户有一个新的规定，即"获得高级技工资格证的外来务工者可入户深圳"。公司工会主席看到报道之后，马上找到杨广，跟他分享这个好消息。杨广持有高级电工等级证，根据政策新规初步判断是符合入户要求的。接下来的几个月时间里，工会安排人事部的同事帮忙查找资料和信息，准备相关申报材料，包括身份证、高级电工等级证、学历证明等，然后通过工会这个平台进行申报。

申报提交过了一段时间，杨广收到原市劳动和社会保障局打来的电话，告知他调令已下达，可以去办理入户手续。电话这头的杨广听到这个消息后，眼泪便默默流了下来。挂了电话之后，他第一时间打电话给母亲，告诉母亲："儿子有希望落户深圳了！"

"当时我的老家还很贫穷，能够从农村来到深圳打拼并且安家落户，这是多大的一个期盼啊。"杨广说，尽管非常渴望，也按流程提交了申请，但能够真正入户深圳，却依然是他想都不敢想的事情。

2004年5月21日，公司工会主席和人事部主任带着杨广去劳动局办理入户手续。杨广以为就是拿了相关资料直接去入户就行了，没想到一进去，就有很多摄像机对着他录像和不停地拍照，杨广一下就蒙了。直到听到劳动局领导在宣讲中介绍他是深圳市首位通过"招调工"入户的农业户口高级技能人才，他才明白这是怎么一回事。

随之而来的就是十几位记者围着他采访。"从来没有见过那么大的场面！"杨广直言入户当天非常激动开心，"我是去了之后才知道我是深圳第一个'农转非'的，那个时候已经激动到不知道说些什么好，想说的就只有一个意思：非常感恩，对工会、对深圳，我真的很感恩。"

采访结束后，杨广拿着"户口迁移证"和"深圳市'农转非'人口入户指标卡"，跟随着劳动局和工会的领导到南园派出所办理了入户手续，终于实现了自己的"深圳梦"。

那年杨广才26岁，正是青春年华，这一纸调令让他的生活轨迹发生了变化，拥有了深圳户口，工作稳定，职位提升，待遇也跟着提高，几年后他在深圳买了房子，也安了家。同时，在工会的推荐和帮助下，杨广先后获得"全国十大知识型职工先进个人""全国物业十大金牌奖风云人物""广东省五一劳动奖章"等荣誉。

"工会帮我圆了梦，工会就是我成长的第二个家。"从读书成才到入户深圳，杨广在工会的帮助下，先后圆了自己的"大学梦"和"深圳梦"，对他来说，工会已经成为他人生中不可分割的一部分。

广泛宣讲传递"深圳梦"的"圆梦大使"

2008年，深圳市总工会在全国率先发起以帮扶外来务工者继续教育为目标的"圆梦计划"，包括学历教育和职业技能培训两方面。当时杨广已经是电工行业的高级技师，也

▲ 广东省原省长黄华华祝贺杨广获得"广东省五一劳动奖章"。

在工作中不断实践积累了很多经验，技能方面他已经处于行业的顶端。学历教育方面，他当时正在中国地质大学读本科，从刚到深圳时文凭为高中到本科在读，实现了巨大飞跃。基于这两方面，市总工会邀请杨广作为"圆梦大使"，到各个企业给外来务工人员进行"圆梦计划"宣讲。

杨广格外珍惜这样的一个宣讲机会，他特别想通过自己的经历，告诉那些来深圳打拼的务工者，只要有梦想，只要自己努力，梦想就会实现。

在他的影响和感召下，越来越多的外来务工人员加入"圆梦计划"。他所在公司就有七八名来自湖南、河北等地的同事也跟随他的脚步，通过刻苦学习，招调入户成了深圳人。

2012 年，杨广作为来深务工人员的代表，参加了市总工会发起的"新工人，新市民，深圳有你更精彩"主题公益宣传片拍摄。

"19 岁来到深圳，当时只有一个简单的愿望，留下来。从大厦保安到弱电工程师，不停止希望，更不停止努力……"简短的 30 秒，展现了杨广个人成长逐梦的经历，以及他对深圳的热爱和对知识改变命运的渴望。

　　这个宣传片在深圳的地铁和巴士上循环播放，并通过深圳卫视向全国播出。有一次坐地铁时，杨广坐在地铁宣传屏的下方，突然屏幕上开始播放他的宣传片，旁边的人兴奋地指着杨广喊起来："这不就是杨广吗！"被人认出来，杨广很激动，他觉得这意味着他读书成才的经历和追求梦想的精神得到了认可，也传达到广大市民的心中，能因此感染到更多的人去勇敢追梦。

　　2013年，深圳市委宣传部、深圳市文明办组织了"中国梦·鹏城行"主题宣讲活动，其中的劳模宣讲团由深圳市总工会组建。杨广再次接到市总工会的邀请，作为劳模宣讲团的代表去宣讲自己成长中的"深圳梦"。

　　"我能够有现在这样的成就，得益于工会一步步的帮助，给我提供很好的平台和提升空间。我也希望其他的外来务工者能够有机会提升自己，改变命运。"对杨广来说，能够作为劳务人员代表去分享自己的经历，是自己的荣幸，也是一份责任。"当时深圳技能方面的人才比较缺少，而我作为工会选出来的职工典范，有义务帮助工会把教育宣传做好。"

　　看到身边很多人在自己的感染下、在工会的帮助下逐渐改变命运，杨广很有成就感。"我印象最深的是富士康的一个劳模，他在工会的帮助下，拿到了本科学历，职位也从一个普通的员工提升到工会副主席。"

　　"我以前也是一个保安员、普通电工，曾经摆过地摊，但我现在已经是运维部的主任，主管着整个华强北的公司运维设备设施的保养。我以前住过烂尾楼，现在自己在深圳买了房子，安了家，这一切都是这座城市和工会给我的最大恩惠。"杨广说。

采写撰稿：余津津

郑丽萍：在光影中寻觅历史
一个摄影师眼中的深圳工会

1979 年 10 月，郑丽萍调入深圳市总工会工人文化宫工作。那时的她并没有想到，自己拿起的照相机，会拍下深圳工会 40 多年的光影。

郑丽萍的家如今依旧收藏着 40 多年来拍摄的几十万张照片，它们像是角落里闪耀的光，钻进时间的空隙里，每一张都映照出工会一段难忘的历史。

▲ 郑丽萍拍摄的 1999 年"欢乐在鹏城"活动现场。

一本相册点亮沉寂在光影里的故事

郑丽萍调到深圳工作之后的第二年，深圳经济特区成立了，与此同时，原宝安县总工会升格为深圳市总工会，工会工作也开始新的篇章。

作为工会的摄影师，郑丽萍自然更爱把镜头对准深圳的职工。1980 至 2000 年，深圳的道路快速铺设，各类建筑以惊人的速度拔地而起，看着一段段宽大笔直的道路铺就开来，目睹一天天都在拔地而起的高楼大厦，郑丽萍被建设这座城市的劳动者深深感动。

建设者辛勤付出的背后，作为"娘家人"的工会从未缺席。为了更好地服务深圳职工，市总工会推出了各种各样的文化娱乐活动，也是从那时起，郑丽萍端着一台单位分配的相机，跑遍了整个深圳，记录下许多珍贵的历史瞬间。

"最多的时候，一年发了近 200 篇的新闻摄影报道吧。"算下来平均 1.5 天就要出一篇稿子，虽然很辛苦，但郑丽萍乐此不疲。她笑着说："那时候每天拍完照片，自己到暗房去冲洗，然后马不停蹄送到报社。虽然风里来雨里去，但很有成就感。"

接受记者采访时，郑丽萍一边回忆往事，一边翻开手中的相册，沉寂在历史中的光影也被逐渐点亮。

1982 年，金城大厦的工地里，一名建筑工人赤裸上身，头戴斗笠，神态专注而认真，正蹲在泥土地上用木棍做着测量工作。清晨的阳光此时正好洒在他黝黑的皮肤上。郑丽萍心生触动，立刻举起手中的相机，"咔嚓"一声，将这一刻定格在照片中。郑丽萍给这幅作品取了一个诗意的名字——《大厦从这里升起》。

1989 年 8 月，深圳工人文化宫里搭起了一个百花台，这里正在举办深圳首届职工艺术节。舞台简单而朴素，演出却分外精彩。台上整齐站着几十人的演唱团队，台下密密麻麻坐满了前来观看演出的职工。灯光亮起，音乐响起，一阵又一阵的欢呼和掌声都在一瞬间被收藏进了照片里。

1997 年 2 月，"迎新春职工庙会"如期举办，这是市总工会为留深过春节的职工所准备的系列活动之一。文化宫内锣鼓喧天，舞龙舞狮随着鼓声翻腾起舞，职工们三五成群正围着观看。一个女孩看着"大头娃娃"们的表演乐得笑弯了腰，身边男孩望着女孩，也偷偷地跟着笑起来。

1998 年 3 月，一场紧张而刺激的"一九九八年度画眉精英赛"正在进行中，上百人围着一个简易赛台看得入神。台上用木板隔出两个赛场，竞争双方都蹲在地上聚精会神注视着笼子里的参赛选手，这幅照片叫《百鸟斗鸣》。自市总工会创办以来，每年都推出了面向各种职工群体的比赛，以满足不同职工的爱好。

2010年4月，正在紧张施工的大运会场馆工地按下了暂停键，十几个建筑工人席地而坐，正专心致志地看着面前临时搭起的屏幕。这是市总工会组织的"免费电影下基层"活动，到全市各社区、工地给职工们免费放映电影。深夜里，投影机射出了一道光，被钢筋水泥充斥的工地似乎也因此温暖了许多。

…………

像这样面向不同职工群体的文化活动还有很多，郑丽萍都用自己手中的相机记录下来，她把这些记忆都整理好，汇集成一本珍贵的作品集——《一个女摄影家记忆中的深圳与工会》。

这些沉寂在光影里的故事不仅记录着市总工会40余年的发展历程，也记录了无数建设者的热血与青春，他们在这片土地奉献着，而工会也以坚强的后盾为职工们护航前行。

一次借调走进工会的另一面

文化活动只是工会服务的一个部分，郑丽萍的镜头里记载的，还有工会的不同侧面。

郑丽萍调来深圳后，一直在工人文化宫工作。1982年，深圳工会开始着力推动企业工会的组建工作，一时间工作任务繁重，人手严重不足。郑丽萍收到了上级通知，要被借调到市总工会，帮助深圳新南新染厂组建企业工会。从那时起，郑丽萍便和时任工会主席张汉明、组织部部长王英、劳保部部长王锦贤一起，每天跨越半个城市去深圳的最东部工作。3个月后，1982年12月17日，深圳新南新染厂成立工会，这是全国第一家港商独资企业工会。之后，在市委市政府的高度重视支持下，全市"三资"企业工会工作全面展开，由此开创了我国外资企业工会工作新局面。

这一段特殊经历让郑丽萍对工会的工作有了全新的认识，也是在这一年，为了弘扬劳模精神、劳动精神和工匠精神，深圳开始评选表彰市劳动模范和先进集体。郑丽萍开始了拍摄劳模的历程。此后每一年，那些劳模的故事都载入她的光影里，熠熠生辉。

2010年5月1日，郑丽萍如往年一样，准时到达表彰活动现场，一个特殊的身影吸引了她的注意。那是当年获得全国劳模称号的代表郑卫宁，他坐着轮椅慢慢"走"来，脸上挂着浅浅的笑容。后来，郑丽萍才知道郑卫宁身患先天性重症血友病，长期以轮椅代步，靠定期输血维生。1997年郑卫宁创建平台——"残友"，探索残疾人高端就业，为8100万残疾人找到了一条就业路。随后，他更是将残友集团90%个人控股股份和旗下各分公司51%的个人控股股份，以及"残友"和"郑卫宁"的驰名商标品牌价值等，通过律师公证全部裸捐给社会所有。

▲ 郑丽萍拍摄的全国劳模郑卫宁。

　　郑卫宁的故事让郑丽萍深受感动，她开始相信，表彰劳模不仅是对劳模们的认可，也会给千千万万的普通人带来榜样的力量。

　　表彰大会当天，中金岭南有色金属股份有限公司上百号员工都来到了现场，他们正站在市民中心门口翘首盼着——公司的同事郭勇前段时间被通知获得了全国劳模称号。不一会儿，当郭勇身披"全国五一劳动奖章"绶带走出来，现场响起一阵震耳欲聋的欢呼声，所有员工瞬间围了上去，个个脸上都洋溢着自豪而真挚的笑容。看到这里，郑丽萍也忍不住跟着他们笑了起来，随后拿起相机，记下了这令人感动的一幕。

　　一直到 2020 年，深圳已表彰各级劳动模范和先进工作者 2687 人。他们日复一日，年复一年，走过岁月四季，走过青春年华，用数年如一日的执着与热爱，深耕于平凡岗位。而这些故事都被镜头记录下来，成为历史中夺目的光影。

"一直到我不能记录了为止"

　　工会 40 余年的故事中，让她印象深刻的远不止这些。郑丽萍翻出 1999 年拍摄的照片，"还有这个，是职工技术创新运动会"。

　　为培养深圳产业工人队伍，激励劳务工成长成才，自 1992 年起，深圳市总工会便创

▲ 郑丽萍拍摄的摄影爱好者们在深圳大鹏采风。

办了深圳市职工技术创新运动会，服装设计、花艺创作、饮食烘焙……各种行业技术，应有尽有。郑丽萍翻开的，是第三届职工技术运动会的照片，年轻的职工们此刻正全神贯注制作着手中的作品，那认真的神态如今看来依旧紧张生动。

望着手中的照片，郑丽萍像是回忆起什么有趣的故事，突然笑了起来，"我还记得当时有个年轻职工穿着工服匆匆忙忙就赶来比赛，一比赛完又马不停蹄跑回去上班，那样子想起来真是单纯可爱。"

深圳经济特区建立40多年，深圳工会也走过了40多年的峥嵘岁月。40多年来，郑丽萍拍下了几十万张照片，用职工们鲜活的面容，生动再现了深圳与工会的发展变迁。直到今天，深圳工会的故事依旧在历史的长河中流动闪耀，为职工服务的宗旨也随着时代的变化不断创造出新的实现方式。

对于郑丽萍来说，工会的创新发展也对影像记录工作提出了更高的要求。"我想最近要搞个飞机（无人机）来拍了。"郑丽萍感叹现在的年轻人早已用上了无人机等现代化的拍摄设备，她也一定不能落后，"难学又怕什么，大不了摔烂了再重新来呗！"尽管已经退休，但对于深圳、工会和摄影的热爱让她始终舍不得放下手中的相机，她看着自己的摄影作品集坚定地说道："我会一直记录的，记录深圳、记录工会、记录职工，一直到我不能记录了为止。"

采写撰稿：李慧淑

熊永兰：
十年女工"读书成才"
暖心服务"留住工人"

回想起初次了解深圳工会，熊永兰笑意盈盈。20多年前公司工会安排包车送她们回家的场景犹在眼前，那是她到深圳后第一次回家过年。

18岁时，熊永兰从海南来到深圳打工。在深圳奋斗的近30年里，她通过不断学习，实现知识改变命运，从一名流水线女工成长为大型国企管理人员、十八大党代表。

在工厂奋斗的10余年，她接受到来自工会无微不至的关怀；转岗到后勤服务中心，她从被服务者转变为一个服务者，为工人们提供8小时之外的生活服务。她说，我们要做的是留住工人，让工人在这里生活得开心、工作得放心。

▲ 熊永兰。

工会初印象："如'娘家人'般温暖"

熊永兰是广东信宜人，从小在海南出生长大，1992年高中毕业后，18岁的她跟随小姨来到深圳打工。当时家庭经济困难，父母工资一个月才30多块钱，且弟弟妹妹还在读书，她不得不放弃继续升学的机会，出来打工补贴家用。

这是熊永兰第一次远离家乡。"刚到深圳的时候，我不懂怎么坐车，连方向都分不清。"从海南到深圳，是妈妈送她回到老家后，再由小姨带着她来的。刚到深圳那年，没能认识来自海南的老乡朋友，至于从深圳回海南的路，她并不清楚该如何返回，只知道需要坐车、转车再坐船。山长水远，加上担心碰上"卖猪仔"，到深圳的第一年，熊永兰没有回家过春节。那时候她在宝安一家生产手表表壳的小型港资企业做流水线女工，这是她在深圳的第一份工作。

1993年2月，熊永兰进入万宝电子厂工作。这是一家"三来一补"的来料加工企业，隶属于宝恒集团（现中粮地产集团）。工厂规模大，拥有一万多名员工，管理规范，企业对员工的人文关怀也很细致周到。在这里，熊永兰第一次感受到了工会的温暖和关怀。

临近过年，工厂工会管理人员便开始统计员工的家乡所在地，并统一订好大巴车送员工回家。熊永兰提前一个月就开始打包行李，带着终于可以回家过年了的兴奋。回家那天早上，天还没亮，一辆辆大巴整齐排列在工厂门口，所有的员工扛着大包小包的行李寻找自己的返乡车辆，工厂的厂长、副厂长等领导也都早早在门口等待。"那个场面非常壮观，而且走的时候领导会跟我们说一路平安。"在深圳的第二年，熊永兰坐上工厂安排的包车，终于顺利地回家过年。"想想那时候不用自己费劲四处找车回家，心里非常安定和幸福，特别是对于我们刚刚工作的人来说。"

万宝企业工会很注重员工的文化生活，平时会组织游园会、职工运动会等活动，以车间为单位进行篮球赛、拔河比赛，以此调节工人紧绷的情绪，同时也促进工友与工友之间的交流和互动。

除此之外，工会的普法工作更让熊永兰觉得受益匪浅。新的《工会法》《劳动法》《合同法》颁布实施以后，上级工会组织会到社区里面进行宣传。"在20世纪90年代有很多到深圳打工的人，其中有很多跟我一样是怀着追求成长的梦想来到这里的，那时从学校出来就打工的人，一般对法律的了解是很少的。"熊永兰说，"从小在家里就有订《法制报》，加上参加了工会组织的普法活动，让我们更清楚劳动者只有学法、知法，才能更好地去守护自己的合法权益。"

熊永兰说，从工作到生活，再到个人成长的方方面面，她在万宝感到了工会对职工无微不至的关怀，工会给她"娘家人"般的温暖。

▲ 1993 年工作照，后排右起第三人为熊永兰。

读书成才：“工会助我'走出去'”

从来到深圳开始，熊永兰就一直想找机会继续学习，她并不满足于流水线的工作，"知识改变命运"这句话一直在她脑海里回荡。

"我只有不断学习进步，才能不被社会淘汰。"带着这样的想法，在 1993 年进入万宝电子厂后不久，熊永兰就报了一个函授班，学习公共文秘管理，学时为一年。万宝厂的规范管理和稳定的作息时间让她有足够的时间进行学习。

函授班上完后，熊永兰又在机构报了一个电脑学习班，当时她一个月的工资是三四百块钱，但学电脑的报名费就要一千多块钱。当时家里人很不理解，觉得"有份稳定的工作就好了，花那么多钱学这个干啥"？熊永兰不顾家里的反对，认为"学到新东西之后，未来才能够有更好的成长空间，才可能有更高的收入"。

事实证明熊永兰所学的知识对她工作的提升大有帮助。调到质检部门之后，熊永兰负责的是资产管理和文书档案的管理工作，在函授班所学习的知识正好派上用场。学习电脑的时候，她利用工余时间在质检部门的检测设备键盘进行模拟练习，因此有了后来帮主管录入数据以及更多的工作机会。"我很庆幸能够提前去学习一些知识,也让我很深切体会到在深圳这座城市,机会是给有准备的人的。"

熊永兰孜孜不倦的求知精神帮助她在一个月内实现岗位三级跳,也让所有人看到了她的努力和上进。2005 年,深圳市总工会举办第一届"深圳十大读书成才职工"评选活动,并组建第一支读书成才职工宣讲团。当时,熊永兰由企业工会向市总工会推荐,顺利当选,并作为宣讲团成员之一,走进企业、走进工业园区分享自己的故事。对她来说,这是一次锻炼的机会,让她走出去,看到更多的人和更大的空间,也是她一次学习成长的过程。

2005 年,熊永兰被评为"宝安区劳动模范"。2006 年,熊永兰由基层工会向上级推荐,当选"广东省劳动模范",当年共评选出省劳动模范 299 名,其中外来务工者只有 4 名,熊永兰就是其中一个。2013 年,市总工会组建"劳模宣讲团",熊永兰作为劳模代表之一参与宣讲活动,与广大职工面对面交流,以自身故事诠释劳模工匠精神。

"一个人的成长离不开个人的努力,更离不开一个良好的平台,万宝和工会组织就是这样的一个平台。"熊永兰说,尽管万宝属于"三来一补"企业,但因为有了工会的协调,让工作氛围、劳资关系、工作时间都很稳定,这让她有足够的时间去求学和加入到志愿者队伍中,而市总工会则是为她提供了一个锻炼的平台,让她可以"走出去"。

从被服务者到服务者:"让工人生活得开心、工作得放心"

2004 年,熊永兰从万宝电子厂跳槽到宝恒大洋服务有限公司(现中粮地产集团深圳大洋服务有限公司)做后勤服务工作,为万宝电子厂的工人们提供 8 小时工作时间之外的生活服务。她也由此从一个被服务者转变为一个服务者。

作为流水线成长起来的工人,熊永兰更能读懂外来劳务工群体的需求,加上之前在公司团委担任基层团干、带领社区义工队伍 10 余年,熊永兰懂得怎么做好服务,也热切地想要为别人做好服务。

态度、能力、热情兼备,很快,熊永兰就被提拔为主任助理,负责公司 1 个生活区 3000 多名工人的后勤服务工作。2007 年,熊永兰所负责的生活区由 1 个增加为 5 个,负责 2 万名工人的后勤服务工作。2012 年,熊永兰担任公司后勤中心主管。

"当时公司提出党建带工建、带团建的工作模式,我们要做的是留住工人,让工人在这里生活得开心、工作得放心。"

熊永兰说,根据生活区的实际情况,他们提出一系列的服务方式,并不断改善和提升服务。"工人生病了,我们把他送去医院,工人身上没带钱,医药费就由我们先垫付……

▲ 工作之余熊永兰（左二）走访青工宿舍，倾听青工心声。

所以那时候工人的流失率非常低。"

2012 年，熊永兰当选十八大党代表。作为当时深圳唯一一位来自基层岗位的十八大党代表，熊永兰决心要倾听工友的声音，向上反映工友的困难，发挥自己的桥梁作用，并于 2013 年 6 月成立"十八大党代表熊永兰工作室"，为外来劳务工提供一个反映诉求的平台。

在帮助工友解决的诸多问题中，解决大家上班通勤的问题，一直让熊永兰引以为豪。

当时有不少工友反映，工业园区与地铁之间没有公交线路接驳，只有一辆 22 座的小巴经过，很多工友赶时间上班，不得不选择摩的出行，非常危险。深入了解后，熊永兰向上反映了工友们的诉求。2013 年 12 月，在各部门的推动下，原小巴车改成大巴车，同时开通了一条新的公交线路 M419，每隔 10 分钟发一趟车，经过 4 个工业园区直达后瑞地铁站，解决了工友们前往机场困难的问题，也实现了工业园区与地铁站的无缝接驳。

多年的基层工作和跟工友近距离的接触，让熊永兰对工会的工作也有了自己的认识。"工会的服务是随着社会经济的发展和职工的需求来进行适时调整的，并不是一成不变的。"

在深圳奋斗的近 30 年里，熊永兰与这座城市一同成长，也参与并见证着工会服务方式的发展和变化。"以前我们有'宝安工会工作模式',在新时期,这种模式有了不一样的内涵。像市总工会的"圆梦计划",以前可能是线下授课比较多,现在则提供更多的线上课程,包括现在工会跟景区合作,为工友提供门票优惠等,都是顺应职工需求做出的服务方式的调整。"

如今,熊永兰是宝安区青少年服务中心综合部副部长,负责后勤物业管理服务及宣传等工作。在她看来,工会工作最暖人心的就是紧贴时代脉搏,与时俱进,为职工提供贴心的服务。

采写撰稿:余津津

创新"文化力" 凝聚"职工力"

深圳工会推动职工文化建设体系升级"3.0 版"

在深圳,工会职工文化活动历时久、知晓率高、形式丰富,在满足职工精神文明生活需求的同时,推动职工提高素质,进而优化企业生产效率,以更潜移默化的方式助力深圳产业转型升级发展。

随着深圳推进先行示范工会建设的步履加快,作为凝聚职工、引领思想、维护权益的重要抓手和推动新时代工会发展的内在需求,职工文化建设体系也日趋完善。

不仅品牌项目"欢乐在鹏城"推陈出新,"深圳十大书香企业""深圳十大读书成才职工"覆盖面更广,"职工书屋"也升级换代,并推出"三大职工文体节",呈现出"持续性、贴近性、创新性"的显著特征。

4 月 23 日是世界读书日。2022 年 4 月 22 日,深圳市总工会职工书屋文化服务品牌建设项目启动仪式暨首场读书沙龙活动,在被坊间称为"最美海边书吧"的深圳湾公园白鹭坡书吧举行。

这一系列改变意味着深圳工会正在已有职工文化载体平台上,统筹利用现有公共文化资源,搭建新时代工会重要阵地。接下来,将开展一系列文化交流活动、衍生文化服务清单,在硬件、软件上更好地服务职工,推动职工文化建设体系向"3.0 版"升级。

历时最久:"欢乐在鹏城"
"直达工厂园区,演出一座难求"

20 世纪 90 年代中期,深圳经济特区处于发展的快车道,吸引了来自全国各地的务工大军。然而,每逢年关将近,劳务工都面临着"回家过年,车票难买;留下过年,乡愁难排"的两难选择。

为了务工者在深圳感受到"家"的温暖，1996年元旦和春节期间，深圳市总工会启动"欢乐在鹏城"活动，成为深圳最早启动，且至今历时最长的职工文化活动。

所谓"欢乐在鹏城"，即在元旦、春节期间通过"送戏下基层"形式，把舞台搭在工厂、园区，为留深过年的劳务工送去演出、文化和电影，更送去喜庆、关爱与祝福。

当时，演出直接送到"关内"的社区、工业区和企业，"关外"的厂矿和建设工地，没有现成的舞台就自己搭建，基本是露天进行。在劳务工最集中的宝安区，还每年举办千人饺子宴联欢活动，区领导与劳务工们一起包饺子庆新春。

与此同时，"欢乐在鹏城"也成为工会流动的宣传阵地，将主题宣传、工会工作和城市融入等寓教于乐地输出。比如，将"中国梦·劳动美""新工人、新市民、大培训、大提升"融入节目中，把工会法律维权、安全生产等知识以问答互动形式穿插在演出间隙等。

随着时代发展，特别是90后、00后劳务工加入和互联网等媒介的普及，工会服务对象和环境均发生很大变化，深圳工会主动顺应潮流，不断求新求变，广泛邀请各区、街道、社区和企业工会参与，除吸收优秀表演团队外，也鼓励职工自己创作。

"欢乐在鹏城"由原来单一舞台和演出形式，逐渐发展成以"和谐深圳、欢乐鹏城、活力职工"为主题的多舞台、多品类职工文化关爱系列活动，规模和覆盖面不断扩大。

"演出题材和形式都非常接地气。我看过许多商演和公益演出，但只有这个与工人和劳动者密切结合，让员工有第一视角代入感。同时，节目传递的信息和元素都源于身边日常工作和生活，将'小个人''大社会'结合，带给人'欢乐、正向、逐梦'的价值取向。"深圳赛意法微电子有限公司工会主席彭龙军说。

更让他满意的是，由于公司在龙华、福田均有大量员工，仅龙华就有几千人。因此"欢乐在鹏城"不仅每年在这两地演出，从2017年底开始，企业工会还直接参与到节目策划中，"让我们有了主场感"。

彭龙军说，市总工会送来了沙画、相声、小品等节目后，公司会提出修改意见。比如，沙画表演画的全是公司历程、生产线、大楼图形等；互动竞猜、知识竞赛也融入一点公司的知识体系，还发动员工上台自编自导自演节目。

"员工喜爱程度非常高，特别积极。每次演出都一座难求，边上、楼上都挤满了站着看的人。最后发展到，看演出成为一个小奖励或要轮流去看。"彭龙军认为，这不仅调剂了产线工人枯燥的快节奏生活、拓宽视野，更重要的是拓宽了企业文化建设形式，助力企业打造真正的软实力。

如今，"欢乐在鹏城"已累计送出数百场新年文艺慰问演出，覆盖职工超过千万人次，延伸出线上才艺秀、线上文艺演出等创新载体，深受深圳职工喜爱。

▲ "欢乐在鹏城"为外来务工人员送上演出。

成长最快：两个"十大"评选
"你读书我买单，满溢书香助成才"

随着深圳推进产业结构转型和城市文化发展需要，打造学习型企业和职工群体成为急迫之事。2007 年，深圳市总工会、市文明办、深圳读书月组委会办公室联合启动"深圳十大书香企业""深圳十大读书成才职工"评选，成为深圳读书月的品牌活动。

"深圳十大书香企业"评选由 4 个指标构成，分别是：书香资源、书香保障、书香活动、书香成效。评选并不过分强调硬件指标，而是更注重软件指标，即书香企业的内涵。

"深圳十大读书成才职工"的评选标准则是，参评职工在深圳工作 2 年以上，通过读书学习，取得比来深工作前更高一级学历或职业等级证书（专业技术证书），并勇于创新、成绩显著，积极参与工会和单位的读书学习活动等。

"读书可以净化心灵，提升应对问题的能力和专业水平，成就自身发展。成长快的员工和干部平时大多喜欢看书。因此，企业也希望员工自我提升，实现与企业共同成长。"中建二局二公司曾获评省、市"十大书香企业"，工会工作部负责人司浩洋说："公司工会不断创新小点子，就为了让员工多读书。"

"公司曾在楼下设了'途书加油站',让出差的员工在旅途中,也可以借阅图书在飞机、高铁上看;还开展了'你读书我买单''你捐书我赠书'等活动,都是为了激发大家的阅读积极性,保证书有人看。"司浩洋说,除了报纸和杂志统一征订外,每个部门的年度预算里都有书籍采购这项,可结合业务需求采购书籍,工会也会大量购入各类榜单或书店畅销书。

在这样的氛围下,该公司机电装工程师吴青东获评为第十四届"深圳十大读书成才职工"。通过不断读书奋进,他从基层岗位考取代表施工管理最高含金量的注册一级建造师证书、荣获"高级工程师"职称,获评"2017年中国建筑施工优秀项目总工程师"荣誉。

"深圳有无数和我一样热爱读书的青年人,我们在读书中汲取力量、收获成长,为深圳这座城市贡献智慧、增添活力。"吴青东说。

为进一步激发深圳职工读书热情,促使企业不断健全创建机制,营造有书香氛围的企业文化,深圳工会每年还组织"职工读书成才巡回报告会",深入企业、社区、工地等基层一线演讲,呼吁更多务工者通过知识改变命运,实现梦想。

曾在深圳流水线打工的张春丽就是报告团成员之一。她曾因家庭境遇而放弃上大学的机会,来深圳打工后坚持学习,终圆大学梦,并先后获得"全国五一劳动奖章""全国十大读书人物"等殊荣,她的故事感动了很多倾听者。

"我的老家恰好就在张春丽出来的村子隔壁,她说的每个字、每句话都深深地触动了我。我几乎是流着泪听完她的讲述的,带给我很多正能量!"在研祥公司工作了近20年的张美芬回忆。

如今,"书香企业"不仅成为学习型企业建设的有效载体,也成为职工群众读书成才的重要阵地,而"读书成才职工"则在职工群体中发挥榜样作用。

链接最广:职工书屋
"融合文化资源,衍生服务清单"

"职工书屋"是中华全国总工会为保障职工特别是一线职工、外来务工者的基本文化权益,为基层职工提供和创造方便实用的读书场所和学习条件,自2008年起开展的一项重要文化工程,主要建在职工集中的企业、工业园区。

深圳市总工会高度重视"职工书屋"的建设,将其作为企业职工文化建设的重要载体和新时代工会工作的重要阵地,现已在全市建设了全国工会职工书屋示范点65家,辐射带动各级工会组织建设职工书屋近1000家。

"在公司，'职工书屋'已成为职工娱乐放松时必去的好处所，成为职工读书学习的新天地、知识储备的加油站。"欧姆龙电子部件（深圳）有限公司职工张曲表示。"职工书屋"占地面积大，书籍品类繁多、功能齐全，承担学习场所、宣传教育、培训交流阵地等功能，不仅开展"亲子读书""读书分享会"等活动，还组织内部培训班、开展技能学习课程培训，为企业培养适应时代要求的高素质职工队伍。

事实上，依托"职工书屋"链接更多社会资源，为职工打造更多元的文化阵地，也早为深圳工会之所想。

2022年，深圳市总工会就积极探索职工阅读活动新模式，联合深圳出版集团推出"职工书屋"文化服务品牌建设项目，依托全市各大书城、公共书吧等公共资源优势，拓展书屋功能内涵，带动各级职工书屋建设和服务供给网络完善。

被坊间称为"最美海边书吧"的深圳湾公园白鹭坡书吧就是其中之一。该书吧建筑面积约175平方米，与公园自然环境完美相融。整体设计以"诗歌"为主题，配置了诗歌、自然、园林园艺、花鸟鱼虫等主题类别的书籍，让职工在蓝天、白云、绿草、碧海之间，用阅读浸润心灵。

未来，深圳工会还将以"悦读·分享·成才"为主题，开展形式多样的阅读交流、艺术体验与鉴赏、科普知识论坛、文化创意生活、职工文化赛事等公益文化活动，让职工群众能够就近享受到优质文化服务、优越阅读体验和优惠购书活动。

比如，每年根据民生、时事、社会热点等主题，举办20场读书会；邀请不同领域艺术名家、资深手艺人、手工艺达人等与职工面对面，提升职工的艺术鉴赏力，开展手工艺制作等艺术体验坊活动；组织读书、艺术、朗读、创意设计等不同类型职工兴趣小组等，打造提升职工文化素养、艺术水平，丰富日常文化生活的新平台和标志性工程。

下一步，深圳工会还将利用职工书屋，搭建"阅读＋服务"的生活文化休闲空间。以职工书屋为阵地，衍生一系列文化服务清单，服务职工，让职工群众共享城市文化事业发展成果。

参与最多：职工文体"三大节"
"发掘职工才艺达人，擦亮工会文体品牌"

高手在民间，职工队伍里也隐藏了大量才艺达人，如何发掘其才艺，为其提供展示平台，并提高职工文化活动的参与度和覆盖面？

2021年，深圳市总工会宣传教育和网络工作部、市工人文化宫创新思路，以"从职

▲ 2021 年，深圳市总工会职工合唱团正式成立。

工中来，到职工中去"为核心理念，以品牌化、IP 化包装思维，全新推出"深圳职工音乐节""深圳职工文化节""深圳职工体育节"三大文体品牌活动。在搭建职工才艺展示平台、展现职工精神风貌的同时，发掘了一批优秀人才和文艺节目，建立职工文艺骨干队伍和文艺节目库，取得了巨大的社会影响力。

其中，"音乐节"涵盖职工合唱、歌唱（民谣、美声、民族等）、舞蹈、器乐、创作等多种形式，成立职工合唱团、舞蹈团、民乐团等团体，通过颁奖典礼、文艺展演、文艺轻骑兵下基层演出等形式，让职工音乐文化真正走进职工群体。

"文化节"涵盖职工诗歌、写作、朗诵、摄影、短视频、书法、绘画等多种形式，成立职工摄影团、诗歌会、书法会等团体，通过摄影沙龙、诗歌舞台剧及巡演、悦读会等形式，增强职工文化感染力和知晓度。

"体育节"涵盖羽毛球、乒乓球、篮球、网球、游泳等形式，成立职工羽毛球队、乒乓球队、网球队、篮球队，连接深圳职工健身日等交流活动，让体育文化真正活起来。

同时，与党史学习教育有机结合，比如，音乐节以"咱们工人有力量颂百年·圳风华"为主题举办职工合唱大赛，唱响礼赞百年的"劳动者之歌"；文化节以"礼赞百年·圳是风华"为主题举办职工摄影比赛，让广大职工在文体活动中重温党的百年光辉历程，推动职工思想政治引领进一步深化。

数据显示，首届"三大节"各类比赛参赛队伍遍布深圳各区各行业，参赛基层工会近

▲ "深工杯"2021年深圳市职工队定向赛现场。

2000家，参赛职工4360人，活动传播受众逾200万人次。其中，"音乐节"邀请明星主持人站台主持、聘请巴黎歌剧院终身歌剧演员作为艺术总监；"体育节"聘请前国家队羽毛球女单运动员、前国家队跳水运动员作为"深圳职工文化公益大使"。

采写撰稿：张玮 鲁自凡

四 十 年 斗 转 星 移

四 十 年 岁 月 如 歌

SHENZHEN FEDERATION OF TRADE UNIONS

在路上：深圳工会四十余年改革历程

闻效仪

中国劳动关系学院劳动关系与人力资源学院，院长、教授

作为最早建立市场经济体制的城市，深圳一直是中国劳动关系和工会改革的探路者，担负着先行一步的历史重任。在深圳工会 40 余年的发展道路中，既没有现成的经验可以套用，也没有固定的模式可以照搬，唯一可以"对表"的，是实践中不断变化发展的各种问题。"改革是由问题倒逼而产生，又在不断解决问题中而深化"，正是遵循这样的路径和原则，深圳工会在解决一个又一个问题的同时，也形成了自己一直在路上的改革历程。

一、"蛇口模式"和"宝安模式"

40 多年前，国有经济还在覆盖中国大部分地区的时候，深圳新生的工业园区正在吸引大批外资企业进驻。这些企业在带来资金、技术的同时，也带来了一种全新的劳动关系形态，这里不再是计划经济时期利益一体化的劳动关系，而是市场经济环境下企业和劳动者等多利益主体构成的劳动关系，劳资双方建立了相互依存但又具有潜在矛盾的关系。虽然这种劳动关系已经成为如今中国特色社会主义市场经济体制中的重要关系之一，但在当时却对工会提出了严峻的挑战。在过去单一的国有制经济下，由于企业和工人都是国家的，工会的功能主要是福利性的，对于如何解决和协调劳动关系矛盾，工会是缺乏经验的。

由于深圳的对外引资是从大量兴办"三来一补"企业开始的，这种利用比较劳动力成本优势的粗放型经营模式，不可避免带来了拖欠工资、超时加班、工伤频发等侵犯工人权益的事件，劳动关系矛盾也不可避免地爆发，深圳工会开始思索工会在市场经济条件下的本质职能以及如何协调劳动关系具体方法。在此背景下，"蛇口模式"应运而生。这个诞生在蛇口工业园区的工会工作模式被具体概括为一种"上代下"维权模式，就是企业工会负责职工的教育、促进企业生产效率的提高，而令企业工会主席为难的职工维权则上交到

蛇口工业区工会处理，因为工业区工会与企业没有直接利害关系。通过这种"上代下"的维权机制，缓解基层工会主席的个人压力。这种模式首次喊出了"维权"的口号，工会旗帜鲜明地展示了职工利益代表者和维护者的身份，维护职工的合法权益、协调劳动关系成为工会工作重点。蛇口的工会工作模式得到了中央的肯定和批示。1994年，中华全国总工会向全国各地印发蛇口工业区工会工作模式调查报告的通知，把蛇口工业区具有开创性的工会工作称之为"蛇口模式"，认为对全国工会工作有着极大的借鉴和指导意义。时至今日，维护职工合法权益仍是中国工会的基本职责。

"蛇口模式"的推行只是开启了深圳工会改革的第一步。上级工会要承担维权职能，就必须走到职工一线，然而当时的工会组织结构是"大三级"工会，工会的行政结构只延伸到区一级，而大量的企业却聚集在深圳的镇和村，这种悬空的结构不但导致工会无法及时掌握劳动关系动态，也满足不了大量的工人维权需求。为了解决这个问题，深圳工会开始发展和延伸工会组织体系，建立"区、镇、村"三级工会组织网络，下移工会工作重心，扩大工会组织覆盖面，深入工人群体，帮助维权。这个最早由宝安区总工会开创的工作经验被誉为"宝安模式"，该区在观澜镇建立了全国首家镇级总工会，并大幅度推动了村辖"三来一补"企业和"三资"企业工会组建工作的开展。"宝安模式"再次得到中央的肯定和批示，认为这是"带有方向性、前瞻性的创新和突破，具有旺盛的生命力，对全国蓬勃发展的2200多万家乡镇企业和新经济地区有较强的示范作用"。中华全国总工会1997年在宝安专门召开研讨会予以推广，"宝安模式"迅速成为全国工会系统的典型，并得到全国范围的学习。

二、劳动关系转型与"理光经验"

"蛇口模式"和"宝安模式"作为工会改革的成功经验，在稳定劳动关系方面发挥了重要作用，是深圳工会锐意进取、改革创新的具体成果。但市场化改革还处于摸索探路的过程，劳动关系形势还在发生深刻的变化，又在产生新的问题。中国劳动关系最大的变化来自劳动力市场供求关系的逆转，伴随劳动力供给总量越过顶峰而逐年减少，劳动力可以无限供给的时代正在成为历史，而曾经极度短缺的资本，开始出现相对过剩局面。这一变化使劳动者开始从弱势一方逐渐趋强，资本的强势地位因其步入相对过剩而逐渐减弱，招工难以及用工荒现象日益普遍。与此同时，深圳职工队伍也发生了结构性的变化，新生代外来务工者已经成为职工队伍的主体。这些受过良好教育，习惯于城市生活的"新工人"权利意识更加成熟，以往外来务工者更多关注生存权，而现在"新工人"更多的是关注发展权。就业市场和工人意识的双重变化推动了劳动关系形态的进一步演变。

面对这种变化，深圳工会又早早迈出改革步伐，如何更好地发挥基层工会的作用，让企业工会能够得到职工的信任和支持，成为工会应对劳动关系转型的重要思考，也是改革的主要目标。深圳的改革先从企业工会的产生方式入手，并由此产生了"理光经验"。深圳福田的理光公司工会严格依照规范化的民主选举程序，在上级工会的领导下，工人们一票一票最终选出了自己认可的工会委员会。在这种机制下，理光工会处处都在想着如何维护工人的利益，在雇主面前不卑不亢，展现了韧劲和坚定；而在具体工作方法上，又展现了理性和智慧。工会在解决工人利益诉求的同时，推动企业各项管理制度不断完善，把劳动关系与企业管理有机地融合在一起。更重要的是，理光工会通过推动工资集体协商，建立了工人工资正常增长机制，工人可以共享企业发展成果，而企业得到了一批具有高生产率和忠诚度的职工队伍，在电子行业普遍招工难的情况下，该企业4000多人的员工队伍流动率却不到4%。理光工会在赢得工人信赖的同时，也赢得了雇主的尊重，雇主在制定管理政策和制度时，都会来征询工会意见，企业也因此有了和谐的劳动关系。2012年，"理光经验"得到了广东省委的肯定，并在广东全省进行推广。

深圳在推广"理光经验"的过程中也进一步认识到，企业工会的代表性是以群众性为基础的。如果不能在工人活动中涌现大批积极分子和群众领袖，如果工人不关注和参与工会工作，民主选举完全有可能只是走过场，徒有形式。因此，企业工会建设应该突出上级工会的培育过程，一方面做好工会积极分子和精英分子的培养工作，能够把那些真正有责任心、有领导能力、善于沟通的工会精英推上工会主席的岗位；另一方面要做好会员意识的培养，通过制度建设与各种活动，吸引工人参与工会，同时教育和引导工人理性，切实行使好自己的民主权利。同时，必须致力于企业工会内部的规范化建设，包括组织体系、活动内容、议事规则以及经费使用等，工会运作应该按章办事，公开透明，自觉接受广大会员民主监督，真正取信于工人。这样看来，企业工会建设绝不是一个具体程序的问题，而是在代表和维护职工利益、源头上解决劳资利益冲突上一个新的范式，一种新的模式，而这一切的基础都需要有"上级工会"的正确领导和重要支持。

三、源头治理劳资纠纷试验区

2014年9月，深圳市总工会选择深圳市宝安区和平社区、龙华新区银星工业区和龙岗区嶂背社区等3个职工人数众多、劳资纠纷多发的工业社区和园区，创办"源头治理劳资纠纷试验区"。试验区的实质是要改变工会传统头重脚轻式的机构设置，改变传统机关化的工作模式，改变传统行政化的干部管理方式，打造一个具有鲜明政治性、先进性和群众性，能够吸引职工、团结职工，做到承上启下、引导培育企业工会的基层群团组织。在机构设置上，试验区工会使街道工会组织得到进一步下沉，在工业园区成立一级工会组织；工会组织的设置采取"统合式"架构，吸收职工群众中具有号召力和影响力的企业工会主席，通过"联合式、代表式"的方式吸收到工会领导架构中；工会干部的使用方式全面社会化和专业化，从五湖四海选拔年轻、有知识、有情怀、擅长做群众工作的干部，在资源配置和福利待遇上进行倾斜；在工作方法上，改变传统"少数人办工会"的局面，注重挖掘和培养工会积极分子，扩大企业民主建会的范围，进而扩大工会的组织网络和覆盖范围；在活动开展上，以职工为中心，把握职工所需所急所盼的要求，提供雪中送炭式的工会服务。经过一段时间的运行，试验区工会无论在增强自身活力、吸引团结职工群众，还是稳定劳动关系方面，都取得了令人瞩目的成绩。

试验区得到了中华全国总工会和广东省总工会的认可，作为"三个一批"的经验在全省进行推广，并成为全国工会改革的又一个典型。试验区工会改革既有传承，又有创新，它是蛇口模式、宝安模式以及理光经验的集大成者，系统地吸收了上述改革模式中主要的经验做法，使得在"上代下"维护机制、下沉工会组织网络以及指导企业建会上更加鲜明、更加系统；同时，它重点改革了"上级工会"的组织体制、管理模式、运行机制和活动方式，尤其转变了长期困扰工会的机关化和行政化行事方式，增强了工会联系职工群众的能力，恢复了党领导下的群团组织的本来面貌，打通了上级工会与基层职工群众的"最后一公里"。试验区不是一个地理概念，而是系统的制度概念，其最终使命是在劳动关系和工会重要领域和关键环节改革上取得决定性成果，直接作用于企业微观主体，形成系统完备、科学规范、运行有效的制度体系，使各方面制度更加成熟更加定型。

三十功名尘与土，八千里路云和月。40多年前，历史选择了深圳，今天，时代再次选择了深圳。在深圳建设中国特色社会主义先行示范区的新征程中，深圳工会将再次出发，秉持经济特区精神，勇立潮头，志存高远，以历史的担当和责任感，继续承担起工会改革和转型的重任，为坚定走好中国特色社会主义工会发展道路，实现国家治理体系和治理能力现代化，创建中国特色社会主义现代化强国的城市范例中做出更大的贡献。

立足当下、面向未来的产业工人技能形成本土化探索

深圳市宝安区总工会"宝安工匠"评选随想

王星

南开大学周恩来政府管理学院，教授、博士生导师

检视全球工业化的历史进程，工会组织从诞生之日起，就与广大产业工人的命运与发展息息相关。只不过，在不同的时代背景下，工会组织的使命会随着现实变迁而不断变化。对于深圳工会而言，40多年的改革历程一直紧扣时代脉搏，在实践中不断探寻工会组织在产业工人队伍建设上的创新路径。众所周知，深圳市场化的推进是异常高速的，这一方面造就了深圳速度与深圳奇迹，但也导致市场力量充分释放与制度机制调整滞后之间的张力始终存在。这种张力透射到劳动领域催生了复杂多样的劳动问题，时刻考验着深圳各级工会组织的勇气与智慧。事实证明，无论是劳动关系治理，还是工会组织改革，深圳工会组织都能够将这座城市特有的创新气质和担当精神融入到点滴工作实践中，不断为中国特色社会主义工会道路贡献深圳方案。

在今天，新时代中国已经开启高质量发展的征程。毫无疑问，高技能产业工人队伍是推进我们国家产业创新、实现高质量发展的重要支撑。深圳市宝安区总工会以敏锐的时代触感，在对区域产业结构特征和产业工人队伍状况充分调研和论证的基础上，将在一线产业工人中评选"宝安工匠"作为抓手，探索高技能产业工人养成的本土路径，推进产业工人技能形成体系建构，从而助力区域产业转型升级，深度融入地方经济社会发展战略大局。可以说，此项工作是新时代深圳工会组织勇于改革创新的又一次生动体现。

一、工会组织评选"宝安工匠"的时代意涵和重要意义

党的十九大强调"建设知识型、技能型、创新型劳动者大军，弘扬劳模精神和工匠精神"是深化供给侧结构性改革、建设现代化经济体系的重要举措。2018年10月29日，习近平总书记在与中华全国总工会新一届领导班子成员集体谈话中指出"完成党的十九大提出

的目标任务，必须充分发挥工人阶级主力军作用"，总书记对工会在产业工人队伍建设上提出了明确要求："要协同各个方面为劳动模范、大国工匠发挥作用搭建平台、提供舞台，培养造就更多劳动模范、大国工匠。"2018年10月22日，中华全国总工会主席王东明在中国工会第十七次全国代表大会上的报告中也提出，工会组织要"扎实推进产业工人队伍建设。围绕《中国制造2025》，推动完善产业工人技能形成体系，改进技能评价方式，畅通产业工人发展通道"。

近两年来，国家出台了多项政策推动我国产业工人队伍建设，以为我国实体经济从劳动密集型走向技术密集型打造人力资本基础。2017年2月，中共中央、国务院印发的《新时期产业工人队伍建设改革方案》明确提出："要把产业工人队伍建设作为实施科教兴国战略、人才强国战略、创新驱动发展战略的重要支撑和基础保障，纳入国家和地方经济社会发展规划，造就一支有理想守信念、懂技术会创新、敢担当讲奉献的宏大的产业工人队伍。"2018年3月，中办、国办印发的《关于提高技术工人待遇的意见》，专门就如何切实提高技术工人待遇问题，提出指导思想、基本原则和具体政策方向。

但如何对技能人才进行科学评价，从而为资源配置提供科学化支撑，这是我们产业工人队伍建设政策落地的关键一环。从学理上来说，技能评价属于一种资源配置的信号指引，但由于技能属于理论知识与经验知识的综合，其中很大部分甚至是缄默知识，因此如何对技能者进行评价一直是一个富有挑战性的问题。对此，在企业组织内部，通过系统的人力资源管理架构一定程度上可以对技能人才进行评价。但是由于行业和企业的差异，企业组织内部评价体系往往难以直接转换为具有公共性且影响公共资源配置的评价体系。在这样的情况下，很多地方多选择学历作为评价信号并据此进行资源配置，但这个评价最大的现实挑战在于：学历与生产能力脱节已经是一个普遍现象。最近学术界讨论的"中国制造质量之谜"议题也证明了单一学历评价的不足，现有的研究发现：在过去的40多年里，中国企业雇佣的劳动者学历越来越高，但中国制造的质量却依然面临着非常多的质疑。这其中的原因可能有很多，但起码也说明学历与制造质量之间的相关性并不像我们想象的那样直接。

因此，突破单一学历评价的传统路径，建立起适应深圳市宝安区区域特征的产业工人技能评价方式，为政府实行公共资源配置政策提供信号指引，进而助力高质量产业工人队伍建设，这是深圳市宝安区总工会在评选"宝安工匠"过程中的一个重要突破。在笔者看来，"宝安工匠"的评选是宝安区结合本区实际，打造知识型、技能型、创新型产业工人大军，进而推动宝安区产业升级的重要举措之一。

1.此举是深圳市工会组织对国家关于产业工人技能形成体系政策的具体实践。在我国，如何"突出创新和技能导向，规范优秀技能人才评选管理制度"一直是困扰技能人才认定（工匠评选）的政策难题。这项工作在大量实证研究的基础上，通过建立科学化的工匠评选指标体系，一方面能够相对客观地把一线优秀技能人才真正选拔上来；另一方面，也为深圳市宝安区产业工人相关发展制度的建设奠定决策基础。

2. "宝安工匠"的评选有助于改进产业工人技能评价方式，弥补以往过度依赖学历评价技能人才的不足。据此，"宝安工匠"指标体系有助于从机制层面上推动"多劳者多得、技高者多得"分配格局的形成。长久而言，有助于吸引更多年轻人投身到产业建设大潮中，从而进一步夯实深圳市宝安区产业工人队伍建设的人才基础。

3. "宝安工匠"的评选既是工会组织传统工作的再延续，更是服务宝安区经济社会发展大局的积极体现。"宝安工匠"的评选是依据宝安区的战略定位，围绕高质量发展深化技能形成体系建设的具体实践，通过技能人才积累和技能形成体系建设，助力宝安由"产业大区"向"产业强区"的根本性转变。

二、工会组织评选工匠过程中面临的挑战和创新实践

党的十九届五中全会确立了"十四五"期间国家经济社会高质量发展的理念，指出"发展是解决我国一切问题的基础和关键"，要坚持"以经济建设为中心，坚定不移地把发展作为党执政兴国的第一要务"，同时明确"坚持把发展经济着力点放在实体经济上，坚定不移建设制造强国"。由此可见，"脱虚向实"已经取得了政策共识且将成为中国未来一定时期内产业政策的主导方向。可以说，"推进制造业转型升级的再工业化"已成为中国未来高质量发展的应有之义。在深圳市，宝安区与其他各区在经济社会结构上存在着明显不同。宝安区属于制造业大区，产业重镇。2017 年制造业对区生产总值贡献率为 54.2%，区内聚居着近 300 万产业工人。因此，产业工人队伍建设既与宝安区"湾区核心、智能制造"战略定位密切相关，也是宝安区经济社会走向高质量发展的核心内容之一。不过，在具体的操作过程中，深圳市宝安区工会组织需要突破多重挑战。

（一）海量技术工种如何进行类属划分

在和深圳市宝安区总工会联合进行田野调研的时候，我们发现宝安区制造产业和产业工人技能形成体现了一些结构特点：一是产业种类丰富，几乎覆盖了制造产业的多数门类。与此对应的，产业工人群体庞大且从业工种类型非常多。二是产业生态稳定健康，产业集群效应显著。三是产业分工精细化程度高，从研发、生产到销售几乎全流程覆盖。对应的

产业工人技术技能水平也是多层次性的。四是产业成长轨迹体现出了产业创新升级的事实规律。高技术高技能依赖型产业绝不会凭空出现或者是不可能仅通过规划设计能够制造出来的，一定是从基础低技能低技术依赖型产业基础上慢慢累积而成的。这是一个重要规律，而宝安区产业成长历史也体现了深圳制造的优势和能量。相对应地，产业工人的技术技能水平提高不是仅仅在教室里就能实现的，而是需要依赖生产实践的长期训练积累而成的。

对于工会组织而言，如何制定出适应宝安区制造业和产业工人技能形成复杂特点且易于操作、科学性的工匠评价体系，是亟待突破的问题。按照常规的技能评价方式，分工种进行单独评价，最为理想。但这种评价方式通常依赖两个方面的前提条件：一是强大而专业的行业协会；二是产业工人技能状况的长期性数据积累。显然，宝安区目前并不具备这两个条件。所以，在这个过程中，深圳市宝安区总工会积极探索创新，与我们一起组成课题组，摆脱传统方式，通过梳理全生产流程规律对海量工种进行类属归纳，具体划分为：研发设计、工艺工程、生产制造、质量检测、维修维护5个工类。在操作实践中，我们根据工类差异对指标权重进行适应性调整，从而达到科学评价的效果。

（二）企业组织和产业工人的信任度与参与度问题

如何激发企业组织和产业工人的参与积极性，并且克服其中可能存在的投机主义风险，也是宝安工匠评选过程中需要克服的挑战。在实地调研过程中，宝安区总工会和课题组发现了非常多的问题。比如有些企业担心工匠评选后会被挖走；比如有些产业工人技能水平高，但文化水平不一定高，擅长干活但不擅长填表；比如行业不同，关键工序技能依赖程度不同；比如不同工类中，对于理论知识和实践经验要求的程度有差异；比如制造产业内部，不同行业之间生产流程差异巨大；比如不同产业的工人在现实中，如何进行技能水平较量；等等。有些问题属于理论研究问题，有些问题属于评价操作层面的问题。有些问题是我们课题组难以克服的，有些问题是我们从未遇到过的。

为了克服这些问题，宝安区总工会积极与区内行业协会和企业沟通，通过各级工会组织做工作，打消企业家们的顾虑。告诉他们，"宝安工匠"评选不是鼓励企业挖墙脚，也不是激励工人跳槽。相反，能够极大地培养产业工人对行业、企业组织的忠诚度，并且助力企业发展。因为，在目前劳动力市场信息相对透明的情况，对技术技能人才的压制和隐藏是不明智的。另外，宝安区总工会在申报动员、申报程序、表格填写乃至系统开发上，坚持公开、公正、透明的原则，不断革新：一方面，开放了个人网络报名通道；另一方面，积极征求一线产业工人的意见，根据这些人群的特征进行适应性调整，获得了广大产业工人群体的信任和高度参与。在2019年的首届"宝安工匠"评选中，宝安区技能人才踊跃报名参评，参与评选认定的技能人才有 2427 名。评选活动受到企业的重视和欢迎，企业负责人认为，通过开展"宝安工匠"评选活动，让产业工人接受了一次全面的工匠精神教育活动，为企业内部建立规范的工匠文化体系提供了强有力的帮助，同时，也为从事技术的产业工人指明了职业发展方向。

（三）评价指标体系如何在不同行业和产业中进行推广和拓展

在工业生产中，生产工艺、工序及其对技能依赖程度方面，不同行业、不同产业之间均存在巨大差异。深圳市宝安区总工会在"宝安工匠"评选之前，没有搞一刀切，而是采用"局部试点、逐步推进"的方式，通过干中学在实践中不断修正和完善，体现了工会组织在做这件事的过程中的担当和理性。

首先，深圳市宝安区总工会明确了"宝安工匠"的界定，将评选对象定位为一线产业工人。所谓"宝安工匠"，是指宝安区内企业中的应用型产业人才，具体可界定为：在宝安区各行各业，尤其是在电子信息制造业、装备制造业、战略性新兴产业等支柱性产业中的一线岗位，从事生产、技术、研发等工作，遵守职业伦理，技能水平拔尖，创新能力突出，劳动贡献巨大，并得到业内广泛认可的优秀技能人才。在对宝安区产业结构进行实证分析的基础上，"宝安工匠"评选工作最初是在制造产业中的装备制造业和电子信息制造业两个行业中进行试点。这两个行业的选择不是随意的，基于两个方面的考量：一是这两个行业都是宝安区传统优势行业，在产值规模、产业工人数量等方面占比最大；二是这两个行业面临的市场竞争和转型升级压力最明显，对技术技能人才的依赖程度也最高。2019 年 9月，经个人报名、资格审核、专家评审（三轮专家打分）、现场考核、综合考查等环节，并严格按照《2019 年"宝安工匠"评选认定指标体系（电子信息制造业、装备制造业）》量化打分，评选评定了"宝安工匠"20 名（含 5 名"宝安大工匠"）。

在 2019 年工作的基础上，通过多轮的调整、修正、优化以及试测，2020 年 9 月，工会开发形成了适用于宝安区制造产业多个行业的指标体系。新的指标体系沿用了上一轮评选过程形成的依据全生产流程工类划分的思路，依据行业特征，将工类优化调整为"研发设计、工艺工程、生产制造、质量检测、设备管理"等 5 个方面。同时将指标体系覆盖范围拓展到电子信息制造业、装备制造业、橡胶及塑料制品业、金属制品业、化学原料和化学制品制造业、汽车制造业、仪器仪表制造业、印刷和记录媒介复制业等 8 个行业类别。

工匠指标体系的设计要充分考虑地区产业特征、行业类型、工类差异、公司内部成就、学历与技能关系以及技能学习与积累等方面因素之间的相互影响，采用主客观指标相结合、以分数差异呈现评选结果的方法，保障工匠评选的科学性、客观性、公正性与适用性。指标体系的行业拓展背后是无数次艰难的实证调研和数据分析，这既是科学研究成果的现实转化，也是深圳工会勇于试错和不断奋进的精神体现。

三、工会组织在产业工人技能形成上的本土化探索

高技能人才是推动技术创新和科技成果转化的核心力量，从制造业大国变为制造业强国，强大的技术工人队伍是关键。习近平总书记曾指出，"工业强国都是技师技工的大国，我们要有很强的技术工人队伍"，"作为一个制造业大国，我们的人才基础应该是技工"。相关统计数据显示，我国企业产品平均合格率只有 70%，每年因不良产品造成的价值损失近 2000 亿元；科技成果转化率在 15% 左右；技术进步对经济增长的贡献率约为 29%。这与高技能人才短缺、技能人才培养质量不高以及劳动者技能水平整体偏低有着密不可分的关系。2017 年发布的《制造业人才发展规划指南》预测了未来十大重点领域的人才需求，至 2025 年人才缺口超过 400 万的有四个领域，分别是新一代信息技术、电子装备、高档数控机床和新材料，分别达到 950 万、909 万、450 万和 400 万。此外，中国人力资源与社会保障部统计数据显示，近年来我国技能劳动者的求人倍率（岗位数与求职人数之比）一直保持在 1.5 以上，其中，高级技工、高级工程师、高级技师的求人倍率甚至达到 2 以上的水平。技能人才短缺是指外部劳动力市场供应不足和企业内部技能工人不具备所要求的技能，这种短缺不仅体现在数量上，也表现在质量上，还表现在技术工人整体流动性高，职业情感缺乏，更缺乏钻研技术的动力，等待转岗或转行机会的工人大量存在，这一现状严重阻碍着制造业的转型升级。

近年来，国家在产业工人队伍建设的外在制度环境建设方面，出台了《中国制造 2025》《制造业人才发展规划指南》《关于新时期产业工人队伍建设改革方案》《关于提高技术工人待遇的意见》《国家中长期人才发展规划纲要 (2010—2020 年)》《关于分类推进人才评价机制改革的指导意见》等一系列政策，旨在为我国实体经济从劳动密集型走向技术密集型打造人力资本基础。文件中也首次对技工评价工作提出了明确的指导性意见，指出"完善人才评价标准，克服唯学历、唯论文倾向，对人才不求全责备，注重靠实践和贡献评价人才"。如何对技能人才进行科学评价，从而为资源配置提供科学支撑，这是产业工人队伍建设政策落地的关键一环。直接有助于改善社会对技工的刻板印象、吸引更多年轻人投身到产业建设大潮中，从而进一步夯实产业工人队伍建设的人才基础。

从这一意义上来说，深圳市宝安区总工会的"工匠评选"事实上是对产业工人技能形成体系建设政策化的具体实践。尽管目前的评选数量和覆盖面有待进一步强化，但是，这

给广大产业工人释放出来强烈的政策信号，即技能成就精彩人生。当然，工匠的培育是需要时间和经验积累的，需要依赖教育培训与岗位实训双轮驱动方能养成。面对当前产业工人招工难、流动大、结构不合理的现状，以及技工社会地位和职业声望逐渐降低的现实背景，有必要从制度上加强产业人才队伍建设。"工匠评选"活动是塑造工匠精神和工匠文化的重要手段，深圳市宝安区总工会在产业工人技能形成方面的积极探索与中央提出的技能人才培养、使用、激励等方面的政策和顶层设计非常契合。深圳市宝安区总工会首创的可量化工匠评定指标体系得到社会各界的广泛认可，2020 年 5 月 17 日《工人日报》头版报道了宝安的做法，创新经验获得广东省总工会 2019 年度工会工作创新奖一等奖，具有全新的时代价值。

"深圳产业工人队伍建设改革专项调研"随想

汪建华

中国社会科学院社会发展战略研究院，副研究员

深圳这座城市可算得上我的第二故乡。从 1992 年开始，家人和亲戚就陆续来到深圳务工，男人多在老乡开的洗车店洗车，女人多在酒楼端盘子、洗碗、搞卫生。众多至亲只有妹妹在工厂务工。她读完初中后就跟着亲戚来深圳找工作，那时还不到 16 岁，深圳劳动局查得比较严，就先到惠州工厂过渡一段时间。刚开始在流水线工作，她的手指头总是被磨出血，打电话向父母哭诉，但外来务工者子女学习成绩不好除了打工也没别的出路，最后只有认命。毫无疑问，普通劳动者的艰苦付出是整个国家经济腾飞的重要基础。大量来深务工者的汗水和智慧铸就了深圳的繁荣，也带动了中西部地区的发展和现代生产生活方式的传播。

在接到市总工会的课题委托后，我只感到一份沉甸甸的责任。作为外来务工者子弟，这是一项自带使命感的工作。比较值得庆幸的是，自己之前的研究，在一定程度上为产业工人队伍建设改革议题做了铺垫。自 2010 年开始，围绕着劳资关系、外来务工者城镇化等议题，我就在国内多个城市做过调研，深圳是我调研次数最多、调研时间最长、最熟悉的一座城市。2017 年，我作为课题执行人与宝安区总工会合作开展"宝安区职工需求调查"。以该次调研为基础，我执笔撰写内参。内参指出，当前我国沿海城市制造业缺工严重，产业工人队伍老化、稳定性差，勤劳专注的工作伦理正在退化；若再不加强制度引导，未来恐怕不是有无高素质产业工人队伍的问题，而是有无产业工人队伍的问题。李克强同志在批示中指出，推进《中国制造 2025》、促进经济高质量发展，离不开高素质、稳定的产业工人队伍。技术技能培训、工匠精神培育等基础工作要抓实抓好。

考虑到"产业工人队伍建设改革"是一项综合性非常强的课题，涉及"思想政治建设""技能形成"等多个议题，我们专门请来在技能形成领域有长期积淀的王星教授和在工会改革方面有长期实践研究经验的闻效仪教授加入课题组。结合深圳市产业工人队伍以非深户籍

为主的特点，课题组特意将"城市公共服务保障"列为调研中的重点议题。这一议题在中共中央、国务院印发的《新时期产业工人队伍建设改革方案》中有所涉及，但在当前这个发展阶段，却是深圳必须着力解决的关键问题。课题组将与产业工人队伍建设相关的政府部门、各级工会、职校/技校、企业、行业协会、普通职工均纳入调研对象，并根据座谈/访谈对象的不同，有针对性地设置座谈/访谈提纲。整个调研共分两轮。第一轮调研针对相关议题，主要通过座谈的方式进行全面调研；第二轮调研有针对性地选择一些政府部门和专家进行回访，回访旨在对一些关键议题进行深入挖掘，并且基于深圳产业发展的特点，有针对性地增加了对战略性新兴产业、科技研发类企业、文化创意类企业的走访座谈；课题组基于以往的研究积累和第一轮调研形成的问题意识，针对职工和企业分别设计了"深圳市产业工人队伍建设调查问卷"。

市总工会在整个调研过程中提供了坚实的支持。两轮调研共涉及 38 场座谈/访谈，实际访谈人数逾 200 人；问卷调查更得到大量企业和工业园区的参与，仅从企业收回的有效问卷就多达 274 份，协调如此多家企业参与调研绝非易事。就调研过程中形成的思路和发现，课题组与熊瑛主席、李莹部长、冯力部长反复讨论；熊瑛主席也召集市总工会各部门领导骨干，在课题中期和报告初稿完成后与课题组进行深入交流。这些交流对课题调研和报告写作思路的完善具有非常重要的价值。比如，在市总工会内部第一次交流中，部分领导指出，调研应该更贴近当前深圳产业发展的特点和产业工人队伍的变化。这个建议对课题组很有启发，我们之前的调研确实太侧重制造业和蓝领工人。在第二轮的调研中，我们有意识地增加了与华大基因、华强文化科技、迈瑞医疗等科技研发或文化创意类企业的座谈，同时重点了解研发设计人员的发展需求。对此类企业和职工群体的调研，极大拓宽了课题组的视野和研究思路。

在整个调研过程中，也能感受到经济特区政府部门和企业务实的工作作风。正式座谈很容易出现念稿、假大空的情况，但本次调研没有出现这些情况。参与座谈的人员基本都畅所欲言、真诚交流。围绕着产业工人队伍建设议题，相关部门进行了多方探索，也取得了不少成效。比如，市人社局围绕公共实训、培训补贴、技能认证等方面的工作，做了大量调研，在实践中也不断接收来自企业的反馈；市总工会的"圆梦计划"在 2008 年推出后，一直很受职工欢迎，已有数万名职工被该计划资助。不过，从目前的情况看，要在深圳打造一支高素质的产业工人队伍，还有很多工作要做。以下为调研过程中一些令人印象比较深的问题。

1. 深圳的公共服务短板亟须加以提升，否则严重影响其对人才的吸引力。无论是生产工人，还是研发设计人员，子女教育、医疗、住房均是其在深圳发展面临的关键难题，也是其最期望政府加以改善的方面。这其中又以子女教育问题最为突出、矛盾最为集中。公共服务的短板也导致高素质产业工人队伍的流失。在职工卷调查获取的专业技术/研发人员样本中，20至29岁占55.1%，30至39岁之间的样本只占35.2%；在技能工人样本中，20至29岁占37.1%，30至39岁之间只占33.3%。30至39岁之间的专业技术人员、技能工人本来应该是技能人才中的主力，但其样本比例却相对较低。这便是在企业座谈中被广泛提及的成熟技术、技能人才"离深潮"现象。

2. 蓝领工人的贡献、技能的价值得不到彰显，这将严重影响先进制造业的发展。由于劳动强度、工作环境、薪资收入、发展空间、社会评价、文化价值观等方面的原因，年轻人很少愿意进工厂或从事蓝领工作，劳动力市场上蓝领工人、技术工人严重短缺。而公共服务资源的分配又进一步加剧了这一趋势。与国内其他城市相似，当前深圳在入户、公共服务资源分配、补贴发放、高层次人才评定等方面主要向学历人才倾斜，对技能人才则重视不足。这种重学历轻技能的公共服务资源分配倾向只会进一步加剧当前白领、学历型人才过剩而蓝领、技能型人才短缺的局面，加剧产业工人"脱实向虚"的趋势，不利于彰显工匠精神和一线生产劳动的价值。

3. 部分地方政府官员对产业工人队伍建设的重要性认识不足。比如，有领导干部在座谈中质疑，既然要步入人工智能、"互联网+"时代，为什么还需要高素质产业工人队伍呢？殊不知，自动化替代的大多数是去技术化的岗位，对技术人员和技能工人的需求反而有所上升。有领导干部认为产业发展只取决于少部分高精尖人才，殊不知，科技创新、软件开发、创意设计工作离不开大量专业技术人员的团队协作，一线生产需要大量机器设备操作维护工人、掌握精密手工艺的工人、质检测试工人，高质量的产品还要靠一个个熟练工人做出来，高层次人才也是从一个个普通人才中成长起来的。课题组在报告中将部分地方政府官员的认知误区总结为以下方面：对产业工人队伍建设的政治与经济重要性认识不足，高估政策洼地效应和政府负担，技术乐观主义，高层次人才偏好，学历人才偏好。

4. 产业工人队伍建设改革还需加强协同。这首先体现为不同政府部门之间的协同。产业工人队伍建设改革是一项系统性、长期性的工程，许多关键议题牵一发而动全身。比如学校建设和教育学位的供给，其中最关键的是土地供给，这远非教育部门能解决的，需要规划、土地整备等部门的通力合作。又如技能人才待遇的改善，课题组建议，根据企业税收贡献、工业产值、就业人数、诚信经营等方面的情况，在入户、子女上学、公租房、人才房等方面给企业分配相应的"技能人才专项名额"，由企业自主认定并发放相关资源，政府有关部门做好制定规则、分配名额、执行监管等方面工作。但相关举措的落地必须协调公安、教育、住建、人社、工信等部门的力量。要加强各部门的通力协作、打破部门壁垒，最有效的办法是，在市、区两级成立由党委领导牵头的推进产业工人队伍建设改革领导小组。其次体现为政府、市场、社会之间的协同。比如技能培训与认证，企业积极性不高、能力有限，行业协会发育不足，政府因难以应对生产实践的高度复杂性又不宜介入过多，如何形成三者之间的有机合作，是一个亟待深化讨论和进一步探索的议题。

应该说，本次调研只是围绕产业工人队伍建设改革这一重大议题，在深圳进行了一个探索性的调研，其中粗陋之处实属难免。对相关议题的进一步探讨，需要借助政府层面的改革实践和学术层面更有针对性的调查研究，需要保持严谨、耐心、细致的态度，绝非一蹴而就之事宜，更不能浅尝辄止。产业工人队伍建设改革也给工会工作带来新的机遇和挑战。除了下沉基层、扎根职工群众、维护职工权益，工会作为政府与职工的桥梁纽带，还应该巧妙借助自身的体制身份，撬动地方发展观念导向、体制机制和资源配置方式的转变。深圳各级工会在我国工会系统中向来敢为人先，期望在未来的产业工人队伍建设改革中，秉承"先行示范工会"的定位，探索出更多先进经验。

建设中国特色社会主义先行示范工会的深圳路径

陶志勇

中华全国总工会研究室主任

深圳市总工会建设中国特色社会主义先行示范工会理论与实践研究征文特等奖作品

在深圳经济特区建立 40 周年之际，中共中央、国务院《关于支持深圳建设中国特色社会主义先行示范区的意见》发布，深圳被赋予了"建设中国特色社会主义先行示范区"的崇高使命，这是深圳发展历史进程中具有里程碑意义的大事。围绕中心、服务大局一直是中国工会工作的一个基本原则。新时代新起点，工会工作如何跟进党和国家工作大局，在建设中国特色社会主义先行示范区中展示风采、发挥作用、彰显作为，是摆在我们面前的一个重大而紧迫的课题。笔者从工会的视角出发，认真研究分析建设中国特色社会主义先行示范区的核心要义，系统梳理了改革开放以来深圳工会敢为人先的辉煌历史，对建设中国特色社会主义先行示范工会的深圳路径，进行了系统的思考和探究。

一、从工会视角分析建设中国特色社会主义先行示范区的基本内涵

深圳是一座充满魅力、动力、活力、创新力的国际化创新型城市，聚焦富强、民主、文明、和谐、美丽，着眼于更高起点、更高层次、更高目标，建设中国特色社会主义先行示范区，其政治意义、经济意义、社会意义重大而深远。从工会和广大职工关心关注的问题——经济发展、产业政策、民生福祉、社会治理、法治建设、精神文化等出发，研究审视建设中国特色社会主义先行示范区的基本内涵，主要包括以下几个方面。

（一）先行示范区要求深圳建设成为高质量发展高地

这是一个最核心的战略定位，是建设先行示范区的重要标志，对其他方面的战略定位具有牵引作用。小平同志讲，贫穷不是社会主义。中国特色社会主义先行示范区首先必定是一个高度发达的地区，这种发达不是人和钱堆出来的，而是走一条内涵式的、高质量的

发展之路。这里有几个关键词：一是创新驱动。加快实施创新驱动发展战略，强化深圳产学研深度融合的创新优势，建设 5G、人工智能、网络空间科学与技术、生命信息与生物医药实验室等重大创新载体。二是国际视野。探索建设国际科技信息中心，以深圳为主阵地建设综合性国家科学中心，在粤港澳大湾区国际科技创新中心建设中发挥关键作用，实行更加开放便利的境外人才引进，允许取得永久居留资格的国际人才在深圳创办科技型企业、担任科研机构法人代表。三是现代化经济体系。大力发展战略性新兴产业，在未来通信高端器件、高性能医疗器械等领域创建制造业创新中心。积极发展智能经济、健康产业等新产业新业态，打造数字经济创新发展试验区。四是改革开放新格局。完善产权制度，依法有效保护各种所有制经济组织和公民财产权，开展区域性国资国企综合改革试验，高标准高质量建设自由贸易试验区，不断提升对港澳开放水平。

（二）先行示范区要求深圳建设成为民生幸福标杆

这是一个十分关键的战略定位，也是建设先行示范区的重要目标指向，具有鲜明的社会主义特色。概括起来讲，就是构建优质均衡的公共服务体系，建成全覆盖可持续的社会保障体系，率先形成共建共治共享共同富裕的民生发展格局。具体包括：一是教育事业。高标准办好学前教育，扩大中小学教育规模，高质量普及高中阶段教育。充分落实高等学校办学自主权，建立健全适应"双元"育人职业教育的体制机制，打造现代职业教育体系。二是医疗事业。加快构建国际一流的整合型优质医疗服务体系和以促进健康为导向的创新型医保制度，扩大优质医疗卫生资源供给，放宽境外医师到内地执业限制，先行先试国际前沿医疗技术。三是社保体系。健全多层次养老保险制度体系，构建高水平养老和家政服务体系，推动统一的社会保险公共服务平台率先落地，建立和完善房地产市场平稳健康发展长效机制，加快完善保障性住房与人才住房制度，最终实现幼有善育、学有优教、劳有厚得、病有良医、老有颐养、住有宜居、弱有众扶。

（三）先行示范区要求深圳建设成为法治城市示范

这是一个最能体现制度化安排的战略定位，具有鲜明的中国特色，也是最能够复制和推广的一个方面。具体包括：一是民主法治。在党的领导下扩大人民有序政治参与，坚持和完善人民代表大会制度，加强社会主义协商民主制度建设。用足用好经济特区立法权，根据授权对法律、行政法规、地方性法规做变通规定。二是政府管理。用法治规范政府和市场边界，全面推行权力清单、责任清单、负面清单制度，推进"数字政府"改革建设，完善企业破产制度，改革完善公平竞争审查和公正监管制度，营造稳定公平透明、可预期的国际一流法治化营商环境。三是社会治理现代化。综合应用大数据、云计算、人工智能等技术，提高社会治理智能化专业化水平。率先构建统一的社会信用平台。加快建设智慧城市。改革创新群团组织、社会力量参与社会治理模式。

（四）先行示范区要求深圳建设成为城市文明典范

这是一个充分体现城市软实力的战略定位，建立在城市文化、形象传播、市民素质等非物质要素之上，能够有效地扩大城市影响力和竞争力。其要旨为：一是城市文化。进一步弘扬开放多元、兼容并蓄的城市文化和敢闯敢试、敢为人先、埋头苦干的经济特区精神，把社会主义核心价值观融入社会发展各方面。二是公共文化服务体系。率先建成普惠性、高质量、可持续的城市公共文化服务体系，涵养粤港澳大湾区同宗同源的文化底蕴，不断增强港澳同胞的认同感和凝聚力，成为新时代举旗帜、聚民心、育新人、兴文化、展形象的引领者。三是文化产业。大力发展数字文化产业和创意文化产业，打造一批国际性的中国文化品牌，推动文化和旅游融合发展，丰富中外文化交流内容。

二、深圳工会敢闯敢试、敢为人先的历史经验考察

先行者与生俱来就肩负着开拓使命。作为中国改革开放和市场经济发育最早的地区，社会转型所带来的新矛盾、新问题总是最先在深圳萌发，劳动关系领域更是这样。西方工会的那套做法不适合中国国情，计划经济的老路子走不通，深圳工会在没有现成经验借鉴的情况下，直面矛盾和问题，大胆地试、大胆地闯，创造了许多的经验和做法，不少固化为法律和制度，在全国各地遍地开花，结出了累累硕果。仅仅通过几个典型片段，简要地回顾一下经济特区建立以来的40多年深圳工会史，就可以让我们领略到深圳工会敢为人先的探索创新精神，可以帮助我们在建设先行示范区的当下，面对新使命新挑战，重整行装再出发，传承历史创未来。

（一）"蛇口模式"：鲜明的职工利益代表者的身份和作用

"在蛇口，工会的一切都为了'维护'。"蛇口工业区工会正式成立于1983年7月28日，是直接应工人维权需求而成立的，成立后一刻也没有停止过维权。一是对超时劳动的限制。蛇口工业区工会还在筹备阶段，就已紧锣密鼓地参与调查处理了凯达玩具厂女工因反对加班而停工的事件。"蛇口之父"袁庚批示："加班应遵循自愿原则，要找资方严肃讲清楚，不准他们胡来。"1983年9月7日，工会成立不到2个月，就促成蛇口工业区出台了《关

于外资企业、中外合资企业职工超时工作的暂行规定》，明确规定加班每月不超过 2 次，每次不超过 8 小时；加点每周不超过 4 次，每次不超过 2 小时；全月加班加点不超过 48 小时。11 年后颁布的《劳动法》吸收了相关做法。二是劳动争议的调处。1986 年 1 月，工会提出了调处劳动争议的"56 字方针"："以事实为依据，以法律为准绳，坚持原则，严明公正，资方违法不马虎，职工有错不袒护，讲究方法，适可而止，不可有利没有节，不能有理不让人。"紧抓维权，蛇口工业区工会有调处劳动争议"三必有"制度：有投诉必有调处、有调处必有答复、调处后必有教育。三是集体合同制度的推出。为了全面贯彻《劳动法》对集体合同制度的一些原则性规定，蛇口工业区于 1995 年 2 月 10 日出台了全国第一份较为规范的集体合同——《蛇口工业区集体合同》（范本），同时出台与之相配套的《劳动合同》（范本），选定 10 家三资企业作为试点签订集体合同。《蛇口工业区集体合同》（范本）对职工聘用、工资福利待遇及津贴、工作时间与休假、劳动安全卫生、社会保险、合同责任保证等方面均做了具体明确的规定。业内专家称其为一部小"劳动法"。四是解除劳动合同中的工会角色。蛇口工业区规定并执行"辞退职工应听取工会的意见"，后来写进了《劳动法》第三十条。五是基层工会民主直选。1988 年 7 月，蛇口工业区工会试行"民主直选基层工会委员会"，领先全国 20 年。最后，也是最重要的，"上代下维权"机制的构建。调处劳资争议、维护职工合法权益，绝大多数是由工业区工会去做的。因为非公企业工会主席是兼职的，端企业饭碗受企业管，出面调处不得力；他们在时间、精力和法律水平、调处经验等方面，都受到很多制约。所有这些，归结为一点，就是维护职工合法权益是工会的天职。1998 年中国工会十三大报告强调，"工会必须突出依法维权"。2001 年新修订的《工会法》里，在第六条特别增加了"维护职工合法权益是工会的基本职责"的条款。

（二）"宝安之路"：新经济组织工会工作新路子

1993 年 1 月，宝安撤县建区，出现在新经济组织中的违反我国劳动法规、漠视生产安全、侵犯职工合法权益的现象屡见不鲜，劳动争议和劳资纠纷也随之不断增加，严重阻碍着经济的发展和社会的稳定。为此，在新经济组织中建立工会组织，并有效开展工作和发挥作用，成为当时宝安工会工作的紧迫任务。1995 年，宝安区总工会大胆探索镇级工会组织机制建设，稳步推进工会工作委员会，逐步规范建立镇（街道）总工会，率先建立了全国首家镇级总工会，并把工作重心放在村经济发展公司工会组建上。1995 年底，区管镇、镇管村、村管下属企业的三级管理网络建立起来，实现了新经济组织较发达地区建成区、镇、村三级工会组织网络的历史性突破。为了规范基层工会建设，还提出了以抓"班子、牌子、印子、活动、制度"为突破口的"五健全"式新型工会建设模式，使新建企业工会组织能履行职能、较好地发挥作用。宝安区工会大胆探索，闯出了一条既适应中国特色社会主义市场经济要求，又具有宝安特色的新经济组织工会工作新路子。这一"带有方向性、前瞻性的创新和突破"得到了中央领导的肯定，并被中华全国总工会在全国大力推广。

此后，宝安工会并没有停下探索的脚步，不断创新建会思路和建会方法。结合实际，改变过去单纯依托企业建立工会组织的办法，创造了社区工会联合会、工商业个体户工会联合会、"一条街工会"等新的基层工会形式，实现了"一社区一工会联合会"的目标。在不断巩固"区、街道、社区"三级工会组织领导体系、组织网络的同时，"街道、社区、企业"小三级组织网络体系也不断健全，使工会网络延伸到了最基层的企业。在工作实践中，坚持依照法律推进建会、党工共建合力建会、以情沟通互动建会、强化服务吸引入会等多种方式，不断"扩大覆盖面、增强凝聚力"。积极探索流动会员会籍管理制度，建立"三级培训网络体系"，为宝安工会实现新的跨越奠定了良好基础。

除了上述两个典型的经验外，深圳工会在许多领域也都开创了全国工会的先河。诸如推动沃尔玛、富士康等世界500强企业建立工会，沃尔玛8500名员工与企业签订集体合同；建立工会法律援助机制开展社会化维权；对非法解除工会主席和工会委员劳动合同的企业依法公开谴责；实施"聚力计划"，建立持续改善的劳资协商机制，建设有用工会、实力工会和源头治理劳资纠纷试验区；实施"共同约定"行动；开展企业爱员工、员工爱企业的"双爱双评"活动；推行大规模职工培训计划；以"社会化招聘、契约化管理、职业化运作"的方式建立社会化工会工作者队伍；开展"智慧工会"建设等，引起了社会广泛关注，并迅速被全国各级工会学习借鉴推广。

三、建设中国特色社会主义先行示范工会的基本路径

建设中国特色社会主义先行示范工会，总的考虑：一是要有政治站位。以习近平新时代中国特色社会主义思想为指导，坚持党的领导，紧扣党和国家中心工作，突出中国特色社会主义这个关键，坚定不移走中国特色社会主义工会发展道路，确保新时代深圳工会工作始终沿着正确政治方向前进。二是要有历史眼光。继承深圳工会40多年来艰辛探索的历史经验，"继续发扬筚路蓝缕、以启山林那么一种精神"，不断创新、拓展、深化，承前启后、继往开来、走在前列。三是要有国际视野。先行示范工会工作一定要放在国际大背景下去探索和思考，研究工会工作的普遍规律，融入中国元素、社会主义元素，主动对标对表建设中国特色社会主义先行示范区的战略部署，找准切入点和着力点，探寻工会工

作的基本路径，形成一套行之有效的社会主义先行示范工会工作开展模式和运作模式，切实发挥好标杆示范作用，为新时代中国工会工作提供可复制可推广的经验。

（一）建设服务高质量发展高地的主力军，争当打造高素质职工队伍的大学校

高质量发展，离不开科技进步、资本配置优化、劳动者素质提高这三大核心要素。与此相应，迫切需要三方面的人才军：极具创新能力的科技人才队伍、具有国际视野的企业家队伍以及知识化、技能化、专业化的产业工人大军。高素质的产业工人大军是其中最大的短板。提高劳动者素质是工会分内之事。当下，深圳工会要抓住先行示范区建设的有利契机，发挥工会组织的特点和优势，不失时机地推动构建产业工人技能形成体系，实现创新突破，为推动中国产业迈向全球价值链中高端，进而促进高质量发展提供智力支持和人才保证。

"技能是全球通用货币。"我国工业化的历史较短，尚未形成工业发达国家那样完整的技能形成体系。德国、日本等在这方面经过了上百年的探索实践，有相对成熟的经验。2017年4月，中共中央、国务院印发了《新时期产业工人队伍建设改革方案》，第一次明确提出要"构建产业工人技能形成体系"。这项工作还是刚刚起步，在先行示范区建设中深圳工会应先行先试，着力从以下五个方面发力，探索可行的路径，为全国提供示范。

第一，推动建立责任明晰、分担合理的技能投资制度。技能培训需要大量资金投入，其利益相关方包括政府、企业、职工、社会等方面。只有建立责任边界清晰、费用分担合理的制度机制，才能保证培训的可持续性。工会要大力推动财政对职业教育和培训的投入，对企业培训要提供税收优惠等政策支持，加大政府就业专项资金对职业培训补贴的支持力度，企业通过厂办技校、设立学徒工实训车间的厂内培训方式承担培训成本，工会要积极创办技能大师工作室、劳模创新工作室、新时代工匠学院，并通过购买服务等方式为广大职工和外来务工者提供优惠或免费培训。

第二，推动建立标准化、可转移的技能供应制度。工会要积极推动完善现代职业教育制度，优化职业教育结构，加强职业教育、继续教育、普通教育的有机衔接。推行宽广的初始职业资格，最大限度地保持职业培训的弹性，确保职工的技能大部分可转移。着力推动职业培训转型，对接现代化经济体系建设，加快培养知识型、技能型、创新型劳动者大军，化解结构性就业矛盾。推广工会"互联网＋职业培训"新模式，满足职工个性化、多样化需求，进一步提高职业培训的可及性。

第三，推动建立客观公正、独立可信的技能评价制度。技能资格认证制度对完成培训的职工是一种有效保障，包括技能等级设置、评价方式、资格认证等。工会要推动建立第

三方技能资格认证制度，资格认证的具体职责由行业协会、企业联合会／企业家协会、工会、职业教育培训机构组成的考试委员会实施，保障考试的公平性，增强技能评价制度的可信度。

第四，推动建立正向激励、规范有序的技能使用制度。借鉴德国和一些北欧国家的经验，建立健全政府、企业、工会劳动关系三方协商机制，避免受训者结束培训后被其他企业挖走、"搭便车"现象的出现，化解职工培训的潜在市场失灵问题。完善技能工资制度，形成技能导向的收入分配制度，对关键技术岗位、关键工序、紧缺急需的技术工人，实行协议工资、项目工资、年薪制、补助性津贴、技术创新成果入股、岗位分红等激励方式，促进长期稳定提高技术工人收入，激励广大劳动者走技能成才、技能报国之路。

第五，推动建立多方参与、协同推进的技能合作制度。政府、企业、职工、社会四者协同配合，其中，企业、职工、社会作用发挥的大小，决定着合作的基座，而政府的立法、决策、劳动力市场规制等决定着合作的高度及发展方向。工会要大力推动完善集体协商法律法规，加强技能形成领域的集体协商，健全协商共决机制。统筹发挥好政府和市场的作用，建立各类培训主体平等竞争、职工自主参加、政府购买服务的技能培训机制。

（二）高擎维护职工合法权益的大旗，争做党政放心、职工信赖的"职工之家"

维护职工合法权益，这是工会安身立命之本，也是深圳工会40多年来经验的深刻总结。在先行示范区建设中劳动领域的矛盾和问题，比改革开放初期更为复杂多变，尤其是在人工智能等迅猛发展、新就业形态不断涌现的新形势下，劳动关系矛盾易发、多发、频发，必须锐意创新、大胆探索，不断摸索新规律、创造新经验。

第一，针对深圳外资、民营等非公企业多的特点，维权要讲究策略。维权大旗不能放下，更不能旁落。深圳是改革开放的前沿，劳资矛盾十分复杂，工会不去维权，就会有一些别有用心的组织和势力去维权，工会不能缺位，不能给所谓的"维权服务"组织以可乘之机，搞渗透破坏，与我们争夺职工群众、争夺阵地。对于侵犯职工权益的言行，要敢于发声、亮剑，公开谴责，把维权服务的大旗牢牢掌握在手中。要进一步深化"上代下维权"机制，上级工会下沉一级维权，有效解决基层工会特别是非公企业工会因对企业主的经济依附关系而不敢为的问题，工会干部大都兼职没有动力付出额外精力干工会工作的不愿为的问题，基层工会因"上下一般粗、职责大而全"而不能为的问题。下级工会集中精力于服务，以服务凝聚职工，使得非公企业工会在服务中实现维权、上级工会在维权中实现服务。在"上代下维权"中，上级工会必要时还要主动争取党委领导，获得政府支持，赢得社会协同，构建社会化的维权机制，合力维权。

第二，着眼新技术、新业态、新模式下的劳动用工特点，维权要讲究重点。一方面，聚焦新就业形态等重点人群的维权，力求抓住重点、突破难点、形成亮点。伴随着互联网经济迅速崛起，经济平台化趋势明显，就业形式多元化，自雇就业、灵活就业的劳动力数量不断增多，劳动者多重职业或兼职就业日益普遍，以"主业＋副业""斜杠青年"为代表的"平行兼业"受到许多年轻人追捧，这些劳动者游离于体制外，劳动合同不规范，相当一部分人社保缺失。这类劳动者将是未来一段时期内我国劳动力市场上的主力军，劳动关系主体、劳动时间、报酬支付、社会保障、生产风险、工作责任、法律救济等，都面临着不确定性。工会推动完善劳动者分类分级保护制度，既让各类新型用工关系都能纳入劳动法律法规的评价保护机制中来，又可营造企业轻装上阵、长期健康发展、提升总体福利的良好营商环境。尤其需要在快递、外卖、网约车等新业态领域，充分尊重劳动者的意愿和自主权，促进集体协商，积极发挥工会特别是行业工会的作用，通过探索确定协商主体、创新协商模式开展行业集体协商，明确行业用工规范和劳动标准。同时，随着严格意义上的标准劳动关系的萎缩，拘泥于狭义劳动关系将会使工会可以参与协调的社会关系的领域不断缩小，这既不符合工会已有的工作实践，也不利于工会将最广大职工群众团结在党的周围，将非标准劳动关系和其他用工形式纳入到协商协调机制中，显得尤为紧迫。另一方面，聚焦劳动报酬等职工最在意的重点事项进行维权。先行示范工会要着力把中等收入群体倍增计划作为一项战略任务来推动。推动政府在劳动力市场改革、技能培训、公共服务和社会保障方面深化改革，创造条件让更多低收入者进入中等收入行列。不能一再误用改革开放初期的低劳动力成本竞争理论，长期实施低劳动力成本竞争，财富难以分配到普通劳动者手中，必然造成两极分化。小平同志说过："不讲多劳多得，不重视物质利益，对少数先进分子可以，对广大群众不行；一段时间可以，长期不行。"必须保护劳动所得，增加劳动者特别是一线职工劳动报酬，提高劳动报酬在初次分配中的比重。工会要大力推动政府加快建设薪酬调查与发布制度，敦促有关部门公布薪酬调查的劳动者工资报酬数据和企业人工成本数据，创新工作思路，细化工资集体协商内容，以约定项目工资、协议工资、技术创新专项奖励、技术成果转让收益分配、岗位分红等具体而个性化的制度设计为协商内容，代替常规的工资普涨要求，有效促进企业和职工实现协商共谋、机制共建、效益共创、利益共享。

第三，适应社会主要矛盾发生的新变化，维权要讲究统筹。当下，我国社会主要矛盾已经转化为人民日益增长的美好生活需要和不平衡不充分的发展之间的矛盾。适应这一新变化，不断满足职工群众的美好生活需要，成为新时代工会的奋斗目标。工会要统筹推进维权和服务工作。随着党和国家事业取得历史性成就、发生历史性变革，职工的需求层次也不断提升，逐步由温饱层次的需求向安全、社交、尊重和自我实现等更高层次需求转变，产生了超越传统物质领域的新权益和需要，从追求生存权益向追求发展权益转变，从追求物质权益向追求民主权利、精神权益转变，从利益诉求一体化、同质化向差异化、多元化转变。这是中国特色社会主义进入新时代发展的必然走势，是经济发展和社会进步的重要标志。同时，随着新一轮科技革命和产业变革的不断深入，新技术新业态新模式的大量涌现，劳动关系的确立与运行出现不少新情况新问题，劳动争议从过去主要是权利争议向现在的权利争议与利益争议并存转变，职工权益的实现、需求的满足面临新变化，仅靠传统单一的维权方式难以实现和满足。在这种情况下，既需要工会通过多种维权方式去维护职工权益，也需要工会从更多领域更多层次采取更多手段提供更高质量的服务，坚持"职工吹哨、工会报到"，通过工会组织的积极作为，企业职工利益诉求能够得到及时反映和充分落实，工会可以更加全面地了解职工心声，提供按需服务和精准服务，让职工深刻体会到工会就在身边。

第四，也是最重要的一点，为彰显中国特色社会主义工会的特质，维权要讲究原则。秉持"双赢""双维护"的理念，"维护职工合法权益是工会的基本职责。工会在维护全国人民总体利益的同时，代表和维护职工的合法权益"，这就是工会的"双维护"。全国人民总体利益是各部分国民利益的总和。全国人大及其授权的机构制定出来的各项法律，就是不同国民利益协调的产物，代表了全体国民的意志。因此，只要职工的权益是合法的，就不会违背全国人民的总体利益。维护职工合法权益中的"法"字，就是工会"双维护"的结合点。由此，引申出来了"促进企业发展、维护职工权益"的企业工会工作原则，这两者是一脉相承的。通过组织引导职工做企业发展的主人，推动企业主动保障职工的合法权益，把企业建设成为企业和职工的利益共同体、事业共同体、命运共同体。

（三）推进劳动关系治理能力现代化，争做推进社会治理的中坚力量

工会工作是党治国理政的一项经常性、基础性的工作。工会组织是社会治理的重要主体之一，中国工会不同于一般的社会组织，政治性很强，具有参与社会治理的独特优势。劳动关系是最重要、最基础的社会关系，作为劳动关系矛盾产物的工会，推动构建和谐劳动关系是其参与社会治理的重要切入点和着力点。工会一方面要从源头参与劳动关系领域立法工作，为建立健全矛盾预防化解机制、完善治理体系发出职工的声音；另一方面更要积极主动担当好职工权益代表者和维护者的角色，在监督、协调劳动关系领域执法，在人大、政协里参政议政，在公共媒体宣传等领域发挥不可或缺的作用，这是工会推进劳动关系治理能力现代化的应有之义。

第一，准确把握劳动关系演变的趋势和规律。可以预见，先行示范区建设进程中，劳动关系将日益国际化、市场化和法治化。从国际化看，世界500强等许多大型跨国公司或地区总部进驻，新型行业大量涌入，同时物流、研发、制造应有尽有，生产和销售链全球布局，国际化程度进一步提高，给工会工作带来新挑战。如，国际劳工标准与我国劳动用工标准的差异问题，劳动关系主体和运行规则日趋国际化，国际劳工标准带来的压力不断加大；不同的意识形态、文化观念、企业传统——美资企业的自由雇佣模式、欧洲企业的民主管理方式、日资企业的家族式管理等，对工会工作的认知差异非常之大。从市场化看，用工形式日趋灵活多样，除了传统的非全日制用工、派遣用工等灵活就业人员外，大量的网约工、外包服务等新业态出现，劳动关系主体多元化、劳动关系形式非标准化、劳动争议类型多元化，给工会工作提出了新课题。如，利益诉求日益多元，利益分化严重，劳动争议不断，非理性维权事件增多，协调难度加大。从法治化看，现代企业管理者法律意识普遍较强，只要法律法规有明文规定的，通常都会严格遵守，法治化程度的提高给工会工作提出了新要求。如，我国法律法规还不太完善，《工会法》、集体合同、民主管理等方面有一些条款没有刚性规定的问题，在其他地方可能不突出，在深圳先行示范区，这一短板可能就会暴露无遗。

第二，积极推动构建和谐劳动关系。强化制度机制建设，有针对性地推动出台一些规范性的制度性安排。在宏观层面，要推动完善先行示范区的劳动立法或政策。借鉴国际核心劳工标准，促进劳动基准立法、集体协商立法、民主管理立法，强化工会在集体劳动关系中的主体地位。针对劳动关系主体国际化的特点，完善涉外劳动关系立法，明确外国人就业的法律适用，跨国、跨地区经营企业的民主管理制度建设等问题。针对劳工标准与贸易和投资协定挂钩渐成趋势的现状，工会应加紧研究美欧日韩等主要贸易、投资国缔结的相关双边协定以及全面与进步跨太平洋伙伴关系协定（CPTPP）等多边协定，深入分析评估将贸易投资协定中的劳工条款适用于争端解决机制可能给缔约方带来的影响，为我国进一步实施"一带一路"倡议和扩大开放做好充足准备。建立非标准劳动关系体系，根据劳动关系主体多元化、劳动用工灵活化的特点，改变一刀切、标准化的思路，依照行业和企业规模特点的不同，分层分类科学制定劳动标准，灵活调整劳动关系，赋予"劳资自治"一定的空间，激发市场主体活力，适应灵活用工的需要。改革劳动争议仲裁制度，去行政化和诉讼化，实行三方机制，推动三方机制实体化，增加常设机构和专职人员，快速解决争议，提升劳动争议处理效率。同时增加实质性协商，规范协商程序，提高协商结果的约束力，增强三方会议制度的效能与刚性。在中观层面，推进集体劳动关系的法治化，切实解决"企业不愿谈、工会不肯谈、职工不会谈"的问题，引导劳资双方通过构建长效化、制度化的对话协商实现双赢。除大力倡导和推动企业积极履行社会责任外，要积极培育集体协商主体，改变传统工会工作的路径依赖，改变过于依赖党政资源和力量的"等靠要"思想，组织职工依法与资方进行社会对话、平等协商。签订集体合同，可以是行业一级，也可以是区域性的。进一步规范集体劳动争议处理，坚持运用法治思维、法治方式协调劳动关系，化解劳资矛盾。在微观层面，对个别劳动关系尝试采用"负面清单"的管理模式，树立"法无禁止即可为"理念，尽可能承认当事人约定条款的效力，除非这些条款是无效合同或条款，强化劳动关系双方诚实守信。进一步明确工会代表职工与用人单位交涉的程序、工会对停工怠工事件的协调处置。引导职工依法理性表达利益诉求，对权益受侵职工及时提供法律援助，促进公平正义。但也绝不能因维稳而突破法律的底线，绝不能因担心上访而迁就个人的非法要求，绝不能因个别正义而牺牲规则之治的普遍正义。

第三，健全劳动关系风险监测、分析、预防和处置机制。及时研判劳动关系的新动向、新特征和新问题，完善工会和职工群众参与基层社会治理的制度化渠道。高度关注新就业形态群体，这些人员线下是高度分散的陌生人，但在线上却高度集中、极易集聚，可以很方便地形成"非正式职工联盟"，成为事实上的"第二工会"，即便调动政府各方力量也很难介入和识别，对我国社会治理提出严峻挑战。这些新兴群体缺乏相应的管理部门去管理，与公共安全关系极大，产生了越来越多的不可控风险。但他们有一个共同特征，其主要身份还是劳动者，因此可以由工会等进行管理服务，通过网上建会、网上维权、网上服务等多种方式，"最大限度地把他们吸引过来、组织起来、稳固下来，使工会成为他们愿意依靠的组织"。加强对劳动关系领域社会组织的政治引领、示范带动和联系服务，引导社会组织为职工提供专业化服务，进一步延伸工会手臂、扩大工会朋友圈。坚持底线思维，强化忧患意识，保持斗争精神，坚持维权与维稳相统一，强化劳动关系领域政治安全事件应急处置，有效防范西方敌对势力打着维权旗号，别有用心地介入和炒作劳动关系矛盾，把一些非对抗性问题演变成对抗性问题、局部问题演变为全局问题、经济问题演变成社会政治问题、国内问题演变成国际问题，动摇党的执政地位的各种企图，坚决维护职工队伍和工会组织的团结统一，坚决维护企业和社会大局和谐稳定，坚决捍卫中国共产党领导和我国社会主义制度。

（四）大力倡导和推动幸福劳动，争做满足职工群众对美好生活向往的贴心人

追求幸福劳动，向着幸福进发，把深圳建设成为民生幸福标杆，是中国特色社会主义先行示范区建设的题中应有之义。幸福劳动不同于体面劳动，它高于体面劳动，是体面劳动、舒心工作、全面发展的加总。在先行示范区倡导和推动幸福劳动，至少要体现以下六

大特性：其一，这种劳动须具备合意愿性，也是马克思"自由自觉的活动"的基本思想，我劳动我愿意；其二，这种劳动是主体喜欢的活动，即职业兴趣的匹配度要高，我劳动我喜欢；其三，这种劳动必须是自主性的活动，劳动者能够自主地选择、支配和展开自己的劳动过程，我劳动我做主；其四，这种劳动必须保证对人的身体的有益性，而不能损害劳动者的身心健康，我劳动我受益；其五，这种劳动要让劳动者在改造劳动对象过程中获得美好体验，充分展示劳动者的意识和行为之美，我劳动我美丽；其六，这种劳动的享受性是过程和结果的统一，既要使人在劳动过程中享受劳动，也必须在结果上实现一种幸福的状态，我劳动我幸福。也就是说，劳动除了为了活着，还要融入人的社会属性里，实现个体与社会的紧密连接，在价值创造中获得精神的愉悦。"我们是世间的尘埃，却是自己的英雄。"正如马克思所言，"劳动不仅仅是谋生的手段，而且本身成了生活的第一需要"。他由衷地感慨："历史承认那些为共同目标劳动因而使自己变得更加高尚的人是伟大人物；经验赞美那些为最大多数人带来幸福的人是最幸福的人。"为实现上述目标，深圳工会应着力把握好以下几个方面。

第一，强化维权。扎扎实实解决好职工群众最困难最忧虑最急迫的实际问题，使改革发展成果更多更公平地惠及职工群众。加强源头维护，代表职工主动参与涉及职工利益的法律法规政策的制定修改。推动落实就业优先战略和更加积极的就业政策，推动实现更高质量和更充分就业。坚持分配正义，在经济增长的同时实现居民收入同步增长，在劳动生产率提高的同时实现劳动报酬同步提高，多劳多得，技高者多得，促进劳动成果共享。推动落实职工带薪年休假等制度，增加闲暇，提高生活品质。促进构建多层次社会保障体系，扩大覆盖面，提高统筹层次，提升保障水平。完善工会劳动保护监督机制，加强心理疏导和人文关怀，促进劳动者身心健康。推动建立适应新就业形态的用工和社保制度，构筑劳动者抵御社会风险的安全防线。深化对职工队伍发展变化特点与规律的认识，研究解决职工在劳动经济、精神文化、民主法治、公平公正、安全环境等方面多样化的需求，协调不同职工群体之间的利益关系，更好地促进职工体面劳动、舒心工作、全面发展。

第二，提升服务。顺应职工群众对美好生活的向往，坚持职工需求导向，构建以精准帮扶为重点的工会服务职工体系，提升职工服务中心（困难职工帮扶中心）综合服务职工功能，做实各类职工维权帮扶、保障服务项目。推进基层工会组织"会、站、家"一体化建设，推行工会服务职工工作项目清单制度，推进"互联网+"工会普惠性服务，打造线上线下联动服务职工新格局。做优做强工会资产，进一步增强公益性、服务性，更好发挥工人文化宫、工人疗休养院、职工互助保障组织等服务职工的作用。拓宽服务职工领域，鼓励支持向社会购买服务。推动完善职工福利制度，做好职工生活保障服务。加强工会志愿者队伍建设，广泛开展志愿服务活动。组织开展职工喜闻乐见的群众性文体活动，在做好物质服务、生活服务的同时，提供更高水平的精神和文化服务，让工会在职工需要时能够看得见、找得到、信得过、靠得住，使所有工会组织都成为名副其实的"职工之家"，所有工会干部都成为职工群众信赖的"娘家人"、贴心人。

第三，促进和谐。把推动构建中国特色和谐劳动关系作为工作主线，健全工会劳动关系发展态势监测和分析研判制度，发挥劳动关系三方机制平台作用，建立健全工会、法院、人社、司法联动机制，积极推动劳动争议处理工作，通过协商、调解、仲裁诉讼等方式依法调处劳动关系矛盾，最大限度增加和谐因素、最大限度减少不和谐因素。健全以职工代表大会为基本形式的企事业单位民主管理制度、厂务公开制度，组织职工依法实行民主选举、民主决策、民主管理、民主监督，使广大劳动群众的知情权、参与权、表达权、监督权得到更充分更有效的保障。深化和谐劳动关系创建活动，充分发挥全国模范劳动关系和谐企业与工业园区的示范作用。建设和传播先进企业文化职工文化，引导企业树立以职工为本的理念，切实履行社会责任，引导职工关心热爱企业，为企业发展献计出力，以先进企业文化、职工文化培育和谐劳动关系。

第四，价值引领。加大宣传力度、创新宣传方式，形成广泛共识、凝聚奋进力量。要让全社会认识到，不管社会风云如何变幻，劳动始终是推动社会发展的主导力量，必须确立劳动者在社会生活中的主体地位，在社会发展中更加鼓励劳动创造，在社会分配中更加重视劳动，在社会关系中更加尊重劳动者，大力倡导辛勤劳动、诚实劳动、创造性劳动、幸福劳动，厚植奋斗理念和劳动情怀，用奋斗的双手，托举起壮阔的未来。幸福的真谛在于奋斗，幸福劳动，不止于感官上的刺激、物欲上的满足，它还是更高层次的情感追求、更有意义的生活方式、更大价值的人生取向。如果说辛勤劳动是苦干、诚实劳动是实干、创造性劳动是巧干，那么幸福劳动就不仅仅是干活了，而更多的是享受。要公平对待劳动，共享劳动成果，实现体面劳动，逐渐摆脱资本逻辑的统治控制，使劳动真正成为人的第一需要，使人得以自由全面发展，使劳动者更有尊严、更加智慧、更加优雅、更加幸福地生活。

（五）创新工会工作体制机制，争做全面深化改革的急先锋

要在建机制、强功能、增实效上下功夫，着力构建联系广泛、服务职工的工作体系，切实增强团结教育、维护权益、服务职工功能，把工会改革创新不断引向深入。

第一，创新建会方式。坚持服务先行，先服务后入会。比如，以优质服务提高网约送餐员入会积极性，依托社会资源建设户外职工"歇歇吧""爱心驿站""劳动者港湾"等，为户外职工提供歇脚、饮水、热饭、手机充电、如厕等服务。设立工会服务台、职工休息室、文体活动中心、职工创意天地、多功能活动室等功能分区，引入职工书屋、爱心驿站、维权帮扶等工会的服务项目，配备冰箱、微波炉、饮水机、医药箱、雨伞雨衣等，提供免费Wi-Fi（无线网络），满足户外工作的职工多样化需求，实现先服务覆盖后组织覆盖。突出职工这一建会主体。职工在建会的全过程中深度参与、积极投入，对于工会人选和工会工作有很强的发言权和建议权，是职工真正参与其中的建会、是职工自身意愿真实体现的建会，自然而然对工会有强烈的认同感和归属感，能有效保证工会不仅"建起来"，还能"转起来""活起来"。同时，工会组织可以通过购买服务等方式引领社会组织，甚至将部分社会组织孵化成工会组织的外围组织，既增强了工会的工作力量，又体现了工会作为"枢纽型社会组织"的作用发挥。

第二，更新治会理念。实行民主建会，增强工会的代表性。规范民主建会程序，健全基层企业工会主席直接选举、会员评价等民主机制，工会的群众基础更加广泛，使工会本身成为"民主的模范"。坚持开门办会，引进社会力量，摆脱体制内自我循坏，把工会自身打造为各类行政资源、社会资源的集散地，建设"枢纽型"工会。参照负面清单、权力清单、责任清单的管理理念，制定"工会清单"，把工会管理事项、参与事项、服务项目、承担责任、履行运作等，都一一确定下来、界定清楚、广而告之，让企业在了解中打消顾虑，让职工会员在熟悉中更加贴近工会。推进以职代会为基本形式的民主管理工作，注重激发企业内部的动力，不断拓展职代会内涵，让企业感受到职代会不仅仅是"法律规定"，更是一个对话平台、保障机制、民主管理方式。适时推进将职代会制度纳入企业章程和管理体系，把包括职代会制度在内的诸多事项纳入企业社会责任报告并对外披露，促进民主管理成为企业各方的自觉行为，着力解决民主管理与企业管理"两张皮"问题。全面清理工会现有规范性文件，逐一进行合法性审核，确保工会自身制度建设沿着法治轨道规范运行。

第三，变革活动方式。实现由行政化到群众化、社会化的转型。克服以往那种习惯于自上而下地"行政化"的工作方式，将工会工作的重心下移到基层和广大职工群众中，在优结构、强功能、增活力上下功夫，把力量和资源向基层倾斜，实现工会组织的群众化、民主化。打破传统的层层发动、官办的组织化活动方式，更多地运用网络动员、公益参与、兴趣搭台等群众化手段，增强工会工作及活动的吸引力。坚持社会化方向，建立法律服务中心，与专业法律机构签订合作协议；建立法务会议制度，引进专业社工服务组织；建立职工服务中心，引进社会资源为职工提供优质服务；建立组织发展中心，合理配备社会化工会工作者，保持一定比例的专业人才；建立志愿者之家，提升专业水平；运用项目化方式推进工作，细化分工、落实责任，不断提升工会工作的针对性和有效性。

第四，打造智慧工会。从战略高度融入智慧政府、智慧城市建设，把智慧工会作为其中的重要组成部分，主动和政府相关部门沟通协调，大视野布局建设智慧工会，从源头上与智慧政府建设相衔接，消除数据壁垒，促进数据在不同终端和不同部门之间的流动和协同。大力建设工会数据库，着力完善工会组织和工会会员的信息数据库、工会业务数据库这两个主干数据库。通过收集、统计、分析职工对工会服务的反馈评价，掌握基层工会和会员个性化需求，科学有效地调配工会资源，更好地为职工群众提供精准、个性化服务。协同推进线上和线下建设，把工会工作延伸到网络空间，匹配适用互联网技术，演化为适合网络治理的功能模块，把这些功能模块集中在统一平台上，方便职工从一个平台即可获得所需的服务，有效连接线上与线下的生活圈社交圈，给予职工用户沉浸式体验，提升职工用户黏性，增强工会组织磁吸力，推动形成网上网下深度融合、相互协同联动的"职工家园"。

第五，延长工会手臂。深圳工会要发挥毗邻港澳的区位优势，在坚持和完善"一国两制"制度体系中扩大交往、加强合作、增进友谊。坚持促进要素流动、标准对接、资质互认、民生合作、治理协同这一思路，加强同港澳工会和劳动界的交流合作，推动内地与港澳职工的交往、交流、交融。加强对港澳职工的维权服务和素质提升，携手港澳职工共同参与粤港澳大湾区建设，推动港澳发展经济、改善民生，促进融合发展，共谋职工福祉，共同推动大湾区早日建设成为世界一流湾区。加大与港澳职工特别是青年职工的交往频次和范围，加强双方对中国历史和中华文化的交流，增强港澳职工的国家意识和爱国精神，共同为"一国两制"的成功实践，为实现中华民族伟大复兴的中国梦而团结奋斗。

凡人的史诗

故事片《工夫》观后感

胡野秋

文化学者、作家

这几年，国产电影的类型在不断地丰富中，除了大家习见的长片之外，增添了一种让观众耳目一新的种类：集纳式短片。前有《我和我的祖国》，影片大火之后，又相继推出了《我和我的家乡》《我和我的父辈》，观众缘都不错。

其实集纳式短片在国际影坛从来都不缺，各大电影节都能看到它的身影，讲述爱情的《巴黎我爱你》便是由十几部短片组成，后来火爆一时的《十分钟年华老去》也是世界十位大导的集体奉献。在寻常一部电影的规定时间内，观众可以欣赏多部故事不同、风格迥异的影片，倒也颇有新鲜感。因此有人戏称集纳式短片是"烤串式电影"。

深圳是经济特区，自然喜欢探索和尝试，深圳市总工会和几个不甘平庸的年轻电影人，一拍即合，开始了他们充满激情的创作。

他们被自己每天接触到的平凡而火热的生活感染，聚焦于那些容易被镜头忽略的小人物。拍摄者更是一批从媒体跨界、矢志于电影的年轻人，他们不满足于寻常的文字表达，试图用镜头记录那些在城市各处默默无闻打拼的群体。假如没有他们的记录，这些人大抵是不会浮出水面的。

记得去年四月下旬，受邀去看这部名字叫《工夫》的剧情长片，本来内心并无期待，因为有关深圳的题材不好拍，很多标签、符号已经深深地限制了深圳题材的表达。起初以为又是一部概念化讲述城市传奇的故事片，但是长达两个多小时的观看，竟让我们不知不觉地陷入其中。那种扑面而来的生活气息和市井质感，让我们仿佛有看纪录片一样的感觉。

七个短片，七个故事，七个导演，七种风格，貌似互无关联，但却奏出了七彩音符一般的动人乐章，这些短片没有对当下的生活进行刻意地粉饰，而且拍摄技巧也朴实无华，在不事雕琢的手法下呈现出姿态各异的原生态生活。

有必要回顾一下这七个短片，《圆梦》《归途》《轨道之歌》《三十三路》《守望日记》《白日梦想家》《步履不停》，从片名上你几乎无法把它们串联到一起，但是当你看完这七个毫无联系的独立故事，你会找到它们之间的内在联系，无论它们的具体故事是多么的迥异，但是贯穿全片的题旨是一致的：坚韧、顽强、努力、逆袭。

当你看到那个像西西弗斯一样每天体验失败感觉的梦想家，当你看到那个想为孩子遮风挡雨却又力有不逮的父亲，当你看到在地下日夜掘进的父与子，当你看到永远在圆梦路上的追梦人，你不能不为这些平凡到几乎难以留下名字的人而骄傲。

前年当我写作《深圳传》的时候，也曾为选取什么样的故事可以代表经济特区精神而踌躇，一般而言，写宏大叙事容易被人接受，而且几乎可以毫不费力地获得素材。而细枝末节呢，却要让写作者费尽心力也难以挖得宝藏。但是我最终还是选取了经济特区发展进程中的众多人物，这些人物有建造这座城市的拓荒牛，有各行各业的领军人物，还有很多年轻的追梦人，同时也观照了那些极易被忽略的小人物的生存状貌，鲜活地呈现深圳这座城市的人本特色和人文情怀。中国人书写历史热衷于宏大叙事，往往会忽略小人物和少数人的命运，而在一个以人为本的城市里，每一个人的命运都是应该被关注的。深圳的风云际会、城中的一砖一瓦、一草一木、一景一物、新城新事都关乎几代人的拓荒史、青春史和奋斗史，从这些小人物的故事里，不同的读者会在不同的段落中找到自己。尽管每个人都能看到城市的风貌，但难以看到城市的故事，更难看到的是藏在故事里的灵魂，而城市最迷人的恰恰是灵魂。这些有趣的灵魂，正是记录者应该记录的对象。

《工夫》里的这些人都有有趣的灵魂，也是新时代深圳职工奋发向上的杰出代表，他们展现了新时代深圳职工对梦想的不懈追求与坚持，并呈现出新时代工会组织超越过去的活力与激情。

我惊讶于这些年轻编导的慧眼，他们以平民的视角阅读这座城市，除了用眼睛阅读，还用脚步阅读，用镜头阅读，他们以入心入肺的深刻解读，从表层的故事中穿越进去，洞察这座城市凡人的思想史和心灵史。他们用镜头带观众重返这座城市的不同现场，把那些即将湮灭的光阴碎片打捞起来，并通过他们的重新梳理，让今天的人能够看到一座城之所以辉煌的所有理由。

当然，像深圳这样难以描摹的城市，靠一部电影《工夫》是无法尽述其详的，但有了《工夫》开路，我们还会有更多的深圳故事等待更出色的演绎，它们正在路上。

我满怀豪情地期待着。